СССР МИНПИЩЕПРОМ РСФСР
РОССПИРТПРОМ

ЛИКЕРО
ВОДОЧНЫЙ
ЗАВОД

Водка

МПП РСФСР - РОСГЛАВСПИРТ

ВОДКА

Цена 1 р. 85 к.
Без стоимости
посуды

Креп. 40°
Емк. 0,25 л
ОСТ 18-7-70

IMPORTED FROM T

СПИ

Krepka
(Strong

VOD

5 6 %
(98° БR.PROOF)
50 CL

COOL BEFORE DR

RUSSIAN V

ВОДКА

40%

ОСТ № 18-7-70   емк. 0,5л

ZUBROVKA

IMPORTED FROM THE USSR

OTPU

Z
UBROVKA
BISON VODKA

40% (70°Br.PROOF)
50 CL
DISTILLED AND BOTTLED IN THE USSR
FOR ⅓ SOJUZPLODOIMPORT MOSCOW

COOL BEFORE DRINKING

RUSSIAN VODKA

ПРИОКСКИЙ СОВНАРХОЗ

ВОДКА

КРЕП. 40%   ГОСТ 239-50   ЕМК. 0,5 л.

ЦЕНА 2 Р.40К.   БЕЗ СТОИМОСТИ ПОСУДЫ

СССР МИНПИЩЕПРОМ УССР УКРПИКЕРВОДКА

ПОСОЛЬСКАЯ
Водка

СРСР-МІНХ
Львівська лике

СТ
СТАР

LATV.

DEG

ВО

40%
КРЕП.

ЦЕНА 3
СТОИМ
RENIBA KLAT

ЛАВСПИРТ

ВОДКА

40%

емк. 0,25л.

СТК

1 руб 50 коп. (без стоимости посуды)

ОСТ 18

D1719866

РОСГЛАВВИНО

ПЕТРОВСКАЯ
ВОДКА
донвино

Цена 3 р. 46 к. (без посуды)

РОСГЛ

ВОДКА

КРЕП. 40°   ЕМК. 0,5 л

ОСТ 18-7-70

Цена 3 р. 50 к. без стоимости посуды

ПЕТРОВСКАЯ

ВОДКА

АЗБУКА БЫТА

Книга
о водке

СМОЛЕНСК
РУСИЧ
1997

ББК 36.87
К53
УДК 663.5

Серия основана в 1994 году

Составитель *Ю. Г. Иванов*

Рецензент *В. З. Злобин*

Художник *В. Н. Довгань*

К53   **Книга о водке**/Сост. Ю. Г. Иванов; Худож.
В. Н. Довгань.— Смоленск: Русич, 1997.— 432 с.—
(Азбука быта).

ISBN 5-88590-273-9.

Книга посвящена русскому национальному крепко-алкоголь-
ному напитку, ставшему неотъемлемой частью российского быта
и пользующемуся популярностью во всем мире.

К 6630500000   ББК 36.87

© «Русич», 1995
© Составление. Ю. Г. Иванов, 1995
© Оформление. В. Н. Довгань, 1995
© Фото. В. В. Исачкин, 1995

ISBN 5-88590-273-9

ОТ СОСТАВИТЕЛЯ

Итак, читатель, перед Вами книга о водке. Казалось бы, какая невидаль — водка! Что о ней писать? Кто с ней не знаком? Но парадокс как раз и состоит в том, что книг и информации об этом широко известном русском национальном крепкоалкогольном напитке крайне мало. Кроме специального исследования В. В. Похлебкина «История водки», практически отсутствуют популярные книги, посвященные этой теме. Вот так, дорогие друзья: пить пьем, а о самом напитке знаем мало!

Книга представляет собой попытку обобщить сведения о русской водке, определить ее роль и значение в мировой питейной культуре. Помимо познавательного, книга содержит большой объем материала, представляющего интерес практический (разделы о водочных коктейлях, домашних водках).

Следует помнить, что имеется значительное расхождение в толковании самого термина «водка». Постепенно «завоевывая» мир, русская водка передает ему и свое название. В настоящее время под этим термином в широком смысле подразумевается любой крепкий алкогольный напиток, получаемый методом дистилляции. (Всего два десятка лет назад на Западе весь обширный класс таких напитков назывался ликерами).

В данной книге речь идет о водке в узком значении этого слова как о русском крепком алкогольном напитке, получаемом путем разведения водой очищенного хлебного (ржаного) этилового спирта. Кратко прослеживаются способы и методы совершенствования водочной технологии и питейного дела на Руси, раскрывается история происхождения термина «водка», рассматриваются особенности русской питейной культуры и, соответственно, русского закусочного стола, дается характеристика знаменитых на весь мир советских водок, кратко анализируются современные новейшие виды российской водочной продукции, показывается место русской водки среди крепкоалкогольных национальных напитков народов мира.

Автор последовательно отстаивает приоритет России в изобретении водки. Несмотря на решения международных органов по этому вопросу, которые в свое время были однозначно вынесены в пользу России, в ряде современных зарубежных изданий (в частности, немецких и польских) приоритет России не просто ставится под сомнение, он всецело игнорируется. Такая позиция западных авторов свидетельствует или об их предвзятости и необъективности (что, разумеется, не делает им чести), или об их некомпетентности по данному вопросу. Последнее не удивительно, так как и в самой России отсутствуют популярные работы по русской водке. Автор неоднократно сталкивался с тем, что мы, русские, сами не знаем историю водки — нашего известнейшего на весь мир, популярнейшего крепкоалкогольного напитка. Устранению этого досадного пробела и служит данное издание.

Безусловно, скудность и недостаток информации серьезно осложнили работу над книгой. Понимаем, что издание может быть не свободно от недостатков и неточностей.

Автор с благодарностью примет и учтет все замечания, отзывы и советы, связанные с этой темой.

Адрес редакции: 214017, г. Смоленск, ул. Соболева, дом 7, издательство «Русич».

КРАТКАЯ ИСТОРИЯ
РУССКОЙ ВОДКИ

Краеугольным камнем в технологии водочного производства является процесс дистилляции.

Открытие дистилляции многие приписывают арабам. Однако, есть исторические указания, что идея дистилляции и вообще перегонки жидкостей была известна гораздо раньше появления упоминаний о ней в сочинениях арабских ученых.

Так, почти за тысячелетие до нашей эры в одном из манускриптов приводится общая схем дистилляции.

В трудах Аристотеля (384-320 гг. до н.э.) содержится указание, как испарять воду нагреванием и сгущать образовавшиеся пары охлаждением.

Наконец, в первых столетиях нашей эры появились более точные сведения об усовершенствованных способах перегонки. Так, Зосим во II столетии описывает дистилляцию, как уже давно известный процесс.

Таким образом, в средние века арабы не изобрели, а лишь усовершенствовали трудоемкий процесс дистилляции. Они, в частности, отработали процесс получения скипидара из смолы, восходящий еще к древним грекам. От тех же арабов к нам пришли как перегонный куб, средневековая реторта, так и само слово «алкоголь».

Арабское слово «алкоголь» произошло из определительной приставки *аль* и слова *кооль* — обозначающего порошок сурьмы. Этим словом арабы стали называть высшую ступень перегонки — квинтэссенцию (от латинского quinta essentia — пятая сущность).

Открытие способа получения опьяняющей основы вина, которая оказалась прозрачной, летучей, легковоспламеняющейся жидкостью с большой способностью растворять различные вещества и не замерзающей даже при сильных морозах, явилось поистине эпохальным открытием. Ведь это было извлечение «духа вина» (по-латыни «спиритус вини»). Отсюда пошло старинное русское название *спиритус*, или позднее *спирт*. По-французски же до сих пор спирт называют «экспридевен» — «дух вина».

В 1386 году генуэзское посольство впервые привезло виноградный спирт, названный aqua vitae, в Россию. Состоялась его демонстрация при великокняжеском дворе. Он был также показан московским боярам и иностранным аптекарям в Москве. Но демонстрация не произвела особого впечатления и не заинтересовала бояр.

В 1429 году русские и греческие монахи, а также генуэзские купцы завезли в Россию aqua vitae в большом количестве. Генуэзцы по пути в Литву посетили Василия III Темного и подарили ему aqua vitae в качестве лекарства. Но и в этот раз «зелье» не произвело впечатления. Более того, оно было признано вредным, и его запретили ввозить в Московское государство.

Вторая половина XV века — исключительный период

в развитии Московского централизованного государства. Значительно укрепилась его экономика. Сельское хозяйство перешло на новую, более прогрессивную, систему земледелия — трехполье, что вызвало резкое увеличение производства хлеба. Вот почему вторая половина XV — первая черверть XVI века были для России временем продовольственного благополучия. Именно в это время сложился классический «репертуар» русской национальной кухни. Таким образом, без сомнения, период 40-х — 70-х годов XV века, когда было достигнуто резкое увеличение излишков хлеба в результате повышения урожайности, следует считать временем возникновения винокурения.

В период 1448-1474 годов создается русское винокурение, изобретается технология выгонки хлебного спирта из местного российского сырья. В 1472-1478 годах Иоан III ввел государственную монополию на производство и продажу хлебного вина, а также на другие алкогольные напитки (мед, пиво), которые ранее никогда не подвергались налогообложению.

В результате с 1474 года производство алкогольных продуктов становится исключительно государственной, царской регалией.

Интересно, что несколькими годами позже, в 1485 году, в Англии при дворе Генриха VII были созданы первые образцы английского джина.

В начале следующего, XVII столетия, в источниках зафиксированы факты экспорта русской водки в соседние страны (земли Ливонского ордена, Чудскую землю — Эстонию). В 1506 году шведы вывезли из Москвы особый напиток, называвшийся «горящим вином».

В 1533 году в Москве был основан первый «царев

кабак», а торговля водкой сосредоточена в руках царских чиновников.

В 1590-е годы последовал строгий указ наместникам всех отдаленных от Москвы областей прекратить всякую частную торговлю водкой в корчмах и шинках, сосредоточивая ее исключительно в царских кабаках. Производство и продажа водки были отданы в руки кабацких голов.

Кабацкие же головы, их помощники и целовальники (ларешные и рядовые) являлись лицами выборными. Они выбирались общиной, а отчитывались о своей деятельности перед наместником области и Приказами, куда сдавали годовые доходы непременно с «прибылью против прошлых лет», будучи в остальном совершенно бесконтрольны. Таким образом, кабацкие головы являлись подрядчиками государства и главными администраторами по осуществлению государственной винной монополии. Это не могло не привести к широкому распространению в России гигантской коррупции, взяточничества, злоупотреблений, а также насаждало воровство и пьянство.

В 1648 году различные злоупотребления кабацких голов (резкое снижение качества хлебной водки из-за хищения сырья и фальсификации, распространение пьянства среди народа, рост взяточничества и т. д.) привели к «кабацким бунтам» в Москве и других городах. Городскую (посадскую) ремесленную голытьбу поддержали подгородные крестьяне. Бунты были жестоко подавлены. Царь Алексей Михайлович созвал Земский собор, который получил наименование «Собор о кабаках», так как главным вопросом, на нем рассмотренным, явился вопрос о реформировании питейного дела в России.

Через три года, в 1651 году, была отменена система откупов, которая вводилась в периоды крайней нужды правительства в деньгах и отдавала целые области во власть откупщиков, уничтожены частные кабаки, усилена проповедь церкви против пьянства, запрещена продажа водки в кредит, что способствовало закабалению людей, изгнаны наиболее коррумпированные целовальники, расширена продажа водки «на вере», а не на передаче ее в откуп. Однако, эти полумеры не могли

радикально изменить ситуацию, и уже через десять лет все возвратилось «на круги своя» — к тому же положению, как и было в 1648 году.

В 1663 году из-за потребности государства в деньгах следует частичное введение откупов в ряде районов, где продажа водки «на вере» не приносит возрастающей прибыли. Вновь пьянство ведет к ужасному разгулу, значительно растут масштабы самогоноварения, усиливается разорение народа.

В 1681 году правительство вынуждено опять вернуться к восстановлению строгого, чисто казенного, государственного винокурения. При этом был введен новый порядок заготовки водки: подрядная поставка водки казне по строго фиксированным ценам или в качестве торгового эквивалента налога, причем подрядчиками должны были выступать дворяне (помещики, крупные вотчинники), которые давали письменное обязательство поставить казне водку в определенный срок и в определенном количестве и, таким образом, не подвести государство.

В 1699 году для сбора водочные подрядных поставок и распоряжения водочными запасами были назначены специальные чиновники — бургомистры. Их было немно-

го и, следовательно, их было легче контролировать. Однако, и они не смогли противостоять искушениям, связанным с должностью.

Взяточничество, разбазаривание запасов водки, обман государства — вот далеко не полный перечень их «деяний», нарушавших интересы государства.

Энергичный и властный Петр I, испытывая острую

нужду в деньгах для ведения Северной войны, в 1705 году переходит к откровенной откупной системе на всей территории России, сочетая ее с казенной продажей. Наиболее энергичным, богатым и жестоким людям давались откупа. Таким образом, царь получал заранее и гарантированно деньги со всех откупных территорий на ведение войны и оснащение флота. Однако, такая система не могла быть долговечной, и Петр I, зная это, через десять лет вводит свободу винокурения в России, при этом все винокуры облагаются «винокурной пошлиной», исчисляемой и с оборудования (кубов), и с готовой продукции (водки).

К середине XVII века была достигнута небывалая вершина в качестве производства руской водки, которая изготовлялась исключительно в условиях помещичьего «домашнего» производства, так как в это время винокурение стало исключительной привилегией дворян. Указом от 31 марта 1755 года Екаретина II освободила дворянство от всякого налогообложения, но строго определяя и фиксируя объемы домашнего винокурения в соответствии с рангом, должностью, дворянским званием. Князья, графы, титулованное дворянство получили возможность производить больше водки, чем мелкопоместное дворянство, что, однако, вполне соответствовало их реальным экономическим возможностям. В то же время другие сословия — духовенство, купечество, мещанство, крестьянство — были лишены права заниматься винокурением и должны были покупать водку для своих нужд, произведенную на казенных винокурнях. Повелевалось конфисковывать все винокуренные заводы, которые осмеливались содержать купцы под видом дворян или даже на паях с дворянами. Это привело к тому, что домашнее дворянское винокурение достигло высокого

ЧЕТЫРЕ ЛЮБАЧИИ СЕРДЕЦ , ВЫГРАХЪ IЗ ЗАБАВЛХ ВРЕМА ПРОВОДАЮ
IЗДРАВIЕ ЛЮБЕЗНЫХЪ . ПОПОЛНОИ IСПОЧТЕНИЕМЪ ВЫПИВАЮТЪ .
ХОТА БЫЛИ РАЗГОВОРЫ, НЕНАВИРШАХЪ АЛЮБЕЗНЫ IПЛЕН НЫ:
IОТВЗГЛАНОВЪ ДРУГЪ КОДРУГУ, ВАЛЮБОВНОИ СТРАСТI РАСПАЛЕННЫ
ЗГОВОРIВШIСЬ. БУДЕТЪ КОЗЫРЬ, ТОМУ ВССЛЮБЕЗНЮ ПОПОЦАЛУЮ ДАТЬ
IСТАЛI ТАКЪ МОЛЧЛIВО, ЧТО КОМПАНИЯ СКУЧНА БУДЕМЪ ЛУТЧЕ ВРА
ОДINЪ ОТВЕРНУЛСА , ЗДРУГОИ УЛЫБНУЛСА . ДРУГОИ ДАЕТ ЗНАКЪ
КАКУЮ КАРТУ ДАТЬ.   ВЕНЕРА ОТБАХУСА ПРИСЛАНА УГОФДЕТЪ
СКОРО IХЪ IГРУ ДРУГОИ IГРОИ ОКОНЧАЕТЪ ,

качественного уровня. Оно не конкурировало с казён-
ным, а мирно уживалось с ним, так как было рассчитано
на удовлетворение домашних потребностей дворянства.
И оно существенно не влияло на рынок водки в стране,
который оставался в полном владении казны. Государство поставляло свою продукцию всем прочим сословиям,
кроме дворянства, что давало возможность казённому

производству водки, не испытывая конкуренции, держать качество продукции на среднем уровне и обеспечивать доход государству.

Таким образом, во второй половине XVIII века русская водка являлась продуктом только «домашнего» производства. Это был напиток высокого качества, так как он предназначался прежде всего для стола привилегированных слоев общества и очищался исключительно

ПОСТОРНIЕ. КОГДА НАСТОЛЪ ПОСТАВЯТЬ ВСЪ. ХОЗЯЮШКА
САМА ДОЛЖНА ПОДНЕСТЬ. ДЛЯ ПРОЧИЩЕНIЯ ГЛОТКИ. ГОСТЯМЪ
ПО ЧАРКЕ ВОДКИ. ДЛЯ ЛУТЧЕЙ КУШАТЬ ИМЪ ОХОТКИ. А КАКЪ
ПОДНОСЬ ИМЪ СТАНЕ ТЪ ПОДАВАТЬ. ДОЛЖНА ОНА ПОТОМЪ
ГОСТЕЙ ПОЦАЛОВАТЬ. Я МОДИ ПОХВАЛЮ ТАКУЮ. И ЛИШ —
ОДНО ПОКРИТИКУЮ. НАПИЩА ТО ОХОТЫ ПРИДАЕ ТЪ
ХОЗЯИКИНЪ ПОЦАЛУЙ ПООРОПОТИТЬ ГУБЫ. С ВОДКА ЗЪБЫ
НАЕСТ ЛИ ТЫ ДУРНА ХОЗЯЮШКА. МОИ СВЕТЪ. ТАКЪ
ВОДКУ ПОДНОСИ. КАКЪ КОНЧИТСЯ ОБЪДЪ.

ЗДѢ БЕСЕЛАТСА ПОЮ ИГРАЮ
ѿрганы пиютъ иторжествуютъ
единъ поимо влѣта нидаситрѣ
останетъ ноторого прїшедъ
сихъ. старѣйши вопрошаетъ

лис ГІ   38

естественными животными белками — коагулянтами.
Стоимость таких коагулянтов была довольно высокой.
Так, на шесть ведер водки первой гонки полагалось как
минимум одно ведро молока или полведра яичных белков.

Именно в это время появилось множество видов и
сортов русской водки. Каждый помещик-производитель
имел свою собственную марку водки. Водками тогда

назывались только «ароматизированные водки». Их получали, разбавив вначале вторичную перегонку спирта молоком, а затем, перегнав эту смесь третий раз, доливали к ней воду и добавляли различные растительные ароматизаторы из трав, ягод фруктов и семян древесных пород (дуба, березы, орешника-лещины, черемухи, можжевельника и др.), и после этого вновь перегоняли, т. е. четверили водку.

Многие дворяне считали престижным иметь у себя и угостить гостя водками с ароматизаторами на все буквы русского алфавита:

Анисовая	Полынная и Перцовая
Березовая	Рябиновая
Вишневая	Смородиновая
Грушевая	Тминная
Дынная	Укропная
Ежевичная	Фисташковая
Желудевая	Хренная
Зверобойная	Цикорная
Ирговая и Ирная	Черемуховая
Калиновая	Шалфейная
Лимонная	Щавелевая
Мятная и Малиновая	Эстрагонная
Ноготковая	Яблочная
Облепиховая	

Вот примерный ассортимент таких водок домашнего приготовления. Случалось, помещики во время застолий устраивали своеобразное развлечение, состоявшее в том, чтобы налить в рюмку по несколько капель разных водок, а затем предложить гостю угадать содержимое такого «коктейля». Такое развлечение имело множество вариантов и было широко распространено в помещичьей среде.

Таким образом, культура пития была довольно высокой, ибо главным было сохранение ясности ума, трезвости суждения.

В 1781 году Екатерина II создает питейные палаты, которые были обязаны заготавливать установленное количество водки в год в определенных районах на основе сложившейся практики потребности в ней в данной местности. Однако, Указ 1781 года не предписывал, как питейные палаты должны были заготавливать водку: ее можно было как заказать на казенных заводах, так и закупить у любого производителя.

Но и этот Указ не мог ликвидировать взяточничество и коррупцию, более того, он способствовал ухудшению дел казенных винокурен, так как государственная казенная палата размещала там все меньше и меньше заказов. С 1795 года заготовка водки казной почти исчезает. Откуп становится господствующей системой. К концу XVIII века он распространился по всей России.

Жадное русское купечество захватило в свои руки государственную монополию на водку в виде откупов, превратило откупную систему в источник своего бесхлопотного обогащения, стало паразитировать и наживаться на основе злоупотреблений, воровства, ухудшения качества продукции, поскольку водочные откупа предоставляли такие возможности.

Только после разорительной Отечественной войны 1812 года и последовавшей за ней инфляцией русского рубля, правительство Александра I обратило, наконец, внимание на откупную систему, разорившую казну. Поэтому в 1819 году была введена строгая государственная водочная монополия по всей России, за исключением

приідоша ὂба брата нбогатому
мужику на наслег, мужик же
нача збогатымъ братомъ пити
ïасти ïвеселитца убогова пригла
сить нехотаху ксебе убогіже вніде
каполати погла дывал на нихъ
ïвнезапу упалъ сполатей ïзада
вилъ рабенка влюлке досмерти
мужикъ же пой-де кшемлне су
дье наубогова бити челомъ .

отдаленной Сибири, где бороться со злоупотреблениями откупщиков правительство все равно было не в силах.

По Указу 1819 года государство оставляло за собой производство водки и ее оптовую продажу, передав в частные руки только розницу. Это не была полная монополия. Для того, чтобы предупредить спекуляцию государственной водкой, была установлена твердая цена на нее по всей империи — 7 рублей ассигнациями за ведро. Однако, воровство откупщиков и розничных виноторговцев свело на нет все преимущества, которые открывало перед государством введение водочной монополии. К тому же стало падать потребление водки, ибо наличие дворянского винокурения сдерживало распространение пьянства. Спрос на худшую по качеству казенную водку был ограничен.

В начале XIX века русская водка оказалась завезенной во Францию. После поражения Наполеона и вступления русских войск в Париж в 1814 году русская водка «дебютировала» в ресторане «Вери», который был снят русским правительством для питания генералов и офицеров русской армии. И именно в это время русская водка оказалась доступной избранному кругу французской публики.

Несмотря на взыскательность французской аристократии к изысканной кухне и напиткам, водка была оценена по достоинству за ее чистоту и благородный вкус.

Новый царь Николай I сделал после подавления восстания декабристов примирительный жест по отношению к дворянству и с января 1826 года частично восстановил откупную систему, а с 1828 года полностью отменил государственную монополию на водку. Это решение носило, прежде всего, политический, а не

экономический характер. Но такое решение было разорительным и для государства, и непосредственно для народа, для его кармана, здоровья, души. Откупная система вела к сказочному обогащению кучки дельцов, разоряла население, подрывала здоровье нации.

Вот почему, начиная с 1851 года, постепенно в разных районах страны происходит переход к акцизно-откупной системе, когда государство монопольно производит водку на своих казенных винокурнях и продает ее откупщику по твердой цене в надежде, кроме того, получить с него еще и дополнительную прибыль, которая создастся из суммы, полученной откупщиком в результате розничной торговли. Но поскольку откупщики, естественно, стремились нажиться как можно больше, получив не только розничную надбавку для казны, но и свою прибыль, то эта система привела к невероятным злоупотреблениям и вызвала сильнейшее народное недовольство. Не случайно сразу после отмены крепостного права была проведена и решительная отмена ненавистной откупной системы.

В 1863 году она была заменена акцизной системой, введение которой затянулось почти на полтора десятка лет, так как откупщики не уступали свои позиции добровольно. Наоборот, они яростно и всеми средствами боролись за свое благополучие.

Отмена крепостного права, законы развития капитализма в России обязывали царское правительство учитывать и считаться с интересами не какого-то одного класса, а действовать согласно законам рынка. Вот почему была сделана ставка не в пользу государственной монополии, а в пользу акцизной системы, которая неплохо зарекомендовала себя в странах западной Европы.

Однако, эффективная акцизная система резко понизила цены на спирт и водку, что привело к снижению дохода казны, еще больше ухудшилось качество водки из-за многочисленных фальсификаций, замены зернового сырья картофельным. Умопомрачительных размеров достигло пьянство, поскольку дешевая низкосортная водка «для народа», бесконтрольность «новой», «современной» рецептуры отдельных водочных фирм привели, в целом, к катастрофическому росту алкоголизма, к массовому появлению хронических алкоголиков, чего в России до эпохи капитализма, при всем имевшемся многовековом пьянстве, все же не наблюдалось. Чистая русская ржаная водка предотвращала глубокие, органические и патологические изменения в организме.

Вот почему, спустя всего пять лет после введения акцизной системы, появляются попытки ее реформации, которые, однако, были направлены на детали, на решение частных вопросов, а не на глубокое изменение ее сути.

В 1881 году на совещании министров царского правительства было принято решение провести более существенные реформы: заменить кабак трактиром и корчмой, в которых бы торговали не только одной водкой, но где к водке можно было бы получить еду и закуску. Данная мера, несомненно, была направлена на уменьшение пьянства.

В эти же годы в России был поставлен вопрос о том, чтобы разрешить продажу водки на вынос порциями меньше ведра, чего раньше никогда не делалось. До 1885 года водка на вынос продавалась только ведрами. Причина заключалась в отсутствии бутылок для розлива водки. Бутылки поступали из-за границы при покупке иностранных вин. Отсутствие в России развитой стекольной промышленности также являлось одним из препятствий на пути перехода от средневекового к цивилизованному потреблению водки. Не в определенном месте — в трактире, и не сразу большой мерой — не меньше чарки, а в домашних условиях, не столько много и не в один присест — эта задача была поставлена самой жизнью.

В 1882 году «водочный вопрос» был обсужден на местах — в губерниях, большинство из которых решительно высказалось за введение строго регулируемой государственной монополии на водку. В результате в 1885 году по рекомендации правительства была проведена частичная реформа акцизной системы. Но и эта мера существенно улучшить положения не могла. Кабак возродился в форме трактира. Запоздавшая и крайне ограниченная бутылочная торговля водкой (лишь в Москве и Петербурге) не меняла ситуацию. Рабочий люд, купив бутылку водки, старался тут же залпом выпить ее и вернуть обратно стоимость посуды.

Следует отметить, что до 1860 года начали основываться в Москве, Санкт-Петербурге, Казани, Нижнем

Новгороде и других городах России частные фирмы по производству и торговле хлебным вином — водкой, основная масса этого напитка производилась на винных заводах, которых к этому времени насчитывалось 5160.

Наиболее крупными и известными российскими частными фирмами — производителями водок стали в 70—80-х годах XIX столетия фирмы приведенные в табл. 1.

Безусловно, лучшей водкой считалась водка «Смирновская». Самый большой из трех винных складов (так назывались тогда винные заводы) был под началом Смирнова, сообразительного и предприимчивого крестьянского сына, создавшего водку, которая покорила весь мир. За поставку водки императорскому двору Петру Арсеньевичу Смирнову был пожалован орден.

Следует, однако, напомнить, что даже знаменитая водка «Смирновская», хотя и была чисто хлебной (но не ржаной, как казенная, а пшеничной) не имела почетного звания «очищенная», которого удостаивались высшие сорта казенной водки.

Петр Арсеньевич Смирнов
(1831-1898 гг.)

Наряду с водкой высокого качества на рынок поставлялись напитки, не являвшиеся типичными водками из-за ряда особенностей технологии. Немало было водок низкого качества, дешевых, предназначенных для спаивания народа.

Сразу же после введения водочной монополии 1894—1896 гг. был установлен государственный эталон на водку. Все водки, не

Таблица 1

Наиболее крупные частные фирмы России по производству водки в 70-80 годы XIX века

Название фирмы	Место производства водки	Время основания фирмы	Наименование производимой продукции (сорта и виды водки)
1. «Вдова М. А. Попова»	Москва	1863 г.	«Поповка» (неофиц.), двоилась и троилась. Чисто ржаная.
2. «Петр Смирнов» (фирма П. А. Смирнова)	Москва	1886 г.	«Смирновская» (неофиц.) № 20, 32, 40. Содержала вредную прибавку - поташ.
3. «И. А. Смирнов» (брат П. Смирнова действовал как конкурент)	Москва	80-е годы	Не имела особого названия, от «Смирновской» отличалась формой тары. Высокое качество, дорогая.
4. «А. Ф. Штриттер»	Петербург	с конца 70-х годов	Хорошего качества, но применялась дистиллированная вода.
5. «Бекман»	Петербург	не ранее середины 80-х годов	Среднего качества, картофельный спирт, дистиллированная вода
6. «В. Е. Петров»	Петербург	80-е годы	«Петровская»
7. «Т-во Вараксин и К°»	Казань	70-е годы	Среднего качества.
8. «А. В. Долгов и К°»	Нижний Новгород	70-е годы	Столовая водка № 30. Высшего качества. Двойной ректификации. Дистиллированная вода.
9. «И. В. Александров»	Казань	80-е годы	

отвечавшие этому эталону, стали называться псевдорусскими водками.

«Кизлярка» (водка князей Эристовых), производившаяся на Кавказе из фруктово-ягодного сырья, была популярна в народе. Однако она не считалась традиционной русской водкой. Водка Кеглевича, производившаяся по особому рецепту из черной патоки, также не входила в разряд хлебных водок и являлась псевдоводкой.

Также обстояло дело с другими водками частных фирм: все они отличались от эталона государственной русской водки и не могли с ней конкурировать и тем более претендовать на такой эталон.

Замечательную живую и впечатляющую картину водочного производства и торговли в России во второй половине 80-х — начале 90-х годов прошлого столетия дал талантливый русский бытописатель С. Максимов в своем произведении «Куль хлеба»: «...Без вина русскому крестьянину — плохое веселье.. А потому завернем... на винокуренный завод; кстати, из хлебной муки водку гонят, а водку пить — Руси веселие еще с древнейших времен язычества. Так и ответил за всех Владимир Красное Солнышко послам магометанским, предлагавшим веру, которая пить вино вовсе запрещает. Стало быть, проехать мимо винокуренного завода для нашего рассказа нельзя, да и в настоящее время не проедешь: где нет теперь этих заведений?! Про кабаки уже не говорим: где бойкое, проезжее и прохожее место, где площадь или угол двух улиц, словом, где тычок, там и кабачок.

Вот по пути у реки и винокуренный завод какого-нибудь денежного человека. Встал он здесь именно потому, что кругом много людных базаров, много на эти базары свозится хлебного зерна на продажу; винокуренный завод тем только и живет. Да и как ему жить без хлеба? ...Вино хлебное, или так называемая водка, есть не что иное, как рассиропленный, то есть разбавленный водою, спирт.

На заводе мы видим большой деревянный чан, огромную квашню, в которую засыпаны мука и солод. Этот чан налит водой, то есть сделано тесто, в которое пущены горячие пары. Это затор — густая и мутная масса, которую рабочие сильно и очень усердно затирают длинными лопатами — месят до того, что солод соединяется с крахмалом муки и крахмал преобразуется в сахар. А так как нужен не сахар, а спирт, то из заторного чана очень горячую массу переводят в другой чан, пристроенный рядом, который пониже и похолоднее. Этот второй чан называется бродильным и бывает кирпичным, а если и деревянным, то обкладывается льдом.

Когда затор начнет холодеть, то вскоре начинается в нем то же брожение частиц, как и в хлебной опаре. Оно сказывается появлением пузырьков с углекислым газом. Если они исчезли и масса успокоилась, значит, брожение окончилось. Из густой массы сдалалась жидкость, называемая бражкою. Бражку эту ведут, спуская, в другое место, в медные сосуды или перегонные кубы, вмазанные в печь. Печь снизу топится дровами — бражка нагревается. Нагревшись, она превращается в пары, которые пропускают в новые трубы. Трубы эти проведены сквозь чан с водой, стало быть, холодны; в холоде пары осаждаются, превращаются снова в жидкость, как пары тумана в верхних слоях воздуха — в дождь. Жидкость вытекает на конце труб в новые чаны уже спиртом. В кубе остается гуща, называемая бардою, лучшее вещество для откармливания скота. Разбавленный водой спирт делается водкой, и если перегонка спирта не повторена несколько раз, водка эта — настоящая сивуха, потому что в нее перешло из спирта сивушное масло, пригар, с неприятым запахом и насваримое желудком.

Кроме хлебных зерен, спирт стали получать... еще из картофеля, вареного или растертого, но во всяком случае смешанного с хлебным солодом. Из сока свекловицы с прибавкою дрожжей получают так называемую пейсаховку, еврейскую водку, любимую евреями нашего Юго- и Северо-Западного края. Пробуют гнать водку, или так называемое простое вино, из патоки на сахарных заводах, но подобный напиток не нравится любителям водки из простого народа. В последнее время стали гнать водку из того мха, которым на севере питаются олени.

Затем история известная: водка вылита в бочки, свезена в склады, из складов куплена мелкими торговцами-кабатчиками, разлита в мелкую стеклянную посуду, расставлена по полкам для охотников; продается распивочно и на вынос. Где базар, там таких продаж, или кабаков, питейных домов — что пней в лесу. Всякому кабатчику хорошо, потому что всякий со своим искусством и подходом: один очень ласков и больно знаком, у другого очень весело — продает он вино при музыке. Набираются к нему завсегдатаи, называемые также заседателями: пропившиеся люди, бессовестные, плутоватые. Они тренькают на балалайках, бойки на язык, шутливы и кажутся очень веселыми. К ним присоединяются подчас охотливые захожие мастера играть на скрипках, гитарах, кричать всеми звериными и птичьими голосами и петь всякие песни: и такие, что хватают за сердце и гонят слезы, и такие, что веселят и смешат также до слез и до упаду. Третий кабатчик, при недостатке денег наличных, и за рукавицы вино дает, и из платьишка берет под заклад всякое, какое подойдет ему на руку... Опять сказать: в кабаке побывать — людей повидать. И хоть выговорил наш мужичок, что нет питья хуже воды, когда перегонят ее на хлебе, тем не менее — «где кабачок — там и мужичок». Вот почему и шумлив базар, и у редкого посетителя к концу его держится на голове шапка».

Таким образом, капиталистическое производство, жажда наживы способствовали появлению на российском рынке дешевых сортов водки, в том числе украинской картофельной и свекольной, ставшей «народной». Производство хорошей, чистой, высококачественной водки стало невыгодным для капиталистов, целиком ориентировавшихся на ее товарное производство. Систематический экспорт русской ржаной водки в Германию привел к преобладанию на внутреннем российском рынке дешевой картофельной водки из украинских губерний. Все это способствовало распространению в народе самого разнузданного пьянства.

Здесь надо отметить, что картофельную водку практически нельзя полностью очистить от сивушных масел. Вот почему такая водка действует на организм не только более опьяняюще, но и более разрушающе, вызывает агрессивность и озлобленность пьющего. В результате царское правительство пришло к выводу о необходимости введения в стране централизованного производства и торговли водкой с постоянным строгим правительственным контролем против всевозможных в этом деле злоупотреблений.

За такое решение выступали многие видные государственные деятели, юристы, ученые. Было понятно, что отсутствию элементарной культуры потребления водки у широких народных масс можно противопоставить только лишь терпеливую и долгосрочную работу под эгидой государства. Никакие единичные акции и указы здесь не помогут. Решению всех этих задач должно было способствовать введение государственной водочной монополии, начиная с 1894 года. Будучи глубокой реформой, водочная монополия разрабатывалась серьезно и всесторонне и была рассчитана на 8 лет.

Задачи водочной монополии состояли в том, чтобы передать производство и торговлю водкой в стране из частных рук в государственные, добившись при этом ликвидации подпольного самогоноварения, привить народу культуру потребления водки, высоко поднять качественный стандарт этого русского напитка.

Специальная комиссия во главе с великим русским химиком Д. Менделеевым, вырабатывавшая рекомендации правительству по введению государственной монополии, советовала наряду с достижением высокой химической чистоты продукта, снижающей его вредные последствия для здоровья, всемерно улучшать условия общественного потребления водки, пропагандировать домашнее потребление в достойной человека обстановке,

Д. И. Менделеев
(1834-1907)

распространять знания о применении водки с разными целями и в разных ситуациях, чтобы научить смотреть на водку, как на элемент застолья, а не как на средство, вызывающее сильное опьянение и забвене.

В 1894—1902 годах последовательно, по регионам России, начиная со столиц и затем на окраинах, стала осуществляться глубокая, поэтапная реформа по вве-

дению государственной водочной монополии. В 1902 году она вступила в силу и по всей стране.

Введение четвертой по счету государственной монополии на производство водки, у истоков которой стоял крупнейший политический деятель России министр финансов граф Сергей Юльевич Витте, привело к необходимости строительства казенных водочных заводов. В самом начале века было заложено строительство трехсот пятидесяти казенных винных заводов (складов, как их тогда называли). Одним из таких заводов явился Московский казенный винный склад № 1, впоследствии известный под названием «Кристалл».

Итак, цели государственная водочная монополия преследовала благие, но действовала недолго — фактически менее десяти лет. В 1904—1905 годах (русско-японская война) был введен запрет на водочную торговлю в ряде регионсв страны. В 1905—1907 годах (в годы первой русской революции) сохранялись и действовали частично ограничения на водочное производство и торговлю.

И только в 1906—1913 годах водочная монополия осуществлялась во всем объеме и привела к некоторым положительным результатам по сокращению хотя бы внешних проявлений пьянства. Была упорядочена торговля водкой. Лишь в столицах и крупных городах она велась с 7 часов утра и до 22 часов вечера. На селе она завершалась до 20 часов. Во время проведения различных общественных мероприятий (выборов в Думу, деревенских и волостных общинных сходов) торговля водкой была строго запрещена. Ко всем самогонщикам применялись уголовные наказания.

Положительным моментом водочной монополии явились успехи в борьбе с употреблением народом различных водочных «эрзацев». В конце XIX века, в момент, когда государственное винокурение еще не набрало силу, излюбленным средством русского народа становится так называемый «киндербальзам» или «подъемные капли», представляющие собой раствор лавандового, мускатного, лимонного, гвоздичного, укропного, мелиссного, китайской корицы и кудрявой мяты масел в спирте. Этот медицинский препарат применялся крестьянами в качестве спиртового напитка. Потребление его приводило к крайне тяжелым последствиям для потребителей.

В большом ходу были и так называемые Гофманские капли — «ликвора». Злоупотребление настолько укоренилось в народе, что медицинский совет счел необходимым запретить свободную (без рецепта) продажу этого средства в аптеках. Гофманские капли представляли смесь двух частей 90-процентного спирта и одной части серного эфира.

Появление дешевой государственной водки сделало бессмысленным употребление народом различных спиртовых растворов.

Водочная монополия значительно укрепила государственный бюджет. В начале XX века в России более трети годового дохода государства составляла выручка от торговли водкой. В стране насчитывалось около миллиона кабаков, трактиров и других питейных заведений. С 1908 по 1912 годы было продано 440 миллионов ведер сорокаградусной водки. За эти годы от ее продажи получено прибыли 185 миллионов рублей, а от эксплуатации железных дорог — только 160 миллионов рублей. Потребление водки на душу населения неуклонно росло и составило по годам, в литрах:

1891-1895 гг. — 4,3

1896-1900 гг. — 5,0

1901-1905 гг. — 5,23

1906-1910 гг. — 6,09

Считалось, что спиртное полезно для организма и нужно бороться только против пьянства, поощряя тем не менее потребление спиртного. Царский министр финансов говорил, что «требование полной трезвости противоречит общепринятому мнению о пользе умеренного потребления горячительных напитков».

Вступив в первую мировую войну, правительство России 2 августа 1914 года вынуждено было издать постановление о прекращении продажи водки населению и о производстве этилового спирта исключительно для технических нужд фронта и медицинских целей.

Декретами советского правительства в декабре 1917 года и июле 1918 года был продлен запрет на торговлю водкой на время революции и гражданской войны.

Врагами революции считались спирт, водка и вино. Значение борьбы с пьянством в первые дни и недели революции, фактора трезвости пролетарского, красногвардейского авангарда оценивалось очень высоко. Введение к одной из первых в советское время антиалкогольных брошюр заканчивалось словами: «Под знаменем воздержания от алкоголя народилась и должна укреп-

ляться коммунистическая рабоче-крестьянская Россия».
В агитке Демьян Бедный говорит:

> Аль ты не видел приказов на стене —
> о пьянцах и о вине?
> Вино выливать велено,
> а пьяных — сколько не будет увидено,
> столько и будет расстреляно.

С января 1924 года вступило в силу известное совместное постановление ЦИК СССР и СНК СССР о возобновлении производства и торговли спирными напитками в СССР, а повсеместная продажа водки началась с октября 1925 года.

В это время целая плеяда видных ученых-химиков, занимавшихся изучением физико-химических показателей русской водки, включилась в работу и внесла свой вклад в дальнейшее совершенствование русской водки советского производства. Так, профессор М. Г. Кучеров, обнаружив еще до революции в водке завода П. Смирнова в Москве поташ и уксусный калий, вредно влиявшие на здоровье, предложил на советских заводах добавлять к водке питьевую соду, которая, сообщая водке «питкость», была не только безвредна, но и полезна для здоровья.

Профессор А. А. Вериго внедрил надежный и точный метод определения сивушных масел в ректификате и ввел двойную обработку водки древесным углем.

Профессор А. Н. Шустов предложил использовать в водочном производстве активный уголь «нортит».

В 1937 году на всех государственных ликеро-водочных заводах были введены унифицированные рецептуры советских водок, значительно расширен их ассортимент.

Вплоть до начала Великой Отечественной войны в СССР поддерживался высокий мировой стандарт водки, вводились различные дополнительные меры для обеспечения высокого качества продукта.

В годы войны производство водки не было прекращено, хотя и сократилось в пять раз. С 1 сентября 1941 года на фронте была введена практика выдачи военнослужащим по 100 г водки на человека в сутки.

В послевоенные годы были сделаны новые шаги по повышению качества русской водки. В 1948 году на ликеро-водочных заводах страны был внедрен способ динамической обработки сортировок активным углем, введены модернизированные песочно-кварцевые фильтры вместо керамических, более эффективным способом стало производиться умягчение воды. Не случайно русская водка «Московская особая» в 1953 году на международной выставке в Берне была удостоена золотой медали. Появление на международном рынке новой водки «Столичная», автором которой является широко известный спиртовик Виктор Григорьевич Свирида, еще больше поддержало мировую престижность русской водки.

Совершенные производственные схемы, использование исключительно натурального растительного сырья, отсутствие синтетических веществ, тщательность и точность соблюдения стандартов — все это легло в основу высоких вкусовых качеств водки.

В 1967 году был утвержден новый стандарт на ректифицированный спирт, согласно которому нормы содержания примесей были значительно ужесточены.

1970-1971 годы явились новым этапом в совершенствовании водочного производства: были введены автоматизированная линия непрерывного приготовления со-

ртировок и очистка сортировок активным углем в псев-
докипящем слое. Именно в этот период были разработаны рецепты новых сортов водок — «Посольская» и
«Сибирская».

Настало время, печально знаменитой «перестройки».
Одним из первейших крупных мероприятий этого периода явился небезызвестный указ «О мерах по усилению
борьбы против пьянства и алкоголизма», вышедший 15
мая 1985 года. Результатом его явился демонтаж ряда
ликероводочных заводов, а также их переоборудование в
предприятия безалкогольных напитков.

Данное решение было принято без должной истори-
ческой и экономической проработки. Оно поставило
отечественную спиртоводочную промышленность в тяжелое положение, нанесло ей огромный материальный
урон. В конечном итоге постановление вызвало широкое
недовольство народа, возникновение очередей за водкой,
всплеск самогоноварения, смертность от употребления
различных суррогатов, значительный рост спекуляции
водкой и т. д.

Лишь через несколько лет, в 1990 году, это постановление было признано ошибочным. Начался трудный
процесс восстановления разоренного спирто-водочного
производства. По данным Госкомстата производство отечественной водки составило, в миллионах декалитров:

1990 г. — 137,5
1991 г. — 154
1992 г. — 151,6
1993 г. — 155,8
1994 г. — 100, что составляет порядка
10 литров алкоголя на душу населения в год.

Процесс восстановления прежних мощностей производства продолжается, и делается все, чтобы историчес-

ки достигнутые оригинальность, высокое качество и своеобразные свойства русской водки были сохранены неизменными, как определенная культурно-историческая ценность в области быта и русского национального застолья.

7 июня 1992 года Президентом России Б. Н. Ельциным был издан Указ, отменявший государственную монополию на водку. Таким образом, длившаяся 68 с половиной лет и доказавшая свою эффективность первая советская монополия на водку была упразднена. С середины 1992 года в России любой и каждый мог производить, закупать за границей, торговать водкой на основе специального разрешения, выдаваемого органами исполнительной власти, т. е. на основе лицензии.

Как итог сразу же на внутреннем российском рынке появилось большое количество низкопробного, некачественного, фальсифицированного, нестандартного крепкоалкогольного напитка типа «водка».

Российский рынок захлестнул поток иностранных псевдоводок, бурно распространилось самогоноварение, снизилась доля водок, имеющих государственные гарантии качества. Резко возросла стоимость российской водки, ухудшилось финансовое положение государства, произошел разнобой в ценах на водку в различных регионах страны. Большинство ликеро-водочных заводов оказалось на грани банкротства.

Наконец, через год руководству страны стала ясна вся пагубность подобных мер, и 11 июня 1993 года был издан Указ президента России «О восстановлении государственной монополии на производство, хранение, оптовую и розничную продажу алкогольной продукции». Он направлен, прежде всего, на пресечение деятельности различного рода мошенников и ловкачей, наживающихся на перепродаже и подделке водок, а также на защиту интересов российских производителей водки.

Вновь восстановилась во всем ее объеме пятая монополия на производство, торговлю и употребление водки.

Таким образом эксперименты последнего десятилетия однозначно принесли огромный вред и крайне незначительую пользу русской водке. Поэтому установление водочной монополии является единственной верной и правильной мерой, которая, без сомнения, будет способствовать укреплению российской государственности, развитию питейной культуры, упрочению международного авторитета русской водки.

ПРОИСХОЖДЕНИЕ
ТЕРМИНА «ВОДКА»

КОГДА ВОДКУ СТАЛИ НАЗЫВАТЬ ВОДКОЙ

Слово «водка» в значении «спиртного напитка» утверждается в русском языке в течение довольно длительного времени — между XIV и XIX веками. В общеславянском языке до XIV века не существовало слова «водка» в значении «вода», то есть ее диминутива. Следовательно, уменьшительное значение возникло в русском языке в то время, когда он стал формироваться в рациональный, когда в нем стали возникать оригинальные национальные окончания и суффиксы, то есть в XIII — XIV веках. Слово «водка» свойственно только русскому языку и является коренным русским словом, нигде более не встречаемом. Официально термин «водка», установленный в законодательном порядке и зафиксированный в государственных правовых актах, возник очень поздно. Впервые он встречается в Указе Елизаветы I «Кому дозволено иметь кубы для двоения водок», изданном 8 июня 1751 года. Затем он появляется лишь спустя почти 150 лет в другом указе, изданном в связи с введением государственной монополии на производство и торговлю водкой.

Не вызывает сомнений, что такой продукт, как хлебное вино (водка), требующий введения государственной монополии на него, возник исключительно в условиях создания централизованного, абсолютистского (самодержавного) государства, И возник он именно в Москве, где был создан первый «царев кабак». Это подтверждается самим термином «московская водка», который отражает исторический факт появления водки первоначально и притом исключительно лишь в Москве и служит как бы фиксацией уникальности этого продукта как специфического изделия, неизвестного в другом месте.

Что касается времени появления водки, то представляется наиболее вероятным и наиболее несомненным период между 1448 и 1478 годами (см. Похлебкин В. В. История водки.).

То, что к 1478 году производство хлебного вина не только было развито, но и сам продукт приобрел к этому времени уже известный определенный стандартный вид и обладал определенным уровнем качества, устанавливается на том основании, что на него была введена казенная монополия и что в законодательном порядке водка, хотя и не имевшая еще этого наименования, а называвшаяся первоначально «горящим вином», юридически отличалась государством от всяких подделок и самоделок (самогона), получивших, согласно указу, термин «корчма».

Долгое время, со дня своего появления вплоть до XX века, водку неизменно называли термином «вино», точно так же, как и виноградное вино.

Правда, отличить, о чем идет речь, о виноградном ли вине или о водке, не составляло труда, так как термин «вино» обязательно употреблялся с определенными эпитетами. Таким образом, в этот период бытовало довольно много значений термина «хлебное» вино, под которым имелась в виду водка, хотя сам термин «водка» появился значительно позднее.

Как называли водку в старину

Основными торговыми и бытовыми терминами хлебного вина в XV—XIX веках являлись следующие:

1. «Хлебное вино» — общее название водки во второй половине XVII века.

2. «Вареное вино» и «перевар» — один из первых терминов, связанных с производством водки.

3. «Корчма» — водка незаконного производства, то есть самогон.

4. «Куренное вино» — редко встречавшийся термин, обозначавший водку.

5. «Горячее вино», «горящее, жженое вино» — чрезвычайно распространенные в XVII—XIX веках термины, обозначавшие водку. Этот термин в украинском языке стал основным официальным названием водки — «горилка», а в польском — одним из двух основных: «gorzatka» и «wodka».

6. «Русское вино» — сравнительно редкое обозначение водки в XVII веке.

7. «Лифляндское вино» — привозное хлебное вино из Эстонии и Латвии.

8. «Черкасское вино» — украинская горилка, привозимая в Россию. Плохо очищенная и потому низкого качества и дешевая.

9. «Оржаное винцо», «житное вино» — обозначение водки в России вплоть до середины XIX века.

10. «Зелено-вино», «хмельное вино», «зелье погубное» — встречающееся в фольклоре, в бытовом языке обозначение водки.

11. «Горькое вино» — водка, перегнанная с горьковатыми травами. К концу XIX века термин был переосмыслен как обладающий переносным смыслом, то есть напиток, приносящий горькую, несчастную жизнь.

Существовал также целый ряд производственных (промышленных, технических) терминов хлебного вина (водки), обозначавших степень качественного совершенства продукта. К ним относятся:

1. «Рака» — термин турецкого происхождения — «raky» («спиртное»), который произошел от арабского «araqy» («финиковая водка»). В русском языке «рака» означала первую выгонку хлебного вина из браги. На Руси этот термин иногда переводили как «вонючая водка», что можно считать одним из первейших истоков для обозначения всего продукта словом «водка».

Термин «рака» встречается в византийских источниках еще в III веке. Он был заимствован Россией из Византии либо непосредственно, либо через Болгарию и Молдавию, где этим термином называют всякую фруктовую водку, продукт перегонки фруктового (ягодного) вина.

Таким образом, в России в отличие от Греции, Болгарии, Молдавии, Сербии, Белоруссии термином «рака» назывался самый первоначальный, грубый полуфабрикат водки.

2. «Простое вино» — термин, официально введенный с 1649 года. Обозначал хлебный спирт однократной перегонки из раки или фактически вторую перегонку первично заброженного затора. Это было базовым полу-

фабрикатом, из которого получали все марки водок и хлебного спирта в России.

3. «Полугар» – «простое вино», разбавленное на одну четверть чистой холодной водой (на три ведра «простого вина» одно ведро воды). Полученная смесь и носила название полугара. Название произошло от того, что после составления смеси обычно следовала техническая проба качества «вина», которое наливалось в особый металлический цилиндр или кастрюльку – отжигательницу (около 0,5 л) – и поджигалось. По окончании горения остаток вливался в особый металлический стакан, имевший ровно половину объема отжигательницы. Стандартный по качеству продукт точно заполнял стакан доверху и считался пригодным для употребления.

В России уже к концу XVII века водочное производство все более и более совершенствуется, улучшается очистка напитка. Поэтому уже в XIX веке слово «полугар» из технического термина превращается в жаргонный, под которым подразумевается вообще всякое нестандартное хлебное вино низкого качества.

На Украине, где полугар оставался основной и даже единственной формой хлебного вина, это привело к закреплению позднее и за водкой более высокого качества единого названия – горилка.

Крепость полугара с середины XVIII века обычно не превышала 23–24°, но поскольку этот вид водки не проходил специальной фильтрации, то его вкус и запах были неприятными из-за наличия сивушных масел.

4. «Пенное вино», «пенник» – это лучшая марка водки, получаемой из полуфабриката «простое вино». Название произошло от слова «пенка», означавшего в XVII–XVIII веках понятие «лучшая, концентрированная часть» любой жидкости. В пенки шли четвертая или даже

пятая часть объема простого вина, причем получаемая при очень медленном («тихом») огне. С середины XIX века эту фракцию вместо «пенки» стали называть «перваком», а с 1902 года за ней официально был закреплен термин «первач». 100 ведер первача, разбавленные 24 ведрами чистой, мягкой ключевой воды и давали пенник, который к тому же всегда проходил фильтрование через уголь.

5. «Двухпробное вино» — водка, полученная разведением 100 ведер хлебного спирта 100 ведрами воды. Такую водку считали «бабьим» вином, она была широко распространена в трактирах первой половины XIX века.

6. «Трехпробное вино» — водка, получаемая при разведении 100 ведер хлебного спирта $33^1/_3$ ведрами воды. Было обычным рядовым трактирным вином для «мужиков».

7. «Четырехпробное вино» — водка, получаемая при разведении 100 ведер хлебного спирта 50 ведрами воды.

8. «Двойное вино», «двоенное вино», «передвоенное вино» — это продукт перегонки простого вина, то есть продукт третьей перегонки (рака — простое вино — двоенное вио). С 1751 года двоение было официально признано нормальной и даже элементарной гарантией качества. Крепость двоенного спирта составляла 37—45°. При этом двоение по преимуществу велось с добавлением пряных, ароматических компонентов и являлось, таким образом, сложной операцией, которая вдвое усиливала концентрацию спирта, улучшала общие качества напитка за счет его ароматизации и очистки.

9. «Вино с махом» — использование смеси разных погонов дя увеличения концентрации спирта в напитке. Это совершенно другая марка хлебного вина, отличающаяся от водок, — виски — получила название «вина с махом». Самым распространенным его видом была смесь двух третей (двух ведер) простого вина с одной третью

(одним ведром) двоенного вина. Существовали и другие пропорции смесей.

Однако, эти спиртовые смеси, не содержавшие воды-разбавителя и не являвшиеся водками, не получили развития в России. Более того, начиная с 20-х годов XVIII века «вино с махом» и законодательно, и самими частными производителями стало рассматриваться как запретное, недозволенное.

10. «Тройное или троенное вино» — это вторичная перегонка двоенного вина, то есть четвертая перегонка спирта (рака — простое вино — двоенное вино — троенное вино). Начала применяться со второй четверти XVII века частными дворянскими винокурнями. Тройное вино использовалось для производства тонких домашних водок с добавкой растительных ароматизаторов.

В XIX веке тройное вино явилось основой для получения лучших заводских водок домонопольного периода таких, наример, как водки завода Попова. Крепость тройного спирта равнялась приблизительно 70°.

11. «Четвертное или четверенное вино» — это пятая перегонка, известная уже в самом конце XVII века. В результате четвертой перегонки получается спирт-ректификат с крепостью 80–82° (в конце XIX века).

В 60-х годах XVIII века на базе четверенного спирта были созданы настойки-ерофеичи, без добавления воды, отчего они и выделялись из класса водок в особый класс алкогольных напитков — ерофеичей (тинктур).

Кроме того, на основе четверенного спирта были созданы и некоторые другие группы водок — ароматизированные, сладкие или подслащенные (тафии или ратафии).

Ратафии не только подслащивались, но и подкрашивались ягодными сиропами или иными растительными экстрактами.

Ерофеичи и ратафии, утонченные алкогольные напитки, получили распространение лишь в дворянских винокурнях в эпоху расцвета крепостного права и исчезли с развитием капиталистического производства с его ориентацией на более широкий, массовый спрос.

Помимо торговых и бытовых, а также производственных терминов хлебного вина, широкое распространение получили в России XVIII–XIX веков жаргонные, эвфемические[1] и метонимические[2] термины этого напитка:

1. «Царская мадера» — эвфемизм петровского времени, означавший отечественную, низкосортную дешевую даровую водку, выдававшуюся от царского имени для простого народа. Это прямой намек на устраиваемые Петром I «ассамблеи», где дворянам предписывалось выпивать огромные кубки крепких вин — хереса, мадеры, портвейна.

2. «Французская 14-го класса» — распространенное в XVIII–XIX веках среди чиновников название водки чрезвычайно низкого качества, которую подавали в царских кабаках. Это иронический намек на петровский табель о рангах (14-й класс — низшая категория чиновников — коллежский регистратор).

3. «Петровская водка» — иронический термин, обозначавший хлебное вино низкого качества. «Петровская» — то есть молодая — в противовес старинного, доброго «зеленого вина», «водка» — уничижительное от «вода».

4. «Огонь да вода» — эвфемизм второй половины XVIII века. Имея позитивный характер, применялся в мелкопоместной среде провинциального дворянства для характеристики хороших, очищенных сортов водки частного производства.

---

[1] эвфемизм – благовидное название какого-либо неприличного слова или понятия.

[2] метонимия – переименование, замена какого-либо понятия иным словом, имеющим причинную связь с основным словом, понятием.

5. «Хлебная слеза» – эвфемизм с позитивным оттенком второй четверти XIX века. Обозначал водки исключительного, отличного качества.

6. «Сивак», «сивуха» – жаргон конца XVIII века, обозначавший водку крайне низкого качества.

7. «Полугар», «перегар» – жаргонные термины первой половины XIX века, обозначавшие плохое хлебное вино последней фракции гонки с пригарью, неприятным запахом. Термины произошли от искажения технического термина.

8. «Брандахлыст» – жаргонный термин второй половины XIX века. В его основе – немецкое название водки – брантвайн. Термином обозначалась картофельная водка низкого качества, поступавшая по дешевой цене из западных губерний России.

9. «Самогон», «самогонка» – термины конца XIX века, обозначавшие самовольно, незаконно изготовленное хлебное вино, запрещенное после введения в 1894–1902 годах государственной монополии на водку. Одновременно термин обозначал в целом неочищенное, плохое хлебное вино (в русском языке начала XX века существовали и другие значения слова «самогон», не относившиеся к водке).

10. «Монополька» – жаргонный термин, обозначавший водку с 1894 года. Существовал до середины 30-х годов XX века.

Обзор терминов хлебного вина говорит о том, что алкогольный напиток водочного типа, то есть напиток, получаемый путем разведения спирта водой, появился в России в силу исторических связей с Византией, византийской традицией растворять водой любой алкогольный напиток перед употреблением. Появление водки в России – не случайность. Здесь не могло возникнуть иного спиртного напитка прежде всего в силу историко-техни-

ческой отсталости страны и наличия приемов, связанных
с производством питейного меда. Если на Западе процесс
создания алкогольных крепких напитков шел по пути
развития процесса дистилляции (усовершенствования
аппаратуры, увеличения концентрации спирта, увеличения числа перегонок), то в России, наоборот, шел обрат-
ный процесс — разбавление водой полученного спирта.

С введением в 1894 году очередной, четвертой по
счету в истории Российского государства водочной монополии, наконец-то, термин «водка» вытеснил все другие
названия этого напитка.

Таким образом, собственно водку начинают называть
водкой всего около 150 лет тому назад, но и то не
повсеместно. И только после полного введения государственной монополии в 1902 году термин «водка» постепенно окончательно вытеснил термин «вино», а также
бытовавшие эвфемизмы — «беленькое», «белое», «монополька», «поповка».

Так что термин «водка» как обозначение русского
национального крепкоалкогольного напитка утвердился
сравнительно недавно. Но на этом самоутверждение
термина не закончилось. В настоящее время в мире
утверждается традиция называть водками в широком
значении этого слова обширный класс национальных
крепкоалкогольных напитков, при получении которых
используется метод дистилляции, независимо от сырья,
из которого изготавливается этот напиток и особенностей технологии.

О ПРИОРИТЕТЕ РОССИИ
В ИЗОБРЕТЕНИИ ВОДКИ

Казалось бы, вопрос совершенно очевиден: приоритет России в изобретении водки неоспорим. Однако иногда случается, что даже очевидное требует бесспорных доказательств. Для подтверждения своего приоритета нашей стране, начиная с осени 1977 года, пришлось выдержать серьезную борьбу с рядом иностранных фирм.

Водочные предприятия русских эмигрантов появились в Западной Европе и в США в 1918—1921 годах. В конце 70-х годов произошло то, что невозможно было предположить и что не укладывается в сознании: приоритет «Русского национально алкогольного напитка» (именно он, по определению энциклопедии «Британика», за 1929—1939 годы, подразумевался под словом «водка») стал подвергаться сомнению. Выпускаемая на протяжении веков, преодолевшая конкуренцию виски, джина, коньяка, бренди, показавшая всему миру, что «только водка из России есть настоящая русская водка», она вдруг оказалась перед печальной необходимостью доказывать свое первородство.

Западноевропейские, американские, а также водочные фирмы, основанные в Европе и США эмигрантами из России («Пьер Смирнофф», «Эрнстов», «Кеглевич», «Горбачев» и другие), не обладая ни технологическими разработками отечественных ученых и виноделов, ни оригинальным русским и советским оборудованием, рассчитанным специально на выработку водки, вступили в борьбу за оспаривание российского приоритета. Основывая деятельность на типичной западноевропейской и американской дистилляционной аппаратуре, они выпускают хорошо дистиллированный, удобно и красиво расфасованный напиток, который, между тем, лишен типичных примет, качеств и свойств русской водки. Иными словами, они производят не водку, а псевдоводку, так как и по сырью, и по технологии, ни даже по воде их продукт резко отличается от настоящей водки. Даже отличная по качеству финская водка «Финляндия», приготовленая с использованием ржаного зерна и солода, по вкусу резко отличается от русской московской водки. Причина кроется в использовании другого сорта ржи (так называемой вазаской ржи), в употреблении дистиллированной воды, в отсутствии аналога русской речной воды. Другими словами, чисто биологические и географические причины не дают возможности воспроизвести русскую водку где-то за пределами России.

Тем не менее ряд отечественных водочных марок был подвергнут бойкоту. Американские фирм попытались лишить СССР возможности рекламировать и продавать водку, завладеть правом использовать такое наименование только для своего товара. Они утверждали, что якобы начали производить водку раньше, чем «советские» фирмы.

Удар конкурентов удалось отбить. Приоритет в «изобретении» водки остался за Россией, которая еще по царскому Указу 1721 года выдавала своим солдатам в качестве довольствия по две кружки водки в день, а в 80-х годах прошлого столетия вывозила за рубеж до 7 млн. ведер (ведро — 12,3 литра) водочного спирта в год.

Если с претензиями западноевропейских, американских фирм, которые не могли представить убедительные данные, подтверждающие ту или иную дату первоначального изобретения водки на их территории, удалось справиться сравнительно легко, то с притязаниями Польши дело обстояло значительно сложнее. В 1978 году руководители государственной водочной монополии ПНР попытались доказать, что на территории бывших королевства Польского, Великого герцогства Литовского и Речи Посполитой, включая Украину с Запорожской Сечью, водка была изобретена и производилась раньше, чем в Российской Империи. В силу этого права продавать и рекламировать на внешних рынках свой товар под названием «водка» должна была получить лишь Польша, производящая «водку выборову» (Wodka wyborowa), «Кристалл» и ряд других польских марок. В то же время российские водки, поступавшие на мировой рынок, теряли право именоваться «водками» и должны был искать новое название.

Исследование В. В. Похлебкина «История водки» позволило ответить на вопрос о периоде, когда и где она возникла, доказало, что «горзалка» (gorzalka — первоначальное название водки в Польше) была создана не раньше 1540-х годов, то есть спустя почти сто лет после появления водки в России.

Решением международного арбитража в 1982 году за СССР были бесспорно закреплены приоритет создания водки как русского оригинального алкогольного напитка, исключительное право на ее рекламу под этим наименованием на мировом рынке, а также признан экспортнорекламный лозунг – «Only vodka from Russia is genuine Russia vodka» («Только водка из России – настоящая руссская водка»).

Начиная с середины 60-х годов экспорт водки являлся довольно стабильной и крупной статьей валютных поступлений СССР. Однако после того, как различные сорта русской водки, прежде всего «Столичная» и «Московская», стали выпускаться практически на всех ликеро-водочных заводах страны, экспорт водки подвергся серьезным испытаниям. Тем не менее авторитет водки на мировом рынке не пострадал, так как тогда существовала система государственной монополии. Водкой за границей торговало Всесоюзное объединение «Союзплодимпорт» Министерства внешней торговли СССР, на территории страны были зарегистрированы 12 товарных знаков водок: *«Столичная», «Московская», «Русская», «Старка», «Юбилейная», «Кубанская», «Зубровка», «Охотничья», «Перцовка», «Лимонная», «Столовая», «Крепкая».* В соответствии с требованиями Парижской конвенции и Мадридского соглашения стала возможна их реализация за границей.

В настоящее время объединение, теперь уже российское, «Союзплодимпорт» владеет 250 регистрациями на русские водки на наиболее емких рынках сбыта в 80 странах.

«Столичная» и «Московская» уже не первый год занимают место в десятке самых распространенных в мире водок. Это позволило «Союзплодимпорту» довести экспорт до 3,4 млн. дкл. в год, на 42,7 млн. долл. Русский товар в иерархии импортных водок стал лидером в ФРГ и Греции, занял 2 место на рынке США. Товарные знаки российских водок защищены Парижской конвенцией по охране промышленной собственности. Это обеспечивает

России объективные перспективы дальнейшего наращивания экспорта товара.

Бесконтрольное производство недоброкачественной, а то и поддельной водки под всемирно известными знаками, экспорт фальшивой продукции на рынок СНГ и в «дальнее» зарубежье ведут к существенным издержкам для российской экономики и самого престижа России, несущей моральную ответственность перед покупателями всего мира за товары, которые издавна связываются с ее именем. Предприятия Балтии, Украины, Узбекистана, Грузии и Азербайджана не только наращивают выпуск и экспорт «Московской» и «Столичной», но и занимаются продажей лицензий на их производство за границей. Так, выпускающий низкокачественную водку ликеро-водочный завод «Терек» во Владикавказе (Северная Осетия) продал в Каракасе право использования торговых марок «Столичная» и «Московская» одной из американских фирм. Последняя уже начала компанию по изгнанию российского товара из Венесуэлы.

Тем не менее вряд ли выйдет толк из этой затеи. Истинные русские водки «Московская» и «Столичная» — все еще пользуются высокой репутацией в Европе, Америке, в Японии. Они так же престижны, как икра, меха и бриллианты «русской огранки». Не случайно мировая номинальная стоимость этих торговых марок оценивается западными экспертами в 400 млн. долл.

Но опасность для русской водки на международном рынке грозит не только с этой стороны.

На Западе, помимо наличия огромного количества собственных производителей крепкоалкогольных напитков типа «водка», существует хорошо налаженное производство фальшивых водок под этикетками популярных российских водок. В настоящее время (1994 г.) только в

Греции российская фирма «Винэкспорт» ежегодно ведет и выигрывает до 20 судебных процессов против фальши-вопроизводителей из Чехии и Болгарии, которые под маркой российской «Столичной» поставляют на Запад поддельную водку крайне низкого качества.

Русская водка – валютный товар России. Владельцем ее торговых марок должно быть только государство, которое в данном случае вправе разрешить использование этих марок предприятиям и экспортерам, обладающим высоким технологическим уровнем производства и опытом внешнеторговой деятельности. Это не будет означать возврата к монополии внешней торговли в прежнем виде, поскольку остальные производители также вправе экспортировать свой товар, но под другими торговыми марками. В этом – ключ к решению проблем, связанных с экспортом этого валютного российского товара.

А пока сегодня российский производитель заметно потеснен на мировом рынке традиционной русской водки и контролирует лишь 4% его. Для того, чтобы русская водка заняла подобающее ей лидирующее место в мире, необходимо бороться против несправедливых цен на закупаемый у нас алкоголь, наладить производство более оригинальной тары и упаковки, с большей ответственностью подходить к дизайну выпускаемых изделий. Что же касается качества продукта, то можно быть уверенным: российской водке по-прежнему нет равных.

В настоящее время водка, как вид крепкоалкогольных напитков, широко производится во многих странах. Перечислить сорта иностранных водок не представляется возможным. Лидером по производству сортов водок за рубежом является, бесспорно, Германия. Здесь вырабатывается около 60 различных ее сортов, в том числе:

«Москвич», «Николай», «Президент», «Александр I», «Князь Игорь», «Петров», «Романов», «Столыпин», «Толстой», «Абсолют», «Батюшка», «Германия», «Россия» и т.д. Некоторые из них обладают довольно высоким качеством, хорошей питкостью.

Значительные объемы водочной продукции производит Голландия. Среди сортов голландских водок следует отметить водку «Иван Грозный», «Царь Петр», «Голландия», «Зверь 45°» (лимонная и перцовая) и т.д.

Бельгия, Франция и Финляндия вырабатывают по десятку различных сортов этого напитка. Среди бельгийских необходимо отметить водку «Наполеон», «Распутин» и «Волшебный кристалл». Среди французских — «Империал», «Архангельская», «Горбачев», «Ельцин». Среди финских — «Финляндия 40°», «Финляндия 50°», «Коскенкорва» различных сортов.

В настоящее время водки производятся в США, Италии, Венгрии, Чехии, Болгарии, Польше, Дании, Испании, Австрии, Китае, Вьетнаме и в ряде других стран.

В 1994 году в России из общего количества потребляемой алкогольной продукции 60% приходилось на импорт.

Продукцию многих иностранных водочных фирм сейчас можно приобрести практически в любом коммерческом торговом киоске. Так, в Москве по состоянию на март 1995 года в продаже находилось около 140 различных сортов иностранных водок. Неискушенному россиянину трудно разобраться в их изобилии.

Зачастую продукция иностранных фирм обладает весьма сомнительным качеством и даже представляет прямую угрозу для здоровья. Так, например, было с водкой «Вершина горы» китайского производства, которая не соответствует ГОСТу по массовой концентрации альдегидов, сивушного масла и эфира. Ничуть не лучше другая китайская водка – «Лонгкоу». Концентрация альдегидов в ней превышает норму в 20 раз, сивушных масел – в 500 раз, сложных эфиров – в 10 раз. По оценке экспертов, водка эта непригодна к употреблению. Это яд! В водке «Кремлевская» производства США при анализе оказалось завышено содержание сивушного масла и альдегидов. Наконец, импортный «кристально чистый» продукт – знаменитый «Распутин»: вкус и запах некоторых партий этой водки оказался абсолютно не свойственным для водки, а содержание сивушных масел превысило норму в 5,4 раза! Подобные примеры, к сожалению, довольно часты.

Надо сказать, что обилие и засилие разнообразной иностранной водочной продукции на внутреннем российском рынке представляет серьезную опасность для дальнейшего развития и совершенствования исконно русского напитка, каковым является «Московская водка». Нашествие на Русь иноземных, зачастую низкокачественных напитков, приобретает сейчас характер настоящего бедствия.

И вызвано это бедствие не только засильем на российском внутреннем рынке западных водок в красивой яркой упаковке и при мощной, умелой рекламе, но и широким потокам водки из так называемого ближнего зарубежья, прежде всего из Украины и Белоруссии. Российский рынок наводняется дешевой алкогольной продукцией этих государств. Из-за рубежа поставляют партии недоброкачественных вин и водочных изделий, таких, например, как водка особая «Княжий келих» Уманского ликеро-водочного завода (Украина), где содержание сивушных масел более чем в 4 раза превысило допустимую норму.

Не меньшую опасность для истинной русской водки представляют на внутреннем рынке отечественные, российские подделки под лучшие их виды, вернее, незаконное использование торговых марок популярных водок. Вчерашние госпредприятия химической, металлургической, лесоперерабатывающей и других отраслей промышленности, выпуская водку собственного изготовления, поправляют таким образом свое финансовое положение.

Конечно, пить все эти как иностранные, так и отечественные подделки под настоящие русские водки в большинстве своем можно, но удовольствия потребитель не получит. А вот чувство досады останется — ведь заплачено как за продукт хорошего качества. Безусловно, совсем не обязательно, что все партии импортных алкогольных напитков будут низкого качества. Чтобы не обмануться, будьте внимательны при покупке понравившейся вам бутылки с водкой или вином. Прежде чем купить выбранный продукт, удостоверьтесь в его качестве, потребовав у продавца сертификат. Если сертификата нет, можно не сомневаться, что вам хотят всучить подделку или брак. При осмотре сертификата обратите внимание, не отпечатан ли он на ксероксе, на какую партию товара выписан. Помните, документом признаются лишь оригинальный сертификат или его же копия, заверенная организацией, выдавшей сертификат, или же организацией, затребовавшей сертификат. При покупке любого товара не забудьте взять у продавца чек. Ведь если окажется, что ваша покупка некачественная, он будет служить доказательством совершенной сделки.

Фальсифицированная водка имеет несколько характерных видимых отличий от настоящей. Где бы вы ни покупали бутылку — в коммерческом ларьке или государственном магазине — в первую очередь (не отходя от прилавка) нужно обратить внимание на соответствие маркировки пробок и надписей на этикетках. Случается, что на них указаны разные заводы-изготовители. Если посмотреть на этикетку с внутренней стороны, то у заводской чаще можно увидеть несколько ровных полосок клея. Правда, встречается и сплошное покрытие клеем. В домашних условиях при изготовлении фальшивой водки клей, в большинстве случаев, наносится на этикетки кисточкой, и поэтому мазки получаются неровными. Цифровой код на настоящей этикетке должен состоять из 7—10 цифр. Мастера подделок обычно наносят код (если они вообще это делают) как придется.

Теперь о таком важном элементе, как колпачок (пробка). На заводской водке она не должна прокручиваться вокруг своей оси (иначе на заводе-изготовителе бутылка посчиталась бы бракованной). Если же вы купили бутылку водки, на которой колпачок «алка» (с «язычком»), то посмотрите повнимательнее, как пригнаны снизу его края. У подделок края пригнаны в некоторых местах неплотно и, кроме того, с мелкими «волнами». У настоящей водки нижние края такого колпачка гладкие и пригнаны в упор. А лакированное покрытие не должно иметь царапин.

На этикетках бутылок «под винт» последие две цифры кода обозначают наименование города (01 — Москва, 02 — Санкт-Петербург, 62 — Смоленск и т. д.). На колпачке «алка» кроме наименования завода-изготовителя указывается название водки (П — пшеничная, Р — русская, МО — московская особая и т. д.).

Теперь о той водке, которую покупают в больших количествах в расчете на грядущие праздники. Внимательно присмотритесь: уже через две-три недели поддельная водка приобретает матовый цвет.

Как показывают исследования, в настоящее время (1995 год) около пятидесяти процентов спиртного — подделка, в связи с чем резко увеличилось количество отравлений алкогольными напитками. Зафиксировано и немало случаев со смертельным исходом. Только в первом полугодии 1994 года практически в каждой области России было зарегистрировано по несколько тысяч отравлений суррогатами водки и коньяка. Причем среди пострадавших были не только алкоголики, но вполне благополучные граждане.

Острые отравления возникают в том случае, когда суррогат изготовлялся на основе метилового спирта. У выпившего такой напиток шансов выжить немного. В лучшем случае, он потеряет зрение. Приводит к отравлениям и коньячный суррогат, который подкрашивался техническими красителями. Повышенное содержание сивушных масел в поддельных водке и коньяке ведет к разрушению внутренних органов человека и, прежде всего, печени.

Первая помощь при отравлениях алкоголем должна быть оказана как можно быстрее. Прежде всего надо вызвать «скорую помощь». Если человек находится без сознания, до приезда врачей необходимо проследить за тем, чтобы у него не запал язык и он не задохнулся, а также за тем, чтобы пострадавший не захлебнулся при рвоте. Поскольку алкоголь расширяет сосуды кожи, человек быстро теряет тепло. Это может привести к переохлаждению. Необходимо уложить отравившегося в теплое место и как следует укутать. Если он в состоянии глотать, ему можно дать одновременно до двадцати таблеток активированного угля. Распространенный способ самопомощи — выпить раствор холодной воды с содой и, надавив пальцем на корень языка, вызвать рвоту — эффективен только в тех случаях, когда отравившийся может контролировать свои действия. Отравление алкоголем вызывает критическое состояние организма, поэтому оказанием помощи должен заниматься врач-реаниматолог в стационарных условиях.

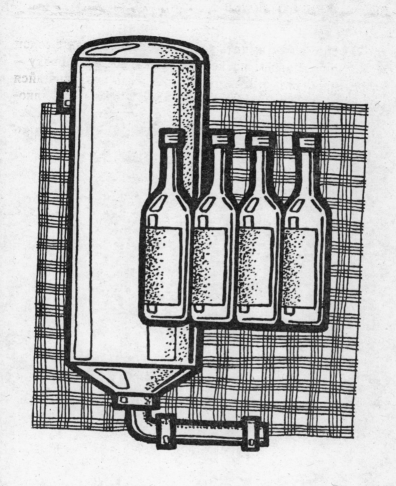

ПОПУЛЯРНО О ВОДОЧНОЙ ТЕХНОЛОГИИ

Если в Европе, Малой Азии, Средиземноморье прозводство коньяка и местных фруктовых водок возникло и могло возникнуть только из виноделия, виноградарства и садовдства, то в России возникновение водки было следствием развития зернового хозяйства, и само водочное производство естественно выросло из пивоварения, которое использовало зерно и муку как сырье.

Кроме того, исторически сложились оригинальные приемы, при помощи которых производится водка, являющаяся достаточно сложным культурно-технологическим национальным явлением.

Решающими для создания водки являются следующие слагаемые:

1. Сырье.
2. Рецептура. Композиция.
3. Особые методы очистки спирта и водно-спиртовой смеси от вредных примесей (сивушных масел, эфиров, альдегидов).
4. Технологическая схема.

5. Оборудование.

Итак, каковы технологические особенности водки и ее производства по основным позициям?

❧ Сырье ❧

З е р н о. Веками основным сырьем для водки служила рожь. И только к 70-х годах XIX века гораздо большую роль в производстве массовых сортов водки стала играть пшеница и другие зерновые культуры (ячмень, овес, просо, кукуруза). Лучшие сорта спирта вырабатываются из кондиционной пшеницы. Русская водка не вызывает таких последствий, как тяжелое похмелье.

В о д а. Утверждают, что вкус воды — это половина вкуса водки. Для водки годится только вода, обладающая мягкостью не более 1 мг-экв /л.

Перед созданием купажа со спиртом вода проходит разнообразную дополнительную очистку: фильтрацию через речной и кварцевый песок, но ни в коем случае не подвергается кипячению и дистилляции, как это обычно делают производители псевдоводок в других странах (США, Финляндии, Италии, Германии). В этом важное традиционное отличие и преимущество русской водки. Она обладает особой мягкостью, питкостью прежде всего из-за воды, которая не так безвкусна, как дистиллированная. На водочных заводах России вода подвергается предварительной обработке катионитом (сульфоуглем) и на мембранных установках. Благодаря такой технологии достигаются неповторимый аромат и вкус различных сортов русских водок.

С о л о д. Солод как важный сырьевой компонент при производстве спирта всегда был ржаным, а в некоторых случаях, ячменно-просяным или ферментным. Не только его применение, но и получение, особые условия проращивания имеют существенное и даже решающее значение для качества традиционной русской водки.

Д р о ж ж и. Первоначально в русском винокурении применялась ржаная закваска, в XVIII веке повсеместно совершается переход на дрожжи верхнего брожения. С конца XIX — начала XX века на спирто-водочных заводах выращиваются специальные естественно-чистые культуры дрожжей, предназначенные исключительно для производства спирта. Ими заливается сусло в бродильных чанах. От их качества также сильно зависит правильное созревание затора и общее качество и количество конечного продукта.

❧ *Рецептура. Композиция* ❧

До XX века самым характерным русским рецептурным приемом при составе затора следует считать добавки к основному ржаному зерну небольших количеств других зерновых компонентов: ячменной, гречневой муки, гречишного продела, овсяных хлопьев, пшеничных отрубей, дробленого пшена. Они составляют не более 2-3% от общего веса зерновой части затора, однако способны придать водке свое индивидуальное лицо, особый органолептически ощутимый вкус.

Раньше немаловажной была рецептура состава затора, соотношение зерна, воды, солода, дрожжей, других добавочных ароматических компонентов лесных трав (зверобой, полынь, анис, тмин); молодых почек деревьев (береза, ива, ветла, верба); листьев ягодных растений (вишня, черная смородина); заморских пряностей (бадьян, имбирь, калган, гвоздика, мускатный цвет и т. д.).

Современное производство водок основано на использовании ароматных спиртов и настоев.

❧ Способы очистки водки ❧

а) механические

В прежнее время применяли отстой спирта-сырца вместе с водой с быстрым охлаждением (вынос на мороз сразу после перегонки), переливы в другую емкость после отстоя и выморозки, фильтрация спирта-сырца. Она велась через различные материалы — войлок, сукно, фетр; речной, морской и кварцевый пески, дробленый камень, хлопчатобумажную ткань, полотно льняное, вату, древесный уголь и другие. Фильтрация через уголь занимает особое место в русском винокурении. В настоящее время доказано, что уголь разных пород дерева обладает различными поглотительными способностями, что нельзя непосредственно вести фильтрацию через уголь спирта-ректификата, а необходимо обязательно развести его водой до 40%.

Честь открытия очищающего действия древесного угля при ректификации спирта принадлежит санкт-петербургскому аптекарю Т. Е. Ловицу, впоследствии академику, которое он сделал в 1785 году. Ловиц перегонял сначала хлебное вино над угольным порошком, при этом получал более чистый продукт, чем без применения угля. Впоследствии он нашел, что уже простое встряхивание вина с углем без перегонки и нагревания устраняет плохие запах и вкус, впитанную из бочек желтую окраску вина.

К этому времени заводы начали вырабатывать более крепкий спирт, из которого стали приготавливать в какой-то мере очищенное хлебное вино. В технологии хлебного вина появилась новая операция — разбавление спирта холодной кипяченой водой.

Открытие Ловица способствовало также повышению качества вина по сравнению с тем хлебным вином, которое вырабатывалось непосредственно из сырого слабоградусного спирта в домовых винокурнях. По мере совершенствования техники очистки спирта хлебное вино в том виде, в каком его получали на простых винокурнях и винокуренных заводах, пользовалось все более и более ограниченным спросом.

б) биологические

1. Использование коагулятов в процессе винокурения, то есть введение в водку таких естественных биологически активных коагулирующих материалов, которые взаимодействуют с примесями спиртов и отнимают эти примеси в процессе передвоения спирта. К ним относятся: обезжиренное молоко, яйца цельные, яичный белок.

2. Иногда в качестве коагулянта применялся свежеиспеченный черный хлеб.

3. В качестве «очистителя» применялись также зола, поташ, сода, в смеси с которыми осуществлялось наивысшее очищение — получение четверенного спирта-ректификата.

4. В старину к уже готовому продукту — водке — применялись также чисто винодельческие способы очистки — выморозка и оклеивание. Выморозка была чисто русским и дешевым приемом, довольно эффективным. Другая операция — оклеивание — позволяла совершенно идеально очищать водку от всевозможных примесей и запахов. Она состояла в добавлении в выдержанную на отстое водку рыбного клея (карлука), который, соединившись с сивушными маслами и примесями, задерживался затем при простой фильтрации через хлопчатобумажную ткань.

5. Наряду со способами очистки в русском винокурении применялись и способы улучшения органолептических свойств водочного напитка, добавлялись: хмель, лесные травы, сок некоторых лесных ягод.

❧ Технологическая схема ❧

Технологически русское винокурение было не похоже на западноевропейский процесс винокурения при всей похожести процессов дистилляции. Важной примечательностью русских дворянских винокуров было правило — гнать как можно чище, медленнее и не доводить гонку бражки более чем за половину ее объема, причем это правило распространялось и на первый гон, и на последующие стадии винокурения — двоение и троение.

Как итог качество производимой в дворянских хозяйствах русской домашней водки поднялось на чрезвычайно высокий уровень и завоевало ей уже в XVIII веке международный престиж, сделало ее продуктом с высочайшей репутацией пищевой чистоты и медицинской полезности.

По своей чистоте водка, производимая в хозяйствах князей Шереметьевых, Куракиных, графов Румянцевых и Разумовских, имела такой высокий стандарт качества, что затмевала даже знаменитые французские коньяки. Екатерина II не стеснялась преподносить такую водку в подарок европейским коронованным особам, а также Вольтеру, Канту, Гете, Линею и многим другим корифеям мировой науки и литературы.

После середины 60-х годов XIX века водку составляли обычно очень просто — смешивали 50% алкоголя с 50% воды.

Явления сжатия смеси (конракции) с уменьшением веса и объема были замечены великим русским химиком Д. И. Менделеевым. О нем в свое время ходило немало всевозможных слухов и домыслов. Одни, например, говорили, что именно Дмитрий Иванович открыл секрет приготовления русской водки, прославившейся на весь мир своим исключительным вкусом. Другие утверждали, что Менделеев изготовлял поддельные французские вина для известного владельца магазинов Елисеева... Все эти измышления были построены только на одном действительном факте: докторская диссертация Дмитрия Ивановича называлась «О соединении спирта с водою». В течение полутора лет он вел поиски идеального соотношения объема и веса частей спирта и воды в водке, провел смешение различных проб веса воды и спирта, что было весьма сложно и трудоемко.

В результате экспериментов ученый вывел формулу, которая содержала 30 членов и занимала 5 строчек. Он считал ее одной из простейших, хотя данные, полученные из этой «простейшей» формулы, по точности превзошли цифры в исследованиях всех менделеевских предшественников. Это сразу же было оценено питейными ведомствами. Измерения Дмитрия Ивановича были взяты в основу алкоголометрии сначала в Голландии, потом в Германии, Австрии и России. Однако, помимо практической ценности диссертации, гораздо большую ценность представлял теоретический результат: было установлено, что наибольшее сжатие смеси происходит при взаимном растворении в весовом соотношении 45,88 процента безводного спирта с 54,12 процента воды. Это означает, что, если на каждую молекулу спирта в растворе приходится три молекулы воды, то объем смеси становится минимальным, следовательно, удельный вес ее достигает максимума.

Д. И. Менделеев доказал, что идеальным содержанием спирта в водке должно быть признано 40°, которые практически не могут получиться при смешивании воды и спирта объемами, а могут получиться при смешении точных весовых соотношений алкоголя и воды. Так, вес литра воды при 15°С равен 1000 г, а вес литра водки в 40° должен весить ровно 953 г. При весе 951 г крепость водно-спиртовой смеси будет уже 41°, а при весе 954 г — 39°. Строго подходя, обе они не могут при этом именоваться московской водкой.

В результате проведенных исследований Д. И. Менделеева, московской водкой с 1902 года стал считаться лишь такой продукт, который представляет собой зерновой (хлебный) спирт, перетроенный и разведенный затем по весу водой точно до 40°. Этот менделеевский состав водки и был запатентован в 1894 году правительством России как русская национальная водка — « Московская особая ». При этой идеальной концентрации при употреблении водки выделяется наибольшее количество тепла, а напиток получается наиболее однородным. К тому же 40-градусная водка не обжигает пищевод. Одновременно напитки крепостью от 65° до 70°, сделанные с сахаро-растительными добавками, стали именоваться бальзамами, русскими ликерами, запеканками, а от 70° до 75° — ерофеичами.

В то же время во всех европейских странах спирт получается из разнообразного сырья (риса, фруктов, свеклы, картофеля, ячменя, сахарного тростника и др.) и либо дистиллируется до примерно 40°, либо спирт ректификат разводится с водой 1:1 по объему, а не по весу, как в России. Это резко отличает русскую водку от всех остальных «водкоподобных» напитков в других странах. Открытие идеального соотношения воды и спирта позволило русской водке оставить далеко позади все другие крепкие напитки по качеству спиртового содержания. Так, сделанный в 1899 году голландским ученым Хансом Гродвеном анализ водок разных стран по содержанию в них абсолютного алкоголя по весу показал следующие данные:

французский коньяк 61,4–61,7
русская (московская) водка 54,2
ямайский ром 43,7
шотландское виски 42,8
ирландское виски............................ 42,3
английское виски 41,9
английский джин 40,3
немецкий шнапс.............................. 37,9

Таким образом 40-градусная русская водка уверенно держит второе место среди крепких алкогольных напитков мира по содержанию абсолютного алкоголя по весу. И если при производстве коньяков его крепость не устанавливается как нечто постоянное, а зависит от особенностей каждой конкретной марки, то в случае с настоящей русской водкой дело обстоит совсем по другому: крепость должна быть именно 40° по весу. Всякие отклонения как в ту, так и в другую сторону являются отклонениями от стандарта исконно русского национального крепкого алкогольного напитка — московской водки.

Существует правило, согласно которому содержание спирта в алкогольном напитке должно в обязательном порядке указываться на бутылочной этикетке.

В России и в СССР традиционно содержание спирта выражалось в градусах и обозначалось цифрой с маленьким кружочком вверху: 40°, 45° и т. д.

Однако в 70-е годы получило распространение нетрадиционное выражение в процентах, которое было бездумно заимствовано у ряда зарубежных стран. В самом деле: указание на процент (%) не является оправданным, так как ничего не говорит о том, от чего исчисляется этот процент — от веса или от объема. В то же время в нашей стране был отработан четкий порядок обозначения содержания алкоголя в напитке: при исчислении весовых процентов указывалось количество градусов — 40°, 35°

и так далее. При исчислении же объемных процентов обозначение на этикетках было следующим: «крепость 18-20% об.» или «спирт 16% об.».

На некоторых этикетках крепких алкогольных напитков в настоящее время можно увидеть двойное обозначение крепости водки и виски, например: «Московская особая водка 40% об. (70° Br. Proof)», «Scotch whisky 40% Vol (70° Br. Proof)».

Это вызвано тем, что на Западе сложилась традиция не учитывать факта концентрации (сжатия) спирта и исчислять крепость алкогольных напитков на основе вносимых в купаж компонентов, а не исходить из реальной его оценки. Таким образом, указывается наряду с русской, менделеевской системой определения крепости виски и водки, старая, «завышенная» система, которая и обозначается в скобках.

Научно «градусом» крепости считается одна сотая (0,01) часть безводного (100%) спирта. В Англии спирт измеряют объемом, как обыкновенную воду, но не объемом безводного (100%) спирта, а объемом так называемого «пробного, или практического спирта», обозначаемого Proof, в единице которого лишь 57,3 объема безводного спирта.

Самым реальным является менделеевское обозначение крепости алкоголя: это точная оценка количества алкоголя в напитке по весу. Английское же обозначение учитывает лишь техническую ступень дистилляции спирта, послужившего сырьем для получения водки или виски, но ничего не говорит о том, что мы на самом деле потребляем, так как упускает сложнейшие биохимические и физические превращения, происходящие со спиртом при контракции.

ВОДКА И ЗДОРОВЬЕ

«...у себя дома первый бокал обыкновенно пьют за здоровье, второй — ради удовольствия, третий — ради наглости, последний — ради безумия».

Анахарсис Скифский

О вредном воздействии алкоголя на здоровье человека написано великое множество исследований, статей, книг и брошюр. Приоритет в этих исследованиях принадлежит России. Еще в 1903 году русский физиолог Н. Волович произвел уникальный опыт, положив в основу измерения воздействия алкоголя на организм человека объективный факт — число ударов пульса при потреблении разных доз алкоголя по сравнению с числом ударов пульса после потребления человеком стакана водки. Пульс измерялся в течение суток после употребления алкоголя. Были зафиксированы следующие результаты: 20 г чистого алкоголя не давали практически никаких изменений, пульс увеличивался всего на 10—15 ударов в сутки; употребление 30 г алкоголя вызывало увеличение пульса на 430 ударов больше, чем обычно; 60 г – на 1872 удара больше; 120 г – на 12980 ударов больше; 180 г – на 18432 удара больше; 240 г – на 23904 удара больше; а при 240 г на следующий день уже на 25488 ударов больше, то есть сказывалось остаточное действие алкоголя, который за сутки полностью так и не выводился из организма.

Полученные данные позволяют делать вывод: при употреблении 20 г чистого алкоголя в организме человека не происходит никаких негативных изменений. Следовательно, это количество в сутки нормально, даже профилактически порой необходимо (в сырую погоду и т.д.) В пересчете на водку с 40%-ым содержанием спирта это означает 50 г.

Потребление 30 г спирта или 75 г водки – это предел нормы. Все, что свыше 60 г алкоголя, то есть 150 г водки в сутки, – уже вредно. Свыше 100 г спирта или 250 г водки – просто опасно, так как означает учащение пульса на 10–12 тысяч ударов больше нормы, или на 8–10 сердцебиений в минуту больше, чем допустимо.

В то же время даже 30 г водки вполне достаточно как кулинарно-сопроводительный акцепт к слишком жирной мясной или соленой пряной рыбной пище. Поскольку такая пища потребляется не каждый день, а по крайней мере за неделю раза три, то 100–150 г водки в неделю, или 400–500 г в месяц вполне соответствуют нормальной дозе.

– Говоришь, что полезный, а где же твои медали?

Давно известно, что небольшое количество алкоголя (его лучших сортов и видов) улучшает сердечную деятельность человека. Многие пьющие с внедрением в практику этого лозунга заметно приободрились, получив официальную поддержку медицинских экспертов. Но... Никто из медиков долго не знал, почему именно организм получает пользу при ограниченной выпивке. Только недавно медики дошли до истины и доказали, что умеренно потребляемый алкоголь растворяет тромбы в кровеносных сосудах. 30 г водки в день могут стать лучшим лекарством для тех, кто склонен к образованию тромбов.

По мнению врачей, четырех-пяти раз в неделю по малой дозе в 30 г достаточно, чтобы работа по растворению тромбов шла в среднем темпе. Выходит, что непьющие люди оказываются в зоне опасности и им остается искать другие методы защиты своей сердечно-сосудистой системы.

Сегодня неоспоримым является тот факт, что регулярное употребление алкоголя ведет к повышению давления, а это со временем сказывается на сердце. Тот, кто злоупотребляет спиртным (400 г в неделю и более), имеет больше шансов «заработать» себе инсульт. Минимальному риску апоплексического удара подвергают себя (согласно исследованиям английских ученых) не трезвенники, а те, кто употребляет спиртное в меру (100, самое большое 200 г чистого алкоголя в неделю).

Возникает чисто человеческая проблема: каждый должен определить для себя норму выпивки «для здоровья», и есть опасность, что люди нестойкие под эту марку могут легко превысить норму своих возможностей и принесут организму вместо пользы серьезный вред.

Каков же механизм воздействия алкоголя на человеческий организм? Алкоголь начинает действовать на живой организм после всасывания в кровь. Сравнительно небольшая его доза при воздействии на слизистую оболочку желудка вызывает ощущение жжения. При этом происходит усиленное отделение желудочного сока, а кровеносные сосуды участка организма, соприкоснувшегося с алкоголем, наполняются кровью (так называемая гиперемия).

В больших дозах алкоголь вызывает сильное раздражение и воспаление желудка. Подавляющая часть введенного в организм алкоголя (90–95%) сгорает, и только незначительная часть (5–10%) выделяется легкими (за-

— Неужто курить бросил?
— Бросил, брат, бросил. А то на водку не хватает.

пах изо рта) и почками в неизменном виде. Сгорание алкоголя в организме происходит довольно медленно. Даже после незначительной дозы приема внутрь, содержание его в крови остается постоянным в продолжении почти двух часов.

За один час организм в состоянии нейтрализовать не более 7—10 г или 0,1—0,2 промилле содержания алкоголя в крови. Кто перед сном поздно вечером потребляет 80 г алкоголя (1,4 промилле в крови), протрезвеет только через 10 часов.

Хотя печень здорового мужчины с весом 80 кг и способна переработать приблизительно 80 г чистого алкоголя в день, врачи все же советуют не переступать 30—40-граммовой границы.

Еще в большей степени это относится к женщинам: их организм в состоянии справиться только с половиной мужской нормы, т. е. 20 г чистого алкоголя в день. Это связано с ослабленной функцией расщепляющих алкоголь энзимов в слизистой желудка, которые у мужчин намного активнее (вплоть до 80%).

В какой-то мере алкоголь можно считать играющим как бы роль пищевого вещества, так как сгорая, он уменьшает в организме распад белков, жиров и углеводов. Этим, кстати, часто объясняется ожирение у неумеренно потребляющих алкогольные напитки.

Однако алкоголь не может считаться пищевым веществом, так как он не ассимулируется (не усваивается) протоплазмой и потому, в противоположность белкам, жирам и углеводам, не служит источником энергии. Даже несмотря на известную калориметрическую эквивалентность пищевым веществам, алкоголь не может играть одинаковую с ними физиологическую роль и даже служить их суррогатом. .

В 1 г алкоголя содержится 7 ккал, а в рюмке водки (0,02 л) – приблизительно 6 г алкоголя, т. е. примерно 42 ккал даже без намека на содержание какого-либо важного питательного вещества. В настоящее время в среднем мужчины удовлетворяют свои потребности в энергии на 12% за счет «пустых» алкогольных калорий. Ясно, что это способствует избыточному весу.

Быстрота, сила и характер действия алкоголя на организм зависят от ряда факторов:

а) от принятого количества;

б) от степени его разведения;

в) от длительности приема;

г) от быстроты всасывания, а также от некоторых других факторов, характеризующих физическое состояние человека (пол, возраст, вес и т. д.).

Большое значение также играет комбинация алкоголя с другим алкоголем или такими веществами, как альдегид, сложные эфиры, придающие букет вину или крепким напиткам.

Шипучие вина (шампанское и газированные напитки) быстрее опьяняют, так как содержащаяся в них углекислота раздражает слизистую оболочку желудка, усиливает всасывание.

Особенно быстрое действие оказывают алкогольные напитки, принятые натощак или в жару при сильной жажде. Имеют значение не только крепость, но и аромат и вкус спиртных напитков, которые тоже не безобидны, так как добавляют к этиловому спирту некоторое количество сивушных масел, альдегидов, дубильных веществ, кислот и т.д., что и составляет букет напитка. Специалисты утверждают, что примеси к этиловому алкоголю в общей их смеси гораздо вреднее его самого, являющегося основой всякого алкогольного напитка.

Продуктами побочного брожения, составляющими сивушные масла, являются следующие спирты: пропиловый, изопропиловый, гексиловый, гептиловый, бутиловый, изобутиловый, амиловый, изоамиловый, а также ацетальдегид, изобутилен, гликоль, терпен, терпенгидрат, фурфурол. В состав продуктов побочного брожения входят также кислоты: муравьиная, уксусная, масляная, капроновая, каприловая, пеларгоновая, молочная, янтарная, глицерин, манит и т.д.

Таким образом, вещества, придающие напитку букет и вкус, сильно действуют на расширение сосудов лица и оболочек мозга, вызывая прилив крови к голове.

Подавляющее большинство крепкоалкогольных напитков своим вкусом и ароматом обязано примесям спирта, образующимся в процессе брожения. Количество примесей зависит от сырья, технологии и конечной кондиции напитка.

Если принять условно, что этиловый алкоголь безвреден для человека, то ядовитость различных компонентов сопровождающих его примесей будет колебаться в широких пределах.

Самая вредная примесь в спирте — сивушное масло. Оно состоит из ряда высших спиртов (6% пропилового, 34% изобутилового, 60% амилового и т.д.). Ядовитость амилового, к примеру, в 19 раз выше этилового спирта, пропилового — в 3,5 раза, изобутилового — 8, фурфурола — в 83 раза.

Летальная доза (на 1 кг живого веса) фурфурола составляет 0,14−0,24 г, амилового спирта − 0,63 г, альдегида − 1,14 г, изобутилового спирта − 1,45 г, пропилового спирта − 3,4 г, а этилового алкоголя − 11,7 г.

Таким образом, наиболее сильным по токсичности является фурфурол, но при алкогольном отравлении он играет незначительную роль, так как содержание его в напитках весьма незначительно. Главную же роль, как правило, при алкогольном отравлении играет неумеренное потребление этилового спирта. При одноразовом приеме больших доз алкоголя может развиться острая алкогольная интоксикация, которая нередко заканчивается смертью.

Всасывание алкоголя, поступление его в кровь происходит быстро. Выделяется же из организма алкоголь очень медленно. Так, в головном мозге человека алкоголь разрушается в течение 36−48 часов, а продукты его распада задерживаются до 18−21 суток.

Через 10−15 минут после приема даже 5 мл спирта работоспособность и ориентация снижаются на 20−50%, а зрительная и слуховая реакция удлиняются на 15−20%. У 15% людей нарушается способность определять отдаленность предметов. Умственная работоспособность даже от малых доз алкоголя снижается на 12−14%, работоспособность, например, наборщика − на 15%, машинистки − на 20%. Количество ошибок у них возрастает на 30%. Мышечная сила пальцев рук уменьшается на 16−17%.

Тот, кто пьет без меры, да еще и бравирует своими «питейными способностями», должен помнить, что:

※ У 10−15% злоупотребляющих алкоголем мужчин атрофируются яички, а при алкогольном циррозе − у 75%

мужчин. В семенной жидкости у них содержится до 70% мертвых сперматозоидов, что ведет к бесплодию.

❋ Более чем у 40% мужчин (а при алкогольном циррозе печени до 77%) снижается половое влечение и наступает импотенция. В. Шекспир писал по этому поводу: «Вино поощряет к волокитству и в то же время подавляет его, оно вызывает желание и затрудняет действие».

❋ Показатели заболеваемости пьющих без меры мужчин выше в 2—2,5 раза по сравнению с мужским населением в целом.

❋ С каждым третьим из мужчин, злоупотребляющих спиртным, и с каждым вторым из алкоголиков в течение года происходит несчастный случай.

❋ Смертность среди алкоголиков в 2—4 раза выше, чем среди всего населения в целом, а продолжительность их жизни на 15 лет меньше, чем у лиц, воздерживающихся от частого приема алкоголя.

Особенно опасен алкоголь для тех, кто управляет транспортными средствами.

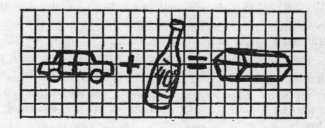

В большинстве стран мира установлены строгие ограничения: нуль промилле за рулем. И это оправдано, так как уже 0,3 промилле алкоголя в крови являются критическими, затрудняют и ограничивают ориентацию, реакцию.

В судебной медицине содержание алкоголя в крови определяют по формуле, в которой принятое количество делится на вес тела в килограммах и специфический фактор пола (0,7 или 0,6). Например, мужчина весом 80 кг потребляет 50 г водки с 40% содержанием спирта (т. е. 20 г чистого алкоголя).

Формула гласит:

$$\frac{20}{80 \times 0,7} = 0,36 \text{ промилле}$$

Итак, концентрация алкоголя в его крови составляет 0,36 промилле. У женщины же весом 50 кг, выпившей столько же водки, данный показатель будет равен 0,66 промилле.

Все приведеные выше показатели, расчеты и статистические данные надо знать и учитывать каждому, чтобы не превратить в трагедию собственную жизнь и жизни своих родных и близких.

Беря рюмку со спиртным в руки, надо помнить, что опасность таится не только в опьянении, но главным образом в том, что, в конце концов, может наступить так называемая алкогольная зависимость.

Зависимость от алкоголя наступает не всегда и не у всех, но все же гораздо чаще, чем думает большинство потребителей спиртного. Помимо явных алкоголиков существует гораздо большее число тех, кто считает, что он еще в состоянии контролировать ситуацию, однако уже не может отказаться от ежедневного употребления алкоголя. Эти люди подвергают риску свое здоровье, психику.

Выпивая регулярно или просто «для лучшего само-чувствия», преодоления стрессов, депрессий, чувства страха или от скуки, такие люди уже не в состоянии действительно решать свои проблемы и со временем теряют контроль в отношении алкоголя.

Индивидуальное чувство меры не обязательно долж-но совпадать с приведенными нормами ежедневного потребления алкоголя (40 или 20 г). Эти показатели определены с учетом количества алкоголя, которое в состоянии переработать здоровая печень без учета по-степенного перехода к психической, а позже — органи-ческой алкогольной зависимости. Это очень важно учи-тывать! Алкоголизм — феномен, еще не до конца объясненный психологами. Поэтому важно изучить орга-низм, выяснить степень своей предрасположенности к алкогольной зависимости, в целях профилактики не пить каждый день, обойтись без спиртного неделю или лучше месяц.

Для изучения особенностей своей психики ответьте для себя на следующие вопросы:

❋ Пьете ли Вы регулярно по утрам?

❋ Выпиваете ли Вы тайком?

❋ Часто ли Вы думаете об алкоголе?

※ Выпиваете ли Вы первый алкогольный напиток с жадностью?

※ Возникает ли у Вас после этого потребность пить дальше?

※ Используете ли Вы всяческий повод для того, чтобы выпить?

※ Бывают ли у Вас пробелы в памяти после сильного опьянения?

※ Подчиняете ли Вы интересам алкоголя свою работу и личную жизнь?

※ Заметили ли Вы потерю интереса к другим вещам?

※ Возникает ли у Вас чувство вины после выпивки?

※ Избегаете ли вы при разговоре намеков на алкоголь?

※ Запасаетесь ли Вы алкоголем впрок?

Если Вы хотя бы на один из этих вопросов ответили утвердительно, то существует опасность алкогольной зависимости. Помните об этом.

КАК И С ЧЕМ
УПОТРЕБЛЯЮТ ВОДКУ

«Вино сообщает каждому, кто пьет его, четыре качества. Вначале человек становится похожим на павлина — он пыжится, его движения плавны и величавы. Затем он приобретает характер обезьян и начинает со всеми шутить и заигрывать. Потом он уподобляется льву и становится самонадеянным, гордым, уверенным в своей силе. Но в заключение он превращается в свинью и, подобно ей, валяется в грязи».

Абуль-Фарадж

Старинная русская пословица гласит, что первая рюмка водки ударяет колом, вторая — летит соколом, а от каждой последующей человек становится легким и радостным, как пташка. Русский народ не только изобрел водку, он же выработал и совершенно специфическую культуру ее потребления, нигде в мире не применяемую. Она состоит в следующем:

а) водка перед употреблением должна быть обязательно охлаждена до 8-10°С;

б) как всякий благородный напиток, водку надо пить

понемногу, маленькими глотками, давая ей возможность омывать всю полость рта. Пить водку быстро, залпом считается дурным вкусом;

в) водку на Руси не принято смешивать с другими алкогольными или безалкогольными напитками или их компонентами;

г) водку пьют из водочных рюмок вместимостью не более 50 г;

д) водка — благородный продукт, созданный для радости, раскрепощения, снятия усталости, стрессов и т.д. Крайне невероятно отождествлять водку со злом, с пьянством. Пьянство коренится не в водке или вине, а в самом человеке. Вот почему каждому пьющему важно контролировать себя, учитывать дозу выпитого алкогольного напитка;

е) употребление водки сопровождается специальным русским закусочным столом, холодные и горячие закуски которого — непременный атрибут каждого застолья с использованием водки.

Как застольный напиток водка предназначена не просто для питья, а для придания кулинарно-сопроводительного акцента к блюдам исключительного русского национального стола. Прежде всего она хорошо подходит к жирным мясным, мясо-мучным и острым рыбным блюдам: разварной говядине, жареной свинине, жирным блинам, пельменям, солянкам.

Водка также хорошо сочетается с аналогичными острыми закусками других народов. Однако основное применение водки в русской застольной практике связано с употреблением ее в качестве обязательного приложения к русскому закусочному столу. Не случайно эти два понятия — водка и закуска — стали в конце-концов неразрывными и лексически, и гастрономически. К сожалению, в разных группах населения России эти понятия серьезно исказились, неравнозначно оцениваются. Суть этих изменений состоит в том, что водка всегда остается как обязательный и непременный компонент, а закуска значительно обедняется. Все это приводит к пьянству, к бескультурному употреблению национального алкогольного напитка.

К русским национальным закускам, с которыми принято употреблять водку, относятся:

* мясные закуски: свиное сало, ветчина, студень, телятина, солонина отварная;

* рыбные закуски: селедка, икра, балык осетровый, лососина, кета, горбуша, кильки соленые и т.д.;

* овощные закуски: огурцы соленые, капуста квашеная, яблоки антоновские моченые, помидоры соленые, баклажаны фаршированные, грибы соленые и маринованные, винегрет русский, картофель отварной.

Под все эти закуски водка является идеальным гастрономическим дополнением.

Закуски крайне важны для оценки подлинного значения водки как напитка. Являясь дорогим напитком, водка требует и дорогого сопровождения: икры, соленой и копченой рыбы, маринованных грибов. Без сытной и солоноватой закуски водка не может раскрыть все свои свойства.

Неплохо сочетаются с водкой не только дорогие закуски, но и более дешевые продукты: сельдь, квашеная капуста.

Особого внимания заслуживает соленый огурец. По словам А. П. Чехова, ученые двести лет бились над проблемой лучшей закуски, но ничего лучше соленого огурца придумать не могли. Сказанные с юмором слова, тем не менее, содержат значительную долю правды:

солены огурец — действительно удачно сочетается с водкой, будучи при этом дешевым и распространенным продуктом.

При правильной водочной закуске пьющий всегда останется господином положения, сможет полностью контролироваь себя, получать от употребления водки лишь стимулирующий эффект, а не грубое опьянение. Утверждают, что «водка коварна». Сама по себе водка быть коварной не может. Просто надо уметь ее пить. Так, например, не рекомендуется употреблять водку к сыру, отварной рыбе, блюдам из баранины. Плохо сочетается водка с холодными и горячими колбасными изделиями, для которых более соответствуют иные напитки. Пиво, например.

Не надо забывать о правильном подборе закусок к водке и об их сочетаемости. Это будет способствовать получению от застолья максимального удовольствия.

У писателя Владимира Солоухина в рассказе «Оле-пенские пруды» приводится весьма характерное, на наш взгляд, описание русской питейной культуры, прекрасно иллюстрирующее данную тему.

«...После речи, во время чоканья стакан о стакан, слышались отрывочные реплики:
— Да, надо.
— Нельзя, такой день.
— Никак нельзя.
— Тут уж что говорить.
— такой день раз в жизни.
— За всю историю.
— Ну, мужики, будем здоровы.
— С праздничком!
— Никак нельзя...
Я слегка удивился сути реплик. Получалось, что

собравшиеся вроде бы и не хотят выпивать, и не стали бы, и не любят, но вот ничего не поделаешь: «надо», «никак нельзя».

...По-моему, тонким стаканом водки можно наказывать провинившихся. Мы же должны были пить добровольно, мало того, желая друг другу самого лучшего и драгоценного — здоровья. Рука невольно тянется и столу и шарит, ища чего-нибудь острого, отшибающего противный сивушный дух: соленого огурца, селедки, гриба, капустки... Здесь были караси, к тому же горячие. Пока донесешь разваливающуюся рыбку до рта, пока на нее подуешь, пока обсосешь острые косточки — водочный дух и вкус все еще стоит и во рту, и в горле, и в самом желудке, и минута эта ужасна. Все морщатся, зажмуриваются, шарят рукой вслепую и, только спустя некоторое время, обсосав третью рыбку или удачно поддев пласт яичницы, приходят в себя. Впрочем, многие запивают водку холодной колодезной водой. Им, наверное, легче.

— Володь, ты мне скажи, я был в Москве, у родственников в гостях, и там за столом был один знакомый моих родственников. Работает за границей, в посольстве. И он сказал, что за границей не запивают. Считается очень даже некрасиво и неприлично запивать водой, или, скажем, пивом, или ситром. Ты мне скажи, никак я сам не пойму, почему за границей не запивают?

— Видишь ли, — начал было я, — предполагается, что напиток сам по себе вкусный. Он его проглотит, посмакует во рту и прислушивается к аромату. Зачем же отбивать вкус того, что кажется вкусными?

— Значит, у них водка, что ли, вкуснее нашей?

— Я б не сказал, напротив, они очень любят русскую водку. Но дело в том, что они пьют маленькими глоточками, из рюмок граммов так по двадцать. А от маленьких глоточков и от того, что не закусывают, хмелеют они очень быстро.

— Пить не умеют, вот и все, — выручил меня другой сосед. — Какие они против нас питоки? Да ему ежели вот этот тонкий стакан — его и под столом не найдешь.

— Слабаки.

— Теперь понятно. А то я все думал, почему же такое — за границей не запивают. Конечно, ежели двадцать грамм, их и во рту не найдешь. Это даже смешно, двадцать грамм водой запивать или, скажем, ситром. Двадцать грамм — это курам на смех, разве это питье?»

Кто не знаком с хмельным застольем? Наверное, таких людей просто не существует. Явление это столь прочно вошло в обиход, что не считается чем-то из ряда вон выходящим. Не анализируя причины, приводящие к опьянению, заметим тем не менее, что накоплен значительный народный опыт, который помогает медленнее пьянеть и быстро приводить себя в порядок после застолья. Итак, несколько народных советов, связанных с опьянением.

Перед застольем

Совет первый. Конечно, лучше всего пить в меру. Но если вы знаете, что застолье будет длительным и обильным, то рекомендуется за 2-3 часа до него выпить 50 г водки. Это подготовит организм к нагрузке.

Совет второй. Съешьте перед выпивкой что-нибудь

жирное или масляное. Можно также выпить сырое яйцо или столовую ложку растительного масла: они препятствуют всасыванию алкоголя.

Совет третий. Выпейте перед застольем чашку крепкого чая с мятой или лимоном, или кофе с лимоном.

Во время застолья

Совет первый. В течении всего застолья старайтесь пить какой-нибудь один напиток.

Совет второй. Категорически не рекомендуется смешивать слабоалкогольные напитки (пиво, вино) с крепкими (водка, коньяк). В крайнем случае, меняйте напитки по нарастающей крепости, то есть повышая градусность.Начните, например, с легкого джина с тоником, а закончите водкой.

Совет третий. Не начинайте застолья со сладких вин, шампанского, или коньяка.

Совет четвертый. Можно мешать с крепкими напитками всевозможные ликеры, вермуты и крепленые вина. Однако замечено, что от сладких напитков похмельный синдром бывает намного тяжелее.

Совет пятый. Обязательно закусывайте после каждой рюмки и больше ешьте картофеля, хлеба, квашеной капусты: они нейтрализуют действие алкоголя.

Совет шестой. Сейчас многие, следуя западной моде, разбавляют чуть ли не все напитки всевозможными «тониками» и «колами». Следует помнить, что углекислый газ, содержащийся в газированной воде, очень способствует всасыванию алкоголя.

Совет седьмой. Если в разгар веселья вы поняли, что перебираете, выпейте рюмку коньяка и после нее воздержитесь от питья минут на сорок.

Совет восьмой. Будучи крепко выпивши, не выходите на свежий воздух в холодное время года — иначе сделаетесь совсем пьяным, вплоть до потери сознания.

Совет девятый. Как можно меньше курите — курение в полтора-два раза усиливает действие спиртного.

Совет десятый. Не доверяйте своим ощущениям «меры», так как крепкие напитки начинают действовать в полную силу только через час. Кстати, полезно знать, что алкоголь выводится из организма со скоростью 1 г чистого спирта на 1 кг веса тела в час. Это значит, что при весе 70 кг человек освободится от 50-граммовой рюмки водки примерно за три часа.

Совет одиннадцатый. Если вы уже намешали в своем желудке гремучую смесь, и он настоятельно просит его прочистить, не стоит ему возражать и тем более стесняться.

Совет последний. Хотя совет этот не всегда выполним, помните, что лучше недопить, чем перепить. Не пейте много...

После застолья

Совет первый. После застолья также полезно выпить чашку крепкого чая с мятой или лимоном, или кофе с лимоном (повторить ту же процедуру, что и до застолья). Легкое опьянение быстро проходит.

Совет второй. Помогает отрезвлению стакан холодной воды с 20 каплями настойки мяты. Воду выпить залпом.

Совет третий. От небольшого опьянения помогает стакан холодной воды с 2 каплями нашатырного спирта. При сильном опьянении нужно 5-6 капель. А если пьяный сам не может выпить, следует открыть ему рот и влить раствор.

Совет четвертый. В качестве средства, вызывающего рвоту, нужно выпить чашку горячего кофе с солью.

Совет пятый. Для приведения пьяного человека в чувство нужно быстро и сильно потереть его уши ладонями. Прилив крови к голове через минуту приведет его в полное сознание.

Совет шестой. Чтобы отрезветь, надо в широкую рюмку, ополоснутую маслом, которое осело на стенках, положить 1 яичный желток, 1-2 чайные ложки томатного соуса, красный и черный перец, несколько капель водки и немного лимонного сока. Выпить одним глотком.

Совет седьмой. Чтобы отрезветь, надо взять чайную ложку коньяка, желток, 2 чайные ложки томата-пюре, чайную ложку подсолнечного масла, щепотку соли с красным и черным перцем. На полученную смесь сверху положить неполную чайную ложку острого (с уксусом) хрена. Выпить одним глотком.

Совет восьмой. Чтобы отрезветь быстро, необходимо взять 8-10 капель нашатырного спирта, растворенного в половине стакана кипяченой воды, и выпить залпом.

Совет девятый. Если вы сильно пьяны, нет ничего лучше, чем с вечера прочистить желудок содовым раствором (столовая ложка на литр воды). Затем выпить таблетку аспирина и 8-10 таблеток активированного угля.

Совет десятый. Вместо содового раствора выпейте стакан-полтора кефира, он изрядно смягчит ваши утренние недомогания.

Совет одиннадцатый. Утром сделайте в постели энергичный массаж лица и шеи. Примите контрастный душ, а лучше ванну с морской солью, прогуляйтесь на свежем воздухе.

Совет двенадцатый. Приготовьте травяной отвар: 4 столовые ложки молодого шиповника, 1 столовая ложка зверобоя, 2 столовые ложки пустырника и 3 столовые ложки меда. Все залить кипятком и настоять. Завтракайте неплотно, лучше всего — яичницей, гречкой, овощами, молочными продуктами.

Совет тринадцатый. При опьянении примите в два приема 100-120 г пчелиного меда — это будет способствовать отрезвлению (фруктоза меда нейтрализует действие алкоголя).

СОВЕТСКИЕ ВОДКИ

Необходимо признать тот факт, что за годы советской власти наша страна сделала значительный шаг в производстве водок. Именно в эти годы в мире сложился высокий авторитет этого российского крепкоалкогольного напитка.

Приведем краткие характеристики советских водок.

«Московская особая»*)

Является классическим эталоном водки, имеет крепость 40% об. (70° Br. Proof), рассчитанных по объему. Готовится из спирта «Экстра», изготовляемого из зерна и исправленной воды. Дополнительные компоненты — гидрокарбонат натрия (пищевая сода) и уксусная кислота (для смягчения вкуса). Обладает тонким ароматом, присущим высококачественному ректификованному спирту «Экстра», и мягким вкусом. Неоднократно присваивались медали за высокое качество на международных выставках:

Берн 1953 г. — золотая медаль;

Брюссель 1988 г. — золотая медаль;

Пардубицы 1969 г. — золотая медаль;

Загреб 1977 г. — Гран-при.

*) *Примечание.* Водки представляют собой спиртные напитки, полученные обработкой адсорбентом водно-спиртового раствора с добавлением в него ингредиентов или без них.

В зависимости от вкусовых и ароматических свойств водки делятся на водки и водки особые. Особые водки отличаются от водок специфическим ароматом и оригинальным вкусом, которые создаются внесением таких ингредиентов, как эфирные масла, ароматные спирты. По внешнему виду, цвету водки и водки особые имеют одинаковую характеристику — это бесцветные прозрачные изделия без посторонних включений и осадка.

«Русская»

Приготовляется из спирта высшей очистки, выработанного из зерна высокого качества. Компонентом является картофельный спирт высшей очистки. Крепость 40% об. Обладает мягким вкусом и ароматом хорошо очищенного спирта. Водка удостаивалась самых высоких международных призов.

«Старорусская»

Водка, приготовляемая из высококачественного ректифицированного спирта высшей очистки с использованием лучших традиционных рецептов старой Руси. Дополнительный компонент — гидрокарбонат натрия. Имеет присущий водке вкус, характерный водочный аромат. Крепость 40% об.

«Столичная»

Одна из лучших российских водок. Отличается особой мягкостью, тонким ароматом и полным отсутствием посторонних привкусов и запахов. Имеет минимальные добавки сахара (0,2 г на 100 мл). Хорошо подходит для коктейлей. Выпускается крепостью, главным образом, 40% об., но имеются также варианты с другой крепостью: 37,5% об. (65,5° Br.Proof), 45,7% об. (80° Br. Proof), 57% об. (100° Br. Proof). Отмечена тремя золотыми медалями и Гран-при на международных ярмарках и конкурсах в Брюсселе (1958 г.), Лейпциге (1965 г.) и Пардубицах (1969 г.).

«Пшеничная»

Оригинальная водка, основана целиком на отборном пшеничном сырье, приготовлена с использованием старинных рецептов из зернового спирта «Экстра» высшего качества и исправленной питьевой воды, прошедшей дополнительную обработку активированным углем. Имеет мягкий вкус без посторонних оттенков. Крепость 40% об.

«Лимонная»

Обладает вкусовыми и ароматическими добавками. Считается своего рода «дамской водкой» в силу своих приятных органолептических качеств. Крепость — 40% об. (70° Br. Proof).

«Посольская»

Высокосортная водка. По своим показателям ближе всего подходит к «Московской особой». Приготовляется из зернового спирта «Экстра». По технологии водно-спиртовая смесь обрабатывается обезжиренным молоком для придания мягкости и фильтруется через активированный уголь, фильтр-пресс, кварцевый песок. Обладает мягким вкусом и чистым ароматом. Крепость 40% об. (70° Br. Proof).

«Золотое кольцо»

Особая водка очень высокого качества. Ближе всего по своим показателям подходит к «Московской особой». Готовится по классической технологии русских водок с использованием высококачественного этилового спирта «Люкс» и специально приготовленной природной воды. Дополнительные компоненты: гидрокарбонат натрия (пищевая сода) и уксусная кислота. Имеет мягкий вкус,

характерный водочный аромат. Крепость 40% об. (70° Br. Proof).

«Кубанская»

Имеет ароматические и вкусовые добавки: лимон, померанец, сахарный сироп, лимонная кислота. Обладает мягким, слегка горьковатым вкусом и ароматом цитрусовых. Крепость 40% об. (70° Br. Proof).

«Сибирская»

Не являясь классической водкой, обладает неплохим качеством. Приготовляется с использованием традиционных рецептов из спирта «Экстра», выработанного из отборного зерна, обладает выраженным ароматом и вкусом. Крепость 45% об. (79° Br. Proof).

«Юбилейная»

Обладая крепостью . 45% об. (79° Br. Proof), не считается классической водкой. Ее разновидность — водка «Юбилейная особая» — имеет крепость 40% об. (70° Br. Proof).

«Крепкая»

Не является классической водкой. Неоднократно удостаивалась международных наград за свое высокое качество. Крепость 56% об. (98° Br. Proof).

Горилка — общее название крепкоалкогольного напитка типа «водка», изготавливаемого на Украине из пшеничного зерна и солода с добавками этилового (картофельного) спирта.

Горилка выпускается следующих сортов.

«Украинская горилка»

Оригинальная водка крепостью 45%. Приготавливается по старинным украинским рецептам из спирта высшего качества

«Экстра» с добавлением натурального меда. Обладает во вкусе оригинальным букетом и мягкостью. Удостоена нескольких международных наград.

«Горилка»
Выпускается на Украине крепостью 40% об. и 56% об.

«Святкова»
Украинская горилка крепостью 40% об.

«Мисливська»
Украинская горилка крепостью 45% об.

«Адмиралтейская»
Украинская горилка крепостью 40% об.

«Старокиевская»
Украинская горилка крепостью 40% об.

«Перцовка»

Обладает ароматическими и вкусовыми добавками. Выпускается разных видов: с крепостью 30% об. , 35% об., 40% об.

«Зубровка»

Обладает вкусовыми и ароматическими добавками. Крепость 40% об. (70° Br. Proof).

«Экстра»

Имеет добавки сахара и марганцовокислого калия. Крепость 40% об. (70° Br. Proof).

«Старка»

Обладает ароматическими и вкусовыми добавками. Выпускается крепостью 43% об. (75° Br. Proof).

«Петровская»

Обладает ароматическими и вкусовыми добавками. Выпускается крепостью 40% об. (70° Br. Proof).

«Охотничья»

Не является классической водкой. Напиток отличного качества, неоднократно удостаивался медалей на международных конкурсах. Выпускается крепостью 45% об., 51% об., 56% об.

«Водка»

Крепкоалкогольный напиток с таким названием выпускается на Украине и в России. Его крепость различна: 40% об., 50% об., 56% об.

«Оковита»

Водка, выпускаемая на Украине. Крепость 40% об. (70° Br. Proof).

«Столовая»

Относится к высшим сортам водок. Обладает выраженным ароматом и вкусом. Удостоена нескольких международных наград. Крепость 50% об. (88° Br. Proof).

«Российская»

Обладает крепостью 40% об. (70° Br. Proof).

«Праздничная»

Выпускается в небольших количествах. Имеет крепость 40% об. (70° Br. Proof).

«Виру Валге»

Эстония, г. Таллинн. Особая водка, представляющая собой смесь этилового ректификованного спирта высшей очистки и умягченной воды, обработанной активированным углем и профильтрованной с добавлением незначительного количества сахара. Крепость 45% об.

«Кристалл Дзидрайс»

Латвия, г. Рига. Особая водка. Для приготовления используется этиловый ректификованный спирт высшей очистки, исправленная питьевая вода. Используются дополнительные компоненты: тминное масло, горько-миндальное масло, глицерин, сахарный сироп. Водка обладает характерным водочным ароматом. Этот сорт водки производится также Литвой и Украиной. Крепость 40% об., 45% об.

«Лиетувишка скайдрион» («Литовская прозрачная»)

Литва, г. Вильнюс. Особая водка. Для приготовления используется этиловый ректификованный спирт высшей очистки, исправленная питьевая вода. Имеет мягкий вкус, характерный водочный аромат. Крепость 40% об. (70° Br. Proof).

«Новая»

Литва, г. Вильнюс. Крепость 40% об. (70° Br. Proof).

«Каунасская особая»

Литва, г. Каунас. Крепость 40% об. (70° Br. Proof).

На Украине выпускается водка **«Отборная»** с крепостью 40% об. (70° Br. Proof). В Молдове производятся напитки типа «водка» под названиями **«Арома»**, **«Женьшеневая»**.

«Кристалл 100»

Разработана и изготовляется Минским винно-водочным заводом «Кристалл» с 1993 года. Названа в честь столетнего юбилея завода. Изготавливается по оригинальной технологии на зерновом спирте «Экстра» с применением кремниевой воды. Без постороннего привкуса. Крепость 40% об. (70° Br. Proof).

«Белая Русь»

Водка, разработанная и выпускаемая Минским винно-водочным заводом «Кристалл». Приготовляется по специальной технологии на этиловом ректификованном спирте наивысшей категории «Люкс» с добавлением сахара. Имеет характерный вкус и аромат. Крепость 40% об. (70° Br. Proof). В 1993 году на закрытой дегустации в США получила высший бал.

«Аквавит»

Водка, производимая в Эстонии на заводе «Ливико». Создана на основе экстракта лекарственных трав, повышающих потенцию, предложенного эстонским экстрасенсом Сассом. Обладает довольно своеобразным вкусом.

СОВРЕМЕННЫЕ ВОДКИ
РОССИИ

К 1985 году в спиртовой и ликеро-водочной отрасли России действовало 187 спиртовых заводов общей мощностью 103,4 млн. декалитров продукции в год и более 120 ликеро-водочных заводов и цехов мощностью 221,5 млн. декалитов в год. Начавшееся в 1985 году перепрофилирование предприятий на выпуск безалкогольной продукции привело к значительному сокращению производственных мощностей по производству спирта (на 33,7%) и водки (на 33,4%).

С 1989 года работа отрасли начинает постепенно стабилизироваться, и к началу 1993 года по сравнению с 1985 годом объемы выпуска спирта составили 76%, водки – 74%. За 1990-92 годы в России было разработано более 30 новых видов водок и столько же горьких настоек.

Лидером среди российских производителей водки является, безусловно, акционерное общество открытого типа «Московский завод «Кристалл». Это первое предприятие отрасли, удостоенное Международного сертификата качества. Оно уникально среди предприятий ликеро-водочной промышленности в России и во всем

мире, в основе этой уникальности — следование традициям многовекового опыта изготовления спиртных напитков на Руси, совершенствование технологии и непрерывная работа по достижению все более высокого качества. Уже полвека завод является флагманом российской ликеро-водочной индустрии, самым масштабным предприятием отрасли. Его продукция более 40 раз удостаивалась наград на международных конкурсах и выставках — Гран-при, золотых и серебряных медалей, дипломов.

«Кристалл» — самый крупный в России экспортер водки. Его продукция пользуется высоким спросом более чем в 30 странах, среди которых — США, Англия, Австрия, Финляндия, Германия, Канада, Бразилия, Япония, Австрия, Филиппины...

Среди разработок этого завода выделяются водки «Столичная-Кристалл» и «Московская-Кристалл», являющиеся лучшей высоко-

качественной продукцией, не имеющей аналогов за рубежом.

Этим же заводом выпускаются водки «Привет», «Державная», «Звезда России», «Старая Москва», «Гжелка», особая водка «Анисовка», водки «Старомонастырская», «Богатырская», «Гренадерская», «Праздничная» — все по 40% Vol (80° Br. Proof), водка «Былинная» (38% Vol).

Здесь же выпускаются настойки «Старка», «Славянская», «Охотничья», «Петровская», «Лимонная», «Маросейка», «Стрелецкая», «Имбирная», «Русский сувенир» и другие (всего более 25 наименований).

Широкой известностью пользуется продукция Санкт-Петербургского ликеро-водочного завода. По объему выпускаемой продукции завод второй в отрасли после Московского завода «Кристалл».

С 1949 года продукция завода поставляется на экспорт более чем в 30 стран. Основные импортеры — США, Англия, Канада, Скандинавские страны.

На международных вы-

ставках и ярмарках продукцию завода неоднократно отмечали дипломами и медалями. В 1954 году в Берне за высокое качество продукции заводу присуждена золотая медаль. На всемирной выставке в Брюсселе (1958 г.) водке Ленинградского завода присужден высший приз — Гран-при. Большой золотой медали Лейпцигской ярмарки удостоены «Русская водка» (1967 и 1975 гг.), «Адмиралтейская водка» (1969 г.), «Русский бальзам» (1979 г.), «Джин капитанский» (1971 г.).

Предприятие осваивает новые виды продукции. Так, совсем недавно начат выпуск горькой настойки «Менделеев», названной в честь великого русского ученого

Д. И. Менделеева, который большую часть жизни посвятил изучению водно-спировых растворов. Разработаны также горькие настойки «Галерная», «Чесночная», «Питерская», «Корчма», «Бренди», «Бальзамная», водки «Петр Великий», «Санкт-Петербургская», «Синопская 56/58», «Охта».

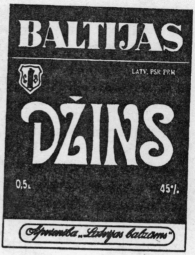

Стабильность качества выпускаемой продукции объясняется не только современной технологией ведения процесса и высоким мастерством кадров, но и наличием на заводе собственного цеха ректификации спирта, оснащенного необходимым оборудованием и средствами автоматики, питомника для выращивания пряно-ароматического сырья, а также мягкостью и вкусом невской воды.

Успешно работает по разработке новых видов продукции специалисты АО «Туласпирт». За последние годы здесь создана водка «Россия», которая обладает чистотой аромата, мягкостью и тонкостью вкуса благодаря применению для ее приготовления высококачественного спирта «Супер» и воды, обработанной по специальной технологии.

У водки особой «Тульской» мягкий вкус и легкий приятный аромат свежего ржаного хлеба. Для ее приготовления используется ароматный спирт из ржаного ферментированного солода.

Удачный подбор компонентов для ароматных спиртов (кориандр, черный и красный перец, лимонное масло) придает горькой настойке «Орбита» приятный сливочно-лимонный тон, а вкусу — пикантную горчинку.

Полусладкая настойка «Тульский сувенир» — неповторима по аромату и вкусу, темно-рубинового цвета. Благодаря удачному сочетанию различных плодовых и ягодных соков и морсов (яблока, клубники, черной смородины, красной и черноплодной рябины) с растильным ароматическим сырьем (листья черной смородины,

цветы сирени, черной бузины, фиалки трехцветной и др.) она по праву занимает ведущее место в России в группе изделий этого вида.

Ликер «Русич» темно-коричневого цвета имеет сложный аромат с оттенком пряностей и сложный гармоничный вкус, обусловленный входящими в его состав компонентами. Основной из них — ферментированный ржаной солод, который составляет как бы «тело изделия». Небольшое количество пряностей (имбирь, калган, гвоздика, корица) и цитрусовые эфирные масла придают ликеру совершенно особое «очарование» и неповторимость.

Из самых последних разработок этого завода следует отметить русскую водку «Левша». Эта оригинальная водка крепостью 40% Vol. изготавливается по традиционным рецептам старейшей из винокурен России, основанной в 1695 году в Туле Петром Великим. Используется спирт «Люкс».

Другая новая водка тульских мастеров, «Березка», крепостью 40% Vol. изготавливается по рецепту водки «Пшеничная», но проходит дополнительную очистку через угольно-серебряный фильтр. Мягче чем «Пшеничная», используется спирт «Экстра».

Архангельским ликеро-водочным заводом, основанным в 1902 году, выпускается около двадцати наименований ликеро-водочной продукции. Среди новинок — горькая настойка «Беломорская», водка «Соловецкая».

«Беломорская» горькая настойка приготовлена с применением настоев листа брусники, можжевеловой ягоды, хвои сосны и черемухи. Благодаря их лечебным свойствам она положительно влияет на работу мочевого пузыря, почек, мочеточников. Обладает приятным вкусом.

«Соловецкая» водка изготовляется с применением хвои можжевельника. Присутствие эфирных масел придает ей слегка жгучий вкус. Водка активно действует на работу легких, печени и желчных путей, стимулирует пищеварение, возбуждает аппетит.

Кащинский ликеро-водочный завод (Тверская обл.) в последние годы разработал и выпускает несколько видов крепкоалкогольных напитков, в том числе особую водку «Тверь», «Афанасий Никитин», старорусскую водку «Вереск», горькие настойки «Тверская» и «Бодрость».

Водка особая «Тверь» готовится на основе спирта «Экстра» и ароматного спирта можжевеловой ягоды. Имеет едва уловимый аромат можжевеловой ягоды.

Старорусская водка «Вереск» имеет крепость 40% Vol. Изготавливается из высококачественного спирта с использованием лучших традиционных рецептов старой Руси.

Настойка горькая «Тверская» — коричневого цвета, со сложным ароматом. Для получения горькой настойки использовано эфиро-масличное сырье (можжевельник, зверобой, имбирь, калган, кориандр, мята, эвкалипт), а также почки березы, донник, экстракт элеутерококка, яблочный спиртованный сок, коньяк, сахар, колер, спирт высшей очистки.

Горькая настойка «Бодрость» готовится на спирте высшей очистки с добавлением экстракта элеутерококка, лимонного масла.

Рязанский ликеро-водочный завод выпускает новые напитки, среди которых водка «Российская корона» и горькая крепкая настойка «Рязанская».

Водка «Российская корона» обрабатывается в системе магнитотронов, устанавливаемых на трубо-

INGVERA
RŪGTAIS
НАСТОЙКА ГОРЬКАЯ «ИМБИРНАЯ»

МПП РСФСР   РОСГЛАВСПИРТ

Горькая
настойка
ИМБИРНАЯ

КРЕП. 28%   ЕМК. 0,5 л

проводе перед розливным автоматом. В ее состав входят: спирт, умягченная вода, сахар, йодистый калий. Водка обладает лечебными свойствами.

Наибольший эффект наблюдается при доведении водки «Российская корона» до 30%-ной крепости, для чего необходимо водку разбавить талой водой (добавить кусочек льда). Крепость водки 40% Vol.

В состав настойки «Рязанская» входят: яблочный спиртованный сок, натуральный мед, настой растительного сырья. Настойка обладает сложным гармоничным ароматом и приятным, слегка обжигающим вкусом. Ее крепость 40% Vol.

АО «Бахус» (г. Смоленск) в последние годы разработало технологию и выпускает водку «Смоленская» крепостью 40% Vol. и водку «Смоленская крепость».

Оригинальная водка «Смоленская крепость» готовится из зернового пищевого спирта с добавкой меда, витаминов и других компонентов. Ее крепость 40% Vol. Последняя разработка предприятия — водка «Бахус», также с крепостью 40% Vol.

Высокие по качеству сорта водок разрабатывает и выпускает Курский ликеро-водочный завод, чья водка «Триумф» и «Золото России» в 1994 году были удостоены бронзовых медалей на Брюссельской выставке.

Нежный вкус и аромат пшеницы имеет водка «Граф Виктор». Здесь же выпускается водка «Русь», горькие крепкие настойки «Гусарская», «Северская», «Курская белая».

Челябинский спирто-водочный завод был основан в 1902 году, и сегодня представляет собой мощнейший на Южном Урале комбинат. В его ассортименте более тридцати наименований высококачественных напитков. В последние годы им разработана и запущена в производство новая серия напитков: водка «Уральская», горькие настойки «Степной аромат», «Белая горькая».

В состав водки «Уральская» входят березовые почки. Они придают ей характерный вкус и аромат. Водка употребляется в небольших количествах, улучшает аппетит, снимает физическую усталость, повышает тонус.

Настойка «Степной аромат» имеет оригинальный, горьковатый с легкой жгучестью вкус, стойкий аромат букета трав. Применяется перед едой для улучшения аппетита.

Настойка «Белая горькая» изготовляется из аромат-

ных спиртов, красного и душистого перца, с добавлением сахара. Имеет едва уловимый пряный, с легкой жгучестью вкус. Применяется для улучшения аппетита.

Сладкая настойка «Аленький цветочек» изготавливается из натуральных спиртованных соков, лекарственных растений и пряностей. Настойка имеет оригинальный сладковато-пряный вкус, стойкий аромат косточки черемухи. Подается к сладким блюдам.

Владимирский ликеро-водочный завод, начавший свою деятельность в 1901 году, выпускает настойку горькую слабоградусную «Стрелецкая», полусладкую «Суздальская», горькую крепкую «Владимирская», сладкую «Невежинская рябиновка».

Для изготовления настойки «Стрелецкая» использованы настой красного перца, кубебы, душистого перца. Вкус жгуче-горький, ароматный. Крепость 26% об.

В состав настойки «Суздальская» входят яблочный сок, морс черноплодной рябины, клюквенный сок, рябиновый морс. Она имеет кисло-сладкий вкус, сложный аромат с преобладанием аромата рябины. Крепость ее 25 об. %.

Для изготовления настойки «Стрелецкая» использованы настой красного перца, кукебы, душистого перца. Вкус жгуче-горький, ароматный. Крепость 26 об. %.

Настойка «Владимирская» приготовлена на настое трав и кореньев, произрастающих во Владимирской области. Имеет слаженный вкус и приятный аромат. Крепость ее 40 об. %.

Настойка «Невежинская рябиновка» изготовлена на морсе свежей сладкой рябины. Вкус кисло-сладкий, аромат свежей рябины. Крепость ее 20 об. %.

АО «Алко» (г. Владимир) выпускает также водку особую «Князь Серебряный» крепостью 40% Vol. (80° Br.

Proof), которая изготавливается по классической технологии русских водок с использованием настоя калганового корня, ректификованного спирта и специально подготовленной воды.

Сразу несколько видов водок разработано и выпускается в г. Вологде. Среди них водки «Звезда Севера», «Насон-город», «Вагрон». Все крепостью 40% Vol.

Среди них особого внимания заслуживает водка «Звезда Севера». Изготовляемая из спирта наивысшего качества, она обладает кристальной чистотой, неповторимым легким ароматом и мягким приятным вкусом.

Среди водочных новинок необходимо отметить также водки: «Русская рулетка» (компания «Реал», г. Москва), «Вечерний звон» (государственное предприятие «Ликсар»), «Никита» (фирма «Никита продакст», г. Мос-

ква), «Дипломат», «Peter The Great», «Пятизвездная» (все — акционерное предприятие «ЛИВИЗ»).

Водка «Русская рулетка» имеет крепость 40% Vol. Вырабатывается из высококачественной ржи на основе оригинальных старых рецептов. При ее производстве достигается высокая степень очистки. Изготавливается с добавлением натурального меда.

Следует особо подчеркнуть тот факт, что появление на российском рынке огромного числа новинок крепких алкогольных напитков — факт сам по себе чрезвычайно примечательный. Это свидетельство проявления творческой активности спиртовиков различных регионов нашей страны. Практически везде, где функционируют ликеро-водочные заводы, ведется поиск новых сортов, появляются местные сорта водок.

Например, в г. Волгограде местным ликеро-водочным заводом изготавливается водка «Царицынская» крепостью 40% Vol., в г. Новгороде — водка «Варта» крепостью 40%

Vol., в г. Бутурлиновка (Воронежской области) — водка «Золотая степь» крепостью 40% Vol., в г. Орле — водки «Орловская казачья» и «Орловская царская», горькая настойка «Дворянская», все крепостью 40% Vol., в г. Белгороде — водка «Белгородская особая» с такой же крепостью, в г. Самаре — водки «Самарская», «Правда» и «Родник», все с крепостью 40% Vol.

В Ростове-на-Дону производится водка «Кремлевская», «Кристалл». Здесь же совместно с фирмой «Пьер Смирнов и потомки» начато производство водки «Смирновъ» (настоящая смирновская водка «Столовое вино номер 21»).

Хабаровский ликеро-водочный завод выпускает водку «Тайга» крепостью 40 и 45% Vol. В Благовещенске АО «Кристалл» производит водку «Амурская».

Более того, производство водок развивается в различных бывших национальных образованиях, а сейчас республиках.

Так, например, в г. Майкопе (республика Адыгея) производится «Горская водка», в г. Уфе (Башкирия) производятся водки «Уфимская столетняя», «Олимп», «Айсберг». Крепость всех этих напитков 40% Vol.

Примечательно, что водка «Белебеевская» (г. Белебей, Башкирия) крепостью 40% Vol. готовится с использованием минеральной воды «Белебеевская-2», в связи с чем эта водка отличается исключительной мягкостью и свежестью вкуса, благотворно влияет на работу желудочно-кишечного тракта.

Огромное число появившихся на рынке России крепкоалкогольных новинок — свидетельство большого потенциала отрасли, переживающей глубокую ломку, испытывающей бесконечные искусственно создаваемые трудности. Отрадно, что идет непрерывный процесс совершенствования работы отрасли по всем направлениям.

Возьмем, к примеру, оформление ликеро-водочных изделий. В прошлые годы оно не отличалось привлекательностью. Исключение составляла, в основном, продукция, идущая на экспорт. Но в последнее время, с приходом рыночных отношений, оформлению алкогольной продукции стали уделять все больше внимания. Многие новинки зачастую не уступают импортным образцам, выполнены на высоком художественном и полиграфическом уровне (например, этикетки, выполненные Петербургским полиграфическим объединением «Дизайн»). Изысканную форму стали в ряде случаев приобретать и сами бутылки с алкогольными напитками.

28 декабря 1991 года в Москве было зарегистрировано акционерное общество производителей спирта и ликероводочной продукции «РОСАЛКО».

Стержнем деятельности компании является программа «Коллекция РОСАЛКО», рассчитанная на восьмилетний период и представляющая собой стратегическую

концепцию развития отрасли в рыночных условиях. Решение ею наиболее приоритетных задач в производственной, финансовой и маркетинговой сферах позволило АО «РОСАЛКО»

приступить к модернизации наиболее перспективных предприятий отрасли, заложить основу для создания российского рынка торговых марок, сформировать финансовую и сбытовую инфраструктуры, возродить устойчивые кооперативные связи.

Сегодняшнее ведущее положение компании определяется ее успешной последовательной деятельностью в различных сферах:

— в производственной сфере, где главной целью является повышение конкурентоспособности российских ликеро-водочных изделий за счет расширения ассортимента, повышения уровня качества продукции, ее оформления и упаковки, для наиболее полного удовлетворения потребительского спроса, вывода изделий отрасли на новые рынки сбыта.

Решение этой проблемы осуществляется через реконструкцию предприятий для создания на них мощностей передового технического и технологического уровня на базе современного импортного оборудования;

— в маркетинговой сфере, где главной целью является создание, производство и вывод на внутренний и внешний рынки новых устойчиво конкурентоспособных видов водок и ликероводочных изделий.

Сегодня «РОСАЛКО» разработало более 50 видов водок, ликеров, бальзамов, горьких и сладких настоек, права на которые защищены в соответствии с международными нормами.

Производство головной серии новых водок «Державная», «Молодецкая», «Чарка» осуществляется на 42 заводах России. Эти изделия отличаются отсутствием или сверхнизким содержанием сахара, что делает их соответствующими лучшим мировым аналогам, исключающих возможность подделки продукта, а следовательно, обеспечивает защиту потребителя и торговой марки.

РУССКАЯ ВОДКА СРЕДИ КРЕПКИХ АЛКОГОЛЬНЫХ НАПИТКОВ МИРА

Оценивая водку как крепкий алкогольный продукт, следует признать, что происходит постепенное, но уверенное возрастание ее роли и значения в питейной культуре многих стран мира. Эту тенденцию подчеркивает тот факт, что в последние годы водками стали называть не только оригинальные русские напитки, но обобщенно целый класс крепких национальных алкогольных напитков, получаемых путем перегонки. Таким образом, по отношению к крепким национальным напиткам термин «водка» употребляется в широком смысле, имея ввиду только один общий признак — дистилляцию.

Лишь спиртовые продукты, получаемые путем перегонки из виноградного сырья (вина, мезги и т. д.) носят обобщенное название бренди. Сюда относятся собственно бренди, коньяк, арманьяк, вайнбрагет, метакса, писко, граппа и другие подобные национальные виноградные крепкоалкогольные напитки.

Что же касается водок, то к этому ряду относят виски, бренди, джин, ром, собственно водку, а также многие другие национальные напитки, сделанные по традиционным рецептам из разнообразного сырья.

Зерно, любая углеводная основа, хорошо забродившая и очищенная, пригодны для изготовления винного (этилового) спирта. Получается спирт, более или менее разбавленный водой и имеющий характерный запах того вещества, из которого был произведен. Так спирт, полученный дистилляцией забродившего яблочного сусла или густого сидра, будет иметь характерный привкус и запах яблок; перегонка бражки из ржаного или ячменного сусла дает спирт с ароматом этого зерна. Сила запахов и привкусов зависит от установки, на которой происходит очистка (дистилляция).

Для получения ароматных спиртов (для ликеров, настоек) используются специальные перегонные аппараты. Существует и альтернативный метод ароматизации, при котором пары уже очищенного спирта проходят через ароматические вещества.

Перечислим наиболее известные крепкоалкогольные напитки, при производстве которых используется дистилляция, в связи с чем они за рубежом относятся к классу водок.

❧ Пульке ❧

Мексиканская кактусовая водка, практически не имеющая стабильного стандарта. Резко различается в зависимости от качеств сырья и степени очистки. Крепость 32-34% об.

❧ Кахаса ❧

Бразильская водка, изготавливаемая на спирте из сахарного тростника. В отличие от рома брожению подвергается не патока, а свежий сахарный тростник. Крепость 41% об.

❧ Текила ❧

Известная мексиканская водка, изготавливаемая на спирте из перебродившего сока агавы. Известна со времен ацтеков. Многократная перегонка, многолетняя выдержка в дубовых бочках. Крепость 45% об.

❧ Мецкал ❧

Мексиканская водка, изготавливаемая на спирте из перебродившего сока агавы. Перегоняется только один раз.

❧ Бамбузе ❧

Индонезийская бамбуковая водка. Приготавливается на спирте из зерна бамбука (обильно колосящихся сортов). Передваивается. Плохо очищается от примесей, в том числе примесей метилового спирта. Вызывает галлюцинации. Употребляется как ритуальный напиток в особые праздники.

❧ Ханшина ❧

Китайская пшеничная водка. Спирт приготавливается из проса. Цвет этой водки — мутноватый. Имеет специфический запах. По качеству уступает другому виду китайской водки - маотаю.

❧ Маотай ❧

Является самой знаменитой китайской рисовой водкой. Спирт приготавливается из риса, дробленого зерна. Цвет водки - желтоватый. Имеется характерный запах. 60-градусную водку приготавливают в небольшой деревне на юге Китая. Примитивно выгнанный рисовый спирт настаивают на букете целебных трав, разводят водой. Закупоренные бутылки выдерживают определенное время в подвале. Количество выпускаемой продукции весьма ограничено. Для широкого потребления используется другой сорт водки — 60-градусная «эрготоу».

✎ Сакэ ✎

Японская рисовая водка. Рис подвергается специальной обработке паром, перед дистилляцией сильно распаривается. Употребляется в горячем виде. Напиток бесцветен и прозрачен. Крепость 16-18% об.

✎ Кальвадос ✎

Французская яблочная водка. Приготавливается на спирте из неперезрелых яблок хорошей сохранности. Выдерживается в бочках. Крепость от 38 до 50% об. в зависимости от сорта напитка. Является напитком с контролируемым наименоваием по происхожде-

нию. Напитки с подобной технологией, но произведенные на других территориях, носят названия «Яблочное бренди», «Яблочный джек» и т. д.

❧ Ром ❧

Приготавливается на спирте, получаемом из тростниковой патоки. Подразделяется на различные виды: кубинский, ямайский, пуэрториканский, гаитянский. От вариаций видов сырья происходит все многообразие ромов. Крепость рома до 55% об.

❧ Сливовица ❧

Сливовая водка ряда балканских стран — Венгрии, Словакии, Румынии, стран бывшей Югославии. Приготавливается из спирта, полученного из чернослива. Передваивается.

❧ Тутовка ❧

Тутовая водка из Азербайджана и Армении. Приготавливается на спирте из ягод белого и черного тута. Специфический приятный аромат, желтовато-зеленоватый оттенок.

Кубинский Ром
Havana Club
Гавана Клуб
40%   0,5л
SILVER DRY

❧ Кизлярка ❧

Водка, приготавливаемая из спирта, получаемого из различных фруктов (яблоки, груши, сливы, абрикосы) в районах Северного Кавказа, Ставрополья, Кубани.

❧ Пейсах ❧

Еврейская изюмная водка. Приготавливается на спирте из изюма в Израиле и на Украине. Передваивается и перетраивается.

❧ Чача ❧

Грузинская виноградная водка. Приготавливается на спирте из незрелого несортового винограда с гребнями. «Винный» аромат. Крепость 45% об.

❧ Араки ❧

Турецкая финиковая водка, которая приготавливается на спирте, полученном из фиников.

❧ Аррак ❧

Азиатская водка золотисто-желтого цвета, спирт получается в результате перегонки перебродившего ржаного сусла и патоки из сахарного тростника (на Яве) или с добавлением сока сахарной пальмы (в Шри-Ланка, Бангладеш и Индии). Приготавливается также на спирте из сока пальм, фиников, проса и других растений, содержащих сахар. Крепость 58% об.

❧ Арька ❧

Кумысная водка Калмыкии и Бурятии. Приготавливается на спирте из кумыса или закисшего молока крупного рогатого скота с добавкой кумыса. Пьют только горячей (остывшая обладает неприятным запахом).

❧ Арза (Хорза) ❧

Водка из арьки с кумысом из Калмыкии. Двоение и троение арьки. Крепкая «кумысная водка». Пьют только горячей.

❧ Кумышка ❧

Молочная водка Удмуртии, Мари Эл, Башкирии. Приготавливается из закисшего коровьего и овечьего молока или закисшего кобыльего молока.

❧ Шнапс ❧
(Браншвейн)

Немецкая водка, спирт для которой приготавливается из картофеля, свекловицы. Передваивается.

❧ Виски ❧
шотландское

Приготавливается на спирте из ячменя, ячменного солода с зерном ржи, ячменя. Зерно предварительно замачивают, затем высушивают на воздухе. Спирт выдерживают в дубовых бочках пять лет.

❧ Виски ирландское ❧

Спирт для виски приготавливается из ячменного солода с зерном ржи, ячменя. Зерно предварительно замачивают, затем высушивают на воздухе. Спирт выдерживают в дубовых бочках пять лет.

❧ Виски бурбон ❧

Американское виски. Для приготовления спирта используется кукурузное зерно с добавками ржи и ячменя. Выдерживается в обожженных изнутри бочках, отчего имеет темный коньячный цвет.

❧ Виски канадское ❧

Спирт приготавливается из пшеничного солода, ржаного и пшеничного зерна, картофельного спирта. Зерновой спирт-сырец купажируется с картофельным спиртом. Передваивается. Крепость 43% об.

❧ Женевер (шидам) ❧

Голландская можжевеловая водка, спирт для которой приготавливается из ячменного солода, пшеничного зерна с можжевеловыми ягодами.

❧ Джин английский ❧

Спирт приготавливается из ячменя, ржи. Дистиллируется вторично с добавкой можжевеловых ягод. Крепость 38-45% об.

❧ Анисовка (анисовая водка) ❧

Еще за 1500 лет до нашей эры египтяне считали этот напиток лечебным. В конце XVIII века в Швейцарии был впервые изготовлен абсент, наливка на спирте, полученная в результате настаивания полыни. Известны технологии для производства множества напитков с анисовым вкусом.

В качестве примера приведем анисовую водку «анис дель моно», являющуюся предметом национальной гордости Испании. Водка продается в бутылке, особую форму которой придумал в конце прошлого века хозяин фабрики в г. Бадалоне, взяв за основу флакон для духов, купленный им в Париже. На этикетке изображен шимпанзе с человеческим лицом, держащий в одной руке бутылку, в другой — свиток со словами: «Это лучший анис, что доказано наукой». Существуют другие сорта этой анисовой водки (настойки) — «Анис горилла» и «Тигриный анис».

К большому семейству анисовок относится также греческая оуза, турецкая раки и болгарская мастика. Оуза - это сладкая анисовка крепостью 40-50% об. Раки имеет пряный привкус трав и кореньев. Она не такая сладкая, как оуза. Крепость 40-50% об.

❧ Энпиан ❧

Особая водка на травах, изготавливаемая в альпийских районах. Приготавливается из корней цветущей горечавки. Имеет горький вкус и травяной аромат. Крепость 38% об.

❧ Горькие водки ❧

Это название относится к винам, большому числу водок и горьких ликеров. Такие напитки делаются на основе экстрактов трав, кореньев, стеблей и листьев тропических и субтропических растений, а также различных пряностей. Как правило, они имеют темный цвет, оказывают возбуждающее действие и облегчают пищеварение. Примером подобных водок могут служить ангостура и бунекамп.

❧ Ангостура ❧

Изготавливается на основе экстракта из кожуры апельсина, кореньев горечавки, дягиля, коры хинного дерева, гвоздики, цветов мускатa, кардамона, корицы и т. д. Является самой известной горькой водкой. Незаменима для ароматизации смешанных напитков.

❧ Бунекамп ❧

Ароматная горькая водка крепостью не менее 41% об., содержащая большое количество различных, в том числе экзотических, компонентов, например, анис, фенхель, лакрицу, трифоль (вахту трилистную), манную крупу, валериану, полынь, почки тополя и т. д. Также применяется для ароматизации смешанных напитков.

✳   ✳   ✳

Из перечисленных напитков ближе всех к русским водкам стоят женевер, джин и виски, так как относятся к большому семейству зерновых водок, хотя, за исключением виски, могут также содержать спирт, полученный из такого сырья, как патока и картофель.

Таким образом, приведенные примеры национальных водок свидетельствуют о том, что принцип дистилляции при производстве крепких алкогольных напитков широко применяется во всем мире. Именно он и является тем общим признаком, который ставит различные национальные напитки в один ряд с русской водкой. Но и только. Существует масса выработанных веками и традициями особенностей, которые выделяют русскую водку из этого ряда. Прежде всего — это кажущаяся простота изготовления. Действительно, получить путем перегонки этиловый спирт и развести его водой, не составляет особого труда. Но существуют технологические тонкости, которые в конечном итоге и позволяют получить то, что мы называем русской водкой. Их нельзя воспроизвести кустарным способом, они — национальный приоритет России. Точно так же, как виски бурбон для Соединенных Штатов, коньяк, шампанское кальвадос для Франции, амаретто для Италии, так и водка для России является предметом национальной гордости. Без сомнения, этот русский национальный крепкоалкогольный наток покорит весь мир к радости и удовольствию гурманов.

ДОМАШНИЕ ВОДКИ

СТАРИННЫЕ РУССКИЕ ДОМАШНИЕ ВОДКИ

К середине прошлого столетия домашнее изготовление водок в России достигло наивысшего развития. Вырабатывалось и продавалось огромное количество различных ее сортов, значительно отличающихся друг от друга как по органолептическим показателям, так и по рецептуре.

В зажиточных домах угощать водкой промышленного изготовления считалось дурным тоном. Хорошая хозяйка всегда старалась собственными руками придать угощению неповторимое своеобразие. Считалось (и это действительно было так), что приготовленная в домашних условиях водка имеет не сравнимые с водкой промышленного изготовления вкус и запах.

О множестве бывших в обиходе сортов и видов домашних водок хорошо говорит русская классическая литература. «... Кучер вечно перегонял в медном лембике водку на персиковые листья, на черемуховый цвет, на

золототысячник, на вишневые косточки ...», — находим у
Н. В. Гоголя.

«А для легкости прохода в нутро каждый блин
поливается разнообразными водками сорока сортов и
сорока настоев. Тут и классическая, на смородинных
почках, благоухающая садом, и тминная, и полынная, и
анисовая, и немецкий доппель-кюммель, и всеисцеляю-
щий зверобой, и зубровка, настойка на березовых почках,
и на тополевых, и лимонная, и перцовка и ... всех не
перечислишь ...» — пишет о русских домашних водках
А. И. Куприн.

Важной примечательностью русских дворянских
винокуров было правило — гнать как можно чище,
медленнее и не доводить гонку бражки более чем за
половину ее объема, причем это правило распространялось и на первый гон, и на последующие стадии винику-
рения — двоение и троение.

Секреты домашнего производства водок накаплива-
лись веками и передавались из поколения в поколение.
Что касается современного состояния домашнего винику-
рения, то следует признать, что навыки его в значитель-
ной степени утрачены в силу ряда исторических условий.
Предлагаем всем любителям этого дела больше внимания
уделять качеству продукта, его очистке, ароматизации
и т.д. Безусловно, добиться вкусовых качеств настоящей
русской водки в домашних условиях, видимо, практически невозможно, как невозможно повторить такие же
вкусовые качества заграничными водками. Однако производить высококачественные оригинальные домашние
водки — задача вполне доступная и возможная.

Крепкие напитки и водки приготовляются на основе
спиртовых растворов, которые настаиваются с использованием различного растительного сырья: трав, цветов,

кореньев, плодов, ягод и т.д. Большое разнообразие
сырья позволяет готовить крепкие напитки с самыми
различными свойствами: целебными, тонизирующими,
успокоительными. Кроме того, напитки, приготовленные
с соблюдением необходимых условий по хорошим рецептам, имеют прекрасные вкусовые качества и аромат, что
само по себе доставляет приятные ощущения при их
употреблении.

При изготовлении бывает необходимо определить
содержание спирта или измерить концентрацию спирта
в напитке при разбавлении. Для этого учитывают общее
количество жидкости, прибавленное к спирту и по специальной таблице определяют концентрацию.

Водки приготовляют несколькими способами с использованием перегонных кубов с последующим добавлением ароматических и пряных веществ.

Спиртовые растворы, настоенные с использованием растительного сырья, перегоняют, что позволяет получать ароматизированные напитки с высоким содержанием спирта, но вкусовые качества этих напитков почти не изменяются.

Для придания водкам желаемого вкуса и цвета после перегонки их смешивают с настоями растительного сырья.

Можно поступить проще: ароматическую траву, корки лимона, апельсина и т.д. бросить в закваску при закладке. Однако, аромат получается при этом слабый. Для того, чтобы он был сильнее, надо воду, которой разводится закваска, предварительно настоять на выбранном ароматизаторе или сделать отвар нужной травы, кореньев и т. д. Этой водой разбавить затем готовящуюся закваску.

Старинные русские книги по винокурению рекомендуют для приготовления высококачественных водок употреблять лучший винный спирт, не имеющий никакого постороннего привкуса — хлебного, пригорелого и т.п. и настоенный травами или пряностями. К перегонке водку настаивают следующим образом.

Специи кладут в бутыль, заливают водкой, закупоривают и держат недели две на солнце, на печи или в любом другом теплом месте, ежедневно взбалтывая. Затем водку сливают в перегонный куб, а специи отжимают туда же через тряпочку, чтобы из них вышел весь сок, и перегоняют.

Если настойка трав производится на водке тройной перегонки, то после настаивания перегонять не нужно, а нужно только процедить.

Однако, нужно помнить, что водка, перегоняемая со специями, вытягивает из трав больше ароматических веществ, чем простая их настойка без перегонки.

Таблица 2

Разбавление этилового спирта водой

X – содержание этилового спирта в растворе до разбавления, объемные проценты (‰);

Y – содержание этилового спирта в растворе после разбавления, объемные проценты (‰).

X	Число объемов воды, прибавляемой к 100 объемам раствора, содержащего X‰ этилового спирта, для получения раствора, содержащего Y‰ спирта									
Y	**95**	**90**	**85**	**80**	**75**	**70**	**65**	**60**	**55**	**50**
90	6,4									
85	13,3	6,6								
80	20,9	13,8	6,8							
75	29,5	21,8	14,5	7,2						
70	39,1	31,0	23,1	15,4	7,6					
65	50,1	41,4	33,0	24,7	16,4	8,2				
60	62,9	53,7	44,5	35,4	26,5	17,6	8,8			
55	78,0	67,8	57,9	48,1	38,3	28,6	19,0	9,5		
50	96,0	84,7	73,9	63,0	52,4	41,7	31,3	20,5	10,4	
45	117,4	105,3	93,3	81,2	69,5	57,8	46,0	34,5	22,9	11,4
40	144,4	130,8	117,3	104,0	90,8	77,6	64,5	51,4	38,5	25,6
35	178,7	163,3	148,0	132,9	117,8	102,8	87,9	73,1	58,3	43,6
30	224,1	206,2	188,6	171,1	153,6	136,0	118,9	101,7	84,5	67,5
25	278,1	266,1	245,2	224,3	203,5	182,8	162,2	141,7	121,2	100,7
20	382,0	355,8	329,8	304,0	278,3	252,6	227,0	201,4	176,0	150,6
15	540,0	505,3	471,0	436,9	402,8	368,8	334,9	301,1	267,3	233,6

Существует старинный рецепт изготовления специальной воды для водок: взять какие угодно специи: гвоздику, корицу, анис, лимонные или померанцевые корки. Каждая специя и вода с ней готовятся отдельно. Специю истолочь как можно мельче, на каждые 400 г специи налить по 4 л воды, плотно закрыть и дать постоять два дня. Потом влить все в куб, добавить еще 2,5 л воды и перегнать, как водку, пока запах специи станет слабым. В передвоенную воду положить той же специи, свежей, и опять перегнать. Новый выход воды можно перегнать и в третий раз. От одного стакана такой троенной воды 1 л спирта получит не только запах, но и вкус настоящей, перегнанной с той специей, водки.

Для улучшения вкуса водок, уменьшения их крепости, получения ликеров и ратафий требуется добавить в водку сахарный сироп. Пропорция сахара и воды, как правило, указывается в рецептах, но правила приготовления сиропа, если они специально не оговорены, следующие: сахар нужно мелко истолочь, вода должна быть кипяченой. При варке сиропа нужно постоянно снимать пену до тех пор, пока она перестанет появляться. После этого сироп нужно вылить в подходящую посуду и дать отстояться.

Если сироп получится слишком густой, его надо развести водой и варить опять.

Если влитый в водку или ликер сироп в количестве 1/4 части от подслащиваемой жидкости недостаточно ослабит ее крепость, можно влить чистой кипяченой воды, но очень маленькими порциями, осторожно, чтобы не замутить.

ПРИГОТОВЛЕНИЕ НАТУРАЛЬНЫХ КРАСОК ДЛЯ ПОДКРАШИВАНИЯ ВОДОК

(из старинных рецептов)

❧ Зеленая ❧

1. Взять по 50 г мелиссы и кудрявой мяты, 10—12 г вероники, немного листа хрена, истолочь, положить в бутылку и залить 400 г простой водки. Поставить в теплое (но не горячее) место на несколько дней. Слить жидкость и хранить, плотно закупорив.

2. Зеленый цвет водке придают листья черной смородины, которые нужно настаивать в водке, а также сок из
листьев петрушки.

3. Взять перьев лука-порея, положить в кипяток и
дать вскипеть два раза, вынуть и положить в холодную
воду. Охладив, выдавить через ткань сок. Этот сок нужно
кипятить в серебряной или стеклянной посуде, пока
выкипит половина. Получится зеленая краска для водки,
которую нужно хранить, плотно закупорив.

❧ Синяя ❧

1. Взять 6 г индиго, стереть в мелкий порошок,
всыпать в бутыль, залить 10 г купоросного масла, взболтать и поставить, не закрывая бутыль, на двое суток,
чтобы индиго растворилось. Несколько капель этой краски достаточно для подкрашивания 1 л водки или ликера.

2. Если водку процедить через цветы бедренца или
деревея, то она окрашивается в синеватый цвет.

❧ Красная (алая) ❧

1. В 400 г простой водки положить 40—50 г алого
сандала. Хранить закупоренной.

2. Взять 4 г кошенили, залить 1 л воды, добавить 4 г
винного камня и варить в глиняном горшочке, временами
опуская в жидкость полоску белой бумаги. Когда бумага
будет окрашиваться в алый цвет, снять с огня и добавить
щепотку квасцов. Когда отстоится, процедить через
ткань, хранить, плотно закупорив. Если эту подкрашенную воду процедить через цветы бедренца или траву
деревея, то она станет фиолетовой.

3. Взять 12 г кошенили, истолочь, положить в
бутылку, залить 200 г лучшего винного спирта, закупорить и поставить в теплое место. Получится краска с
фиолетовым оттенком.

❧ Темно-красная ❧

Взять примерно 3 л сухой или свежей черники, насыпать в кастрюлю и поставить на горячие угли, чтобы она дала сок. Затем добавить 12 г винного камня, хорошо размешать и протереть через тонкое льняное полотно. Полученный сок разлить по бутылкам и влить в каждую по несколько рюмок лучшего винного спирта, закупорить.

❧ Желтая ❧

1. Взять 25 г дикого шафрана, залить 200 г простой водки, поставить в теплое место на две недели, ежедневно взбалтывая. Насыщенность цвета водки достигается необходимым количеством добавляемой краски.

2. Взять 12 г желтого имбиря или желтого сандала, мелко истолочь, залить 200 г спирта, закупорить и поставить на две недели в умеренно теплое место.

❧ Краска телесного цвета ❧

Взять 1,5 кг фернамбука (красильного дерева), мелко истереть, залить 200 г винного спирта, закупорить и поставить в теплое место на две недели.

❧ Темная ❧

1. Взять корку черного хлеба, покрошить, высушить, затем истолочь в порошок, залить чистой водой, закупорить и поставить на несколько дней в теплое место. Получается хорошая темная краска.

2. Взять 20 г листьев девясила, истолочь как можно мельче, залить 200 г вод-

ки, закупорить, поставить на несколько дней в теплое место. Получится лучшая темная краска.

❧ Померанцевая ❧

Для получения этой краски надо настоять в хорошем винном спирте или в простой водке достаточное количество сушеной, а еще лучше свежей померанцевой кожуры.

❧ Коричная ❧

Мелко смолоть 15—20 г корицы, залить спиртом, настаивать в теплом месте две недели, ежедневно взбалтывая. Слить жидкость и хранить закупоренной, а осадок использовать для перегонки водки, что улучшает ее вкус.

РЕЦЕПТЫ СТАРИННЫХ РУССКИХ ДОМАШНИХ ВОДОК

❧ Айвовка ❧

Взять 8 стаканов сока айвы, 8 стаканов водки, пучок ржаной соломы, по 50 г сахара и ванильного сахара.

Перезрелую айву истолочь или протереть на терке. Очень мелко посечь пучок ржаной соломы. Из этой смеси выдавить сок. Смешать полученный сок с водкой. Добавить сахара обыкновенного и ванильного. Слить в бутыль, настаивать неделю. Профильтровать.

❧ Аирная водка (1 вариант) ❧

Взять 600 г корня аира, 25 г померанцевой кожуры, по 12 г кожуры лимона, белого имбиря, корицы, кардамона и соли, 6 г кориандра. Все специи истолочь и измельчить, положить в бутыль, залить 10 л простой водки, настаивать 2—3 недели. Перегнать, добавить в куб 6 л воды и две пригоршни буковой или кленовой золы. Подсластить сиропом из 600 г сахара и 3 л воды, профильтровать.

❧ Аирная водка (2 вариант) ❧

Взять 200 г корня аира, 100 г кожуры лимона, 50 г корней дягиля, по 75 г кожуры померанца и можжевеловых ягод, по 50 г ромашки и тмина, по 25 г фенхеля, аниса, укропных семян, кориандра, винного камня. Все специи истолочь и измельчить, залить ведром простой водки, настоять 10 дней, процедить через плотную ткань, подсластить сиропом из 800 г сахара и 4 л воды.

❧ Аирная гданьская водка ❧

Взять 100 г корня аира, по 12 г кожуры померанца, папоротника, корня дягиля, тмина и винного камня, 40 г лепестков ароматных цветов, по 6 г лимонных зерен, корня девясила, корня фиалки, аниса, белого имбиря, кардамона. Все специи измельчить, залить 4 л простой водки, настоять 10 дней, перегнать и подсластить сиропом из 200 г сахара и 2 л воды.

❧ Ангеликовая водка (1 вариант) ❧

Взять 1230 г измельченной сушеной ангелики (корня дягиля), налить 4,92 л хорошего вина, настоять 3 суток, влить в куб и, прибавив 6,15 л вина, передвоить.

❧ Ангеликовая водка (2 вариант)

Взять 103 г кардамона, 51,6 г лимонной корки, 103 г ангелики, 103 г корицы и 18,4 л вина, настоять 4 суток, перегнать.

❧ Ангеликовая водка (3 вариант) ❧

Взять аниса и ангелики в равном соотношении, а зори садовой или полевой вдвое больше; залить все это простым вином. Дать настояться, потом перемешать и подсластить сахаром. Получится красная душистая водка.

❧ Ангеликовая водка (4 вариант) ❧

Взять 307 г дягильного корня и горсть соли, залить 11,5 л хорошего вина или водки и дать постоять сутки, затем передвоить, подсластить и еще дать постоять 8 дней.

❧ Английская настойка ❧

Взять 43 г калгана, 103 г горечавки, 410 г апельсиновой корки, 250 г водки. Настаивать 4—5 недель.

❧ Алкермесная водка (1 вариант) ❧

Взять 32 г корицы, по 90 г кожуры лимона и кардамона, 8 г розмарина, все измельчить, залить 1,8 л передвоенной водки, настоять и аккуратно слить. Сварить сироп из 800 г сахара и 1,2 л воды, тщательно снимая пену, и смешать с настоенной водкой. Разлить по бутылкам и в каждую бутылку положить листики сусального золота из расчета по 3 листика на 1,2 л водки, разболтать.

❧ Алкермесная водка (2 вариант) ❧

Взять 75 г кардамона, по 50 г померанцевой и лимонной корки, розмарина, корня аира, гвоздики, корицы, 25 г красного сандала. Все тщательно измельчить, залить 2,5 л водки, перегнать и подсластить.

В эту водку также кладут сусальное золото, хорошо перемешивают, дают отстояться и фильтруют.

❧ Анисовая водка (1 вариант) ❧

Взять 65 г аниса и 30 г фенхеля, смешать и истолочь, затем взять две трети получившейся смеси, залить 2 л водки и 400 г воды, перегнать, не допуская попадания белесого спирта, в полученную водку положить оставшиеся специи, настоять несколько дней, подсластить сахаром, растворенным в холодной воде (600 г на 3 л), профильтровать.

❧ Анисовая водка (2 вариант) ❧

Взять 400 г аниса, крупно истолочь, залить 3 л простой водки, настаивать трое суток, добавить еще 4 л водки, перегнать.

❧ Анисовая водка (3 вариант) ❧

Взять 12,3 л водки, 410 г анисовых семян, кишнецовых, 51 г укропных семян, настаивать в течение месяца. Потом перегнать (получится около 10 л водки), добавить

3280 г сахара, разведенного в 1640 г воды. Всю смесь процедить.

❧ Анисовая водка (4 вариант) ❧

Взять 800 г аниса, истолочь, залить 6 л пива и перегнать в кубе до тех пор, пока жидкость будет пахнуть анисом. Выгнанную жидкость долить до 12 л водкой, добавить еще 100 г толченого аниса, перегнать, по желанию подсластить, профильтровать.

❧ Анисовая водка (5 вариант) ❧

Взять 400 г аниса, ведро простой водки, перегнать на слабом огне, поместить в горловину приемника горсть аниса в мешочке, чтобы выгнанная водка проходила через него. Это подцветит водку в желтоватый цвет.

Если в мешочек положить не анис, а горсть березовых сухих измельченных листьев, то водка приобретет зеленоватый оттенок.

❧ Анисовая водка (6 вариант) ❧

Взять 400 г аниса, 50 г фенхеля, по 25 г померанцевой корки и белой корицы, по 12 г белого имбиря, лимонной корки и поваренной соли, все мелко истолочь, залить 9 л простой водки, закупорить и настаивать 10 дней, перегнать и подсластить сиропом из 800 г сахара и 2,5 л воды.

❧ Анисовая водка (7 вариант) ❧

Взять 200 г свежего аниса, стереть его в мелкий порошок, настоять в течение месяца в ведре очищенного спирта крепостью не выше 25%. Затем перегнать спирт на умеренном огне до крепости 45%. Должно получиться где-то около 9,8 л водки. Приготовить сироп из 1600 г сахара и литра кипяченой или родниковой воды, примешать к спирту. Смесь будет иметь молочный цвет, для уничтожения которого нужно положить один яичный белок, перемешать его как можно лучше с жидкостью, взбалтывая ее периодически в течение нескольких дней (белок можно заменить марганцовкой).

Жидкость процедить.

❧ Анисовая водка (8 вариант) ❧

Взять 12,3 л водки, 12,3 л 40%-ного спирта и спиртовую настойку на смеси 400 г семян аниса, 50 г тмина, 50 г сухой лимонной корки, 50 г семян укропа, 39 г фиалкового корня. Все это смешать, подсластить, добавив 800 г сахара.

❧ Анисовая водка (9 вариант) ❧

Взять 12,3 л водки и спиртовую настойку на смеси 400 г аниса, 50 г укропа, 26 г белой корицы, 26 г померанцевой корки, 13 г лимонной корки, 13 г поваренной соли. Все смешать, добавить сахарный сироп по вкусу.

❧ Анисовая двойная водка (1 вариант) ❧

Взять 150 г аниса, 35 г тмина, по 25 г померанцевых цветов и лимонной корки, 50 г бадьяна, по 12 г гвоздики, корицы, корня аира, 18 г фиалкового корня, все искрошить и истолочь, залить 2,5 л простой воды, перегнать, подсластить сиропом из 400 г сахара и 0,9 л воды.

❧ Анисовая двойная водка (2 вариант) ❧

Взять 400 г аниса, 100 г тмина, по 50 г лимонной корки, померанцевой корки и салата латук, по 4 г мускатного цвета и гвоздики.

Все специи мелко истолочь, засыпать в бутыль с 12 л простой водки, закупорить и настаивать две недели. Настоявшийся спирт слить, подсластить сиропом, профильтровать.

❧ Анисовая двойная гданьская водка ❧

Взять 400 г аниса, 50 г тмина, 38 г фиалкового корня, 50 г сухой лимонной корки.

Вместо спирта и воды берется 3,5 л простой водки, которую перегоняют со специями, и доливают по вкусу сахарный сироп.

Еще лучше сначала перегнать отдельно водку, а потом со специями, добавив немного воды и алкализированного спирта, чтобы специи не пригорали. Таким образом из простого хлебного вина водка получается лучше.

❧ Анисовая настойка ❧

Взять 2,5 л хорошей водки крепостью 40–45% , 4 г аниса обыкновенного, 0,15 г аниса звездчатого (бадьян), 0,3 г тмина обыкновенного, 0,15 г кориандра посевного, 0,3 г укропа пахучего. Залить водкой компоненты рецепта и настаивать 2 недели. Охладить перед употреблением. Настойка бесцветная, слегка сладковатая, с ароматом аниса.

❧ Апельсиновая настойка (1 вариант) ❧

Взять 2 л водки, 1 л воды, сахар, корки 4–5 апельсинов.

Сварить сироп из сахара-рафинада и 1 л воды. Смешать с водкой. Слить в бутыль и добавить апельсиновые корки. Поставить в тень на 3–4 дня. Профильтровать. Разлить по бутылкам.

❧ Апельсиновая настойка (2 вариант) ❧

Взять 200 г апельсиновой свежей корки , 2 л водки, 3 л сахарного сиропа, 2 г лимонной кислоты, 20–25 г тартразина. Залить крепкой водкой апельсиновые корки, поставить на 2 недели в теплое место, процедить, подсластить 66%-ным сахарным сиропом, добавить лимонную кислоту, тартразин, чтобы получилась сладкая настойка с ароматом апельсина.

❧ Ароматная водка ❧

Взять 38,7 г померанцевых цветов, по 25,8 г коричных цветов, мускатного цвета, корки лимонной и корки померанцевой для вытяжки на 1 ведро водки.

❧ Барбатская водка ❧

Под этим названием понимают водку разного вкуса и разного назначения, очень крепкую и послабее. Использовать можно корки различных плодов: лимонную, померанцевую, апельсиновую. Также можно использовать различные пряные специи: гвоздику, корицу, мускатный орех, мускатные цветы. В эти водки добавляют амбру или амбровую квинтэссенцию (очень крепкую).

Для водки барбатской с амброй, вначале в чистой, простой водке настаивают амбру недель шесть-восемь, хорошо закупорив бутыль, в которой производится настойка. Затем в водку кладут сахар и те специи, с которыми делается водка, настаивают, взбалтывая каждый день, затем фильтруют. Амбра придает водке запах, а корка плода или пряность — вкус и цвет.

❧ Барбатская крепкая водка ❧

Положить в куб 4,8 л водки и половину специй по рецепту, например, если делается апельсиновая водка из четырех апельсинов и 16 г толченой корицы, то положить в куб два апельсина и 8 г корицы, перегнать, затем в полученную водку положить остальные апельсины и корицу и еще раз перегнать. Подсластить сиропом из 500 г сахара и 500 г воды.

❧ Барбатская водка цвета амбры ❧

Получается настойкой. Корки с плода и специи кладут в простую водку, настаивают месяц, затем кладут сахар и, когда он растворится, фильтруют. После этого опять кладут в нее корку, опять настаивают и фильтруют.

❧ Барбарисовая настойка ❧

Взять 1 л водки, 200 г листьев барбариса. Измельченные сушеные листья барбариса поместить в бутыль, залить водкой, закупорить и выдержать при комнатной температуре в течение недели. Затем настойку слить, хорошо профильтровать. Употреблять в небольшом количестве.

В народной медицине эта настойка применяется при маточных кровотечениях по 30 капель 3 раза в день в течение трех недель.

❧ Березовая настойка ❧

Взять 0,5 л водки, 50 г березовых почек, 1 чайную ложку меда. Настоять березовые почки в течение 10 дней. Добавить мед перед употреблением. Настойка вызывает аппетит, способствует заживлению язв желудка и двенадцатиперстной кишки. Употреблять от 0,5 до 1 чайной ложки с водой 3 раза в день за 15—20 минут до еды.

❧ Березовая настойка «Прополис» *) ❧

Взять 1 л водки, 200 г прополиса, березового сока — по вкусу. Измельчить прополис, насыпать в бутылку, налить водку, встряхивать полчаса. Затем настаивать трое суток, периодически встряхивая. Перед употреблением настойку разбавить березовым соком.

❧ Бигарадная **) водка ❧

Взять шесть крупных свежих померанцев, мускатных орехов и мускатных цветов, а также цедру с померанцев, которую надо мелко порезать, чтобы она не пригорала к стенкам куба и тем не испортила водку, залить 3,2 л водки, перегнать на сильном огне, так как из свежих плодов сок выходит медленно, не допуская попадания белесого спирта. Подсластить сиропом из 800 г сахара и 2,4 л воды.

---

*) Прополис, или пчелиный клей, — это биологический продукт, получаемый пчелами путем переработки выделений пазушных почек обычной повислой березы.

**) Бигарадия — то же, что померанец.

❧ Богемская водка ❧

Взять для вытяжки: 820 г хлебных гренок, 20 г гвоздичных цветов, корки лимонной, корки померанцевой, лавандовых цветов, 6,5 г померанцевого цвета, 4,3 г мускатного ореха. Спиртовую вытяжку смешать с водкой и подсластить.

❧ Брусничная настойка ❧

Отобрать спелую бруснику, наполнить ею 0,5 четвертной бутылки, залить водкой и дать настояться в продолжение 2—3 месяцев в теплом месте, а затем подкрасить клюквенным соком или настоем кошенили. Смешать с сахарным сиропом и разлить в бутылки.

Многие хозяйки приготовляют брусничную наливку из полынной настойки, что придает ей больший аромат и крепость.

❧ Бруснично-вишневая настойка ❧

Взять 150 г коньяка, 2 л водки, 3,5 кг брусники, 600 г вишни, 2,5 л сахарного сиропа, лимонную кислоту. Насыпать в бутыль свежую бруснику и вишню, долить коньяк, водку и настоять.

❧ «Варенуха» ❧

Взять 1 л водки домашнего изготовления, 40 г сушеных яблок, 40 г сушеных вишен, 25 г сушеных груш, 25 г чернослива, по 1 г имбиря, корицы и гвоздики, по 0,5 г душистого перца и лаврового листа, 250 г меда.

Промыть яблоки, вишни, груши и сливы, разместить в отдельные кастрюли, залить водкой домашнего изготовления и настоять 5—6 часов. Затем все слить в одну эмалированную или керамическую посуду, добавить мед, имбирь, корицу, гвоздику, душистый перец, лавровый лист, накрыть крышкой, замазать пресным тестом, сверху положить небольшой груз и поставить в печь или духовку на 10—12 часов при температуре 90—100°C. После этого варенуху процедить и подать горячей.

❧ Вейновая водка ❧

Взять порченое, скисшее виноградное вино, уксус, добавить несортового винограда (или недозрелого). Дать забродить. Перелить в куб. Перегнать обычным способом.

❧ Венгерская водка (1 вариант) ❧

Взять по 200 г цветов лаванды, розмарина, шалфея, можжевеловых ягод, истолочь, смешать и залить ведром

водки, настаивать три дня, перегнать. В выгнанное положить еще 400 г розмарина, настаивать сутки, перегнать на слабом огне. В выгнанное положить еще 400 г розмарина, перегнать в третий раз на слабом огне. После этого нужно испытать крепость водки. Для этого положить в глиняную посуду одну ложку пороха и одну ложку этой водки, поджечь. Если порох вспыхнет с водкой, значит, ее крепость достаточна. Если не вспыхнет, водку нужно перегнать еще раз.

❧ Венгерская водка (2 вариант) ❧

Взять 1,5 кг розмарина, по 85 г лавандовых цветов, майорана, базилика, шалфея, 400 г можжевеловых ягод. Половину смеси всех специй истолочь, залить ведром водки, очень плотно закупорить и настаивать в тепле не менее 12 дней, затем перегнать. В выгнанное положить оставшиеся специи, предварительно измельчив, настаивать столько же дней, перегнать. Получится очень хорошая водка.

❧ Венгерская простая водка ❧

Взять 200 г мускатных цветов, 400 г цветов лаванды, 200 г розмарина, 100 г цветов пиона. Все истолочь, залить ведром водки, плотно закупорить, настоять в тепле 5 дней, перегнать на слабом огне.

❧ Вишневая водка (1 вариант) ❧

Взять 4 кг садовых кислых вишен, 200 г персиковых ядер, 35 г горького миндаля, по 25 г померанцевой и лимонной кожуры, 20 г корня аира, 12 г корицы и 6 г цветов гвоздики. Залить в бутылки 1,8 л хорошей водки, настаивать три-четыре недели, перегнать в кубе. На оставшуюся гущу налить 2,7 л водки, настаивать четыре дня, слить с гущи, смешать с передвоенной водкой, подсластить сиропом из 1 кг сахара и 2,5 л воды, через несколько дней процедить.

❧ Вишневая водка (2 вариант) ❧

Взять 19,7 л водки и спиртовую вытяжку из 8,2 кг вишен, 410 г персиковых зерен, 77,5 г горького миндаля, 51,6 г лимонной и померанцевой корки, 38,7 г аирного корня, 25,8 г корицы, 12,9 г гвоздичных цветов. Подсластить 400 г сахарного сиропа.

Если желаете получить вишневую водку зеленого цвета, то надо употребить для этого вытяжку из 8200 г зеленых, только что весною распустившихся березовых почек без аира и корицы, подсластить белым сахарным сиропом.

❦ Вишневая водка или киршвассер ❦

Взять ягоды вишни, размять и положить в чан, стоящий в умеренно теплом месте. На время брожения чан закрыть крышкой и через каждые два дня мешать в нем вишни деревянной лопаткой. По окончании брожения вся масса перекладывается в куб для перегонки. Пока выходит из куба бесцветная жидкость, она имеет

надлежащую крепость. Скоро начнет вытекать мутная жидкость (охвостье), это знак, что она слабее и поэтому нужно ее собирать в отдельный сосуд, приливая на новые порции вишен. Вишневые косточки и ядра толкутся тоже отдельно и засыпаются в бродящую вишню, от этого водка получает особый миндальный запах и вкус. Из ягод терновника можно таким же образом приготовить водку, которая чрезвычайно приятна на вкус.

❦ Вишневая водка (из почек вишни) ❦

Взять распускающихся почек с соцветиями вишневого дерева, засыпать в бутылки с водкой, настоять. Получится водка зеленого цвета с вишневым вкусом.

❧ *Вишневая настойка (1 вариант)* ❧

На 250 г вишневого сока взять 250 г кипяченой воды, 0,5 л водки. Для вишневого сока необходимы 1 кг вишен и 700 г сахара.

Промытые вишни без плодоножек положить в бутыль с широким горлом, засыпать сахаром (до горловины), покрыть марлей, завязать и поставить на солнце на 30—40 дней. Полученный вишневый сок смешать с кипяченой водой и водкой.

❧ *Вишневая настойка (2 вариант)* ❧

Наполнить бутыль на 3/4 спелыми вишнями (половина без косточек), залить водкой, поставить в погреб на 1,5 месяца. Водку слить, вишни отжать через холст. Дать отстояться, через сутки сок смешать с водкой. Разлить по бутылкам, закупорить. Пить можно через год.

❧ *Вишневая настойка* ❧ (*из вишневых плодоножек*)

На 500 г вишневых плодоножек — 200 г сахара, 2 л водки.

Промыть плодоножки, обсушить, всыпать в бутыль с широким горлом, засыпать сахарным песком, взболтать, горло бутылки завязать марлей и выдержать в комнате 30 дней. После этого влить в бутыль водку, смешать, оставить на 3 дня и процедить через марлю.

❧ *Ганноверский горький шнапс* ❧

Взять хорошую водку, настоять на следующих травах: трилистник, тысячелистник, душица и горькая мята — по одной пригоршне, полыни вдвое больше, горечавочного и фиалкового корня по 12,9 г, по 6,4 г укропного семени и аниса, 12 штук гвоздики. Все изрезать и истолочь, настоять.

❧ Гвоздичная водка (1 вариант) ❧

Взять 10—12 г сухих цветочных почек гвоздики, поместить их в стеклянную бутыль и залить крепкой водкой, поставить настаиваться на 2 недели.

По истечении указанного срока добавить немного воды (0,5 объема) и перегнать через куб так, чтобы получить первоначальный объем водки. После этого истолочь белый изюм (50 г на 1 л), добавить несколько цветков гвоздики без ножек (5 шт. на 1 л), которые надо обрезать и настаивать 2 недели. Затем сцедить, осветлить, прибавить по одной ложке молока на литр водки и отфильтровать.

При желании водку можно подсластить, добавив 100 г сахара на 1 л.

❧ Гвоздичная водка (2 вариант) ❧

Взять ведро (12,3 л) хорошей простой водки, положить в нее 50 г гвоздики, настоять, перелить в куб, добавить еще 400 г гвоздики, перегнать и подсластить (400 г сахара)

❧ Гвоздичная водка (3 вариант) ❧

Взять гвоздичных головок и изюма по 400 г, гвоздики 40 г. Все вместе истолочь, добавить 6 л передвоенного вина, настаивать 10 дней, перегнать и подсластить.

❧ Гвоздичная водка (4 вариант) ❧

Взять гвоздики 300 г, корня аира 50 г, по 25 г белого имбиря, кубебы, калгана, винного камня. Все вместе истолочь, залить 18 л водки, настаивать 10 дней, перегнать и подсластить.

❧ Гвоздичная водка (5 вариант) ❧

Взять 200 г гвоздики, 150 г душистого перца, по 25 г лимонной корки и корицы, 6 г померанцевых цветов.

Все истолочь, залить 18 г хлебного вина, настаивать 3—4 дня, перегнать, подсластить.

Примечание. Сироп для гвоздичных водок варить из 800 г сахара и 5 л воды.

❧ *Гвоздичная водка (6 вариант)* ❧

Взять 100 г гвоздики, истолочь ее мелко, налить на нее 6,1 л двоенного вина и, крепко закупорив бутыль, поставить на солнце или в теплое место на 1 неделю; потом сварить из 2 кг сахара сироп, развести им водку и взболтать хорошенько. Дать постоять еще сутки, потом пропустить через бумагу.

❧ *Горькая испанская водка* ❧

Взять 12,3 л водки, спиртовой вытяжки из сбора: по 100 г корки лимонной и померанцевой, по 25,8 г винтерианской корки, тмина, корня ангелики, аниса, кудрявой мяты, кремортартара.

Смешать водку с вытяжкой и подсластить. И тогда добавить масло горьких померанцев — 38,7 г.

❧ *Горький клаусталер* ❧

Взять: 102 г померанцевой корки, по 37,4 г горечавочного и фиалкового корня, по 19 г белого имбиря, корицы и гвоздики и один толченый мускатный орех. Все это смешать, залить шестью бутылками водки и дать настояться При употреблении этой настойки мешать ее со сладкой водкой.

❧ Горькая охотничья водка ❧

Приготовить ароматный спирт, содержащий ароматические вещества имбирного, калганового и ангеликового корней, гвоздику, перца черного и красного, можжевеловой ягоды, кофе (зерна), бадьяна, а так же апельсиновой и лимонной корок. В полученный ароматный спирт добавить 20%-ного марочного белого портвейна и довести крепость водки (разбавлением умягченной водой) до 45%.

После двухмясячной выдержки имеет мягкий пряный, вкус и аромат пряностей. Цвет настойки темно-коричневый.

❧ Данцигская водка ❧

Взять 1 л спирта или водки, 250 г корневищ аира.

Кусочки корневищ аира заготовить в конце осени, после первых заморозков. Очистить от грязи, помыть в холодной воде, удалить ножом тонкие корешки и листья. Подсушить на решете. Затем разрезать на кусочки в 5—10 см.

Корневища аира залить спиртом или водкой домашнего изготовления и настоять в темном месте около месяца, затем процедить через ткань.

При использовании спирта полученный настой разбавляют водой до 40%.

❧ Девясильно-анисовая водка ❧

Взять 820 г девясильного корня, 205 г аниса и две горсти бузинного цвета, искрошить, истолочь вместе и настоять 3 недели в 12 литрах слабого винного спирта. Подсластить сахарным сиропом и жженым сахаром, от которого водка примет золотистый цвет.

❧ Душистая или ароматная водка ❧
(1 вариант)

Взять 85 г шалфея, 65 г иссопа, по 50 г майорана и масличных бобов, по 35 г васильков и тмина, по 25 г лавандовых цветов, корня аира, пионного корня, 16 г дягиля, 12 г перетруна.

Специи измельчить и истолочь, залить ведром простой водки, настаивать несколько дней, процедить.

❧ Душистая или ароматная водка ❧
(2 вариант)

Взять 115 г померанцевых цветов, по 50 г ладана, кардамона, мускатных цветов, цветов гвоздики, 75 г коричных цветов, по 50 г шалфея, шафрана, кардобенедиктина, калгана, корня аира, по 75 г мускатных орехов, кожуры лимонов, кожуры померанца, по 25 г майорана, имбиря, розмарина, корня полыни, гвоздики, шиповника, райских зерен и винного камня.

Все искрошить, истолочь, залить тремя ведра-

УФА

ГОРЬКАЯ НАСТОЙКА

ДУШИСТАЯ

0,5 л.   40

ми водки, настоять 10 дней, перегнать, подсластить сиропом из 2,4 кг сахара и 8 л воды.

❧ Дягильная водка (1 вариант) ❧

Взять 5 л браги, 150 г семян дягиля.

Тщательно истолочь в металлической ступке семена дягиля, залить перебродившей брагой на 1—2 суток. Затем перегнать. Получаемый спирт должен быть прозрачным, без молочного отлива. Спирт разбавить кипяченой водой до 40—45°. Водку подсластить сахаром, процедить через ткань, разлить по бутылкам.

❧ Дягильная водка (2 вариант) ❧

Взять 810 г дягиля, 8,6 г лавандовых цветов, смешать, залить 12,3 л очищенного спирта и потом, прибавив 6 л воды, подслащенной по вкусу, размешать и процедить.

❧ Дягильная водка (3 вариант) ❧

Взять 1,2 кг мелко искрошенного корня дягиля, залить 5 л простой водки, настаивать трое суток, добавить еще 2 л водки, перегнать.

❧ Дягильная водка (4 вариант) ❧

Взять 0,6 кг искрошенного корня дягиля, замочить в 2 л простой хлебной водки на три дня, добавить еще 2 л водки. 0,6 кг аниса настоять три дня в 2,5 л водки, добавить еще 3 л водки. 0,6 кг тмина настоять три дня в 2 л водки, добавить 2,5 л водки. 0,4 кг кардамона настоять в 1,2 л водки, добавить 1,2 л водки. Все настойки со специями перелить в куб, перегнать, подсластить и профильтровать.

❧ Дягильная водка (5 вариант) ❧

Взять 600 г корней дягиля, по 35 г белого имбиря, фенхельных семян и соли, по 20 г аниса, белой корицы, фиалкового корня, иссопа, тмина. Все специи истолочь,

залить 10 л хлебной водки, настаивать 8—10 дней, перегнать и подсластить сиропом из 1 кг сахара и 3 л воды.

❧ *Дягильная водка (6 вариант)* ❧

Хотя эту траву можно употреблять всю, но лучше всего ее семена, в которых содержится большое количество ароматических веществ. Семена нужно истолочь, положить в перегонный куб, залить водки, смешанной пополам с водой. Перегонять осторожно, не допуская попадания белесого вещества в хорошее. Дальше, как обычно, подсластить и профильтровать.

❧ *Дягильная гданьская водка* ❧

Взять 150 г корней дягиля, по 35 г мяты, кожуры лимона, аниса, 70 г тмина, по 15 г цветов корицы и гвоздики, 60 г померанцевой кожуры, по 35 г душистого перца, можжевеловых ягод, лавандовых цветов, шалфея, ландыша, фенхеля, винного камня. Все специи измельчить и истолочь, залить 10 л водки, настаивать 8 дней, перегнать, подсластить сиропом из 1,8 кг сахара и 4,2 л воды.

Примечание (медицинское). Дягиль, или ангелика — растение, полезное для желудка и легких. Способствует пищеварению, уменьшает вздутие живота, потогонное, отхаркивающее средство, делает дыхание ароматным. Водка и сахар усиливают действие корня.

❧ Дягильная бреславская водка ❧
(1 вариант)

Взять 200 г корней дягиля, по 50 г кожуры лимона и кубебы, по 200 г листьев мелиссы, розовых цветов, 75 г душистого перца, по 30 г кожуры померанца, кардамона, корня аира, цветов корицы, по 15 г мускатных орехов, лавандовых цветов, гвоздики, 6 г ванили.

Все искрошить, истолочь, залить ведром водки, настаивать две недели, перегнать и подсластить сиропом из 1,1 кг сахара и 2,5 л воды.

❧ Дягильная бреславская водка ❧
(2 вариант)

Взять по 50 г корней дягиля, кардамона и корицы, 200 г корня аира, 25 г кожуры лимона, настоять в 10 л простой водки, перегнать, подсластить.

❧ Ежевичная настойка ❧

Взять спиртованный сок ежевики (ежевики 2,3 кг) — 2 л, 1,4 л сахарного сиропа, 0,05 г ванилина, 3 г лимонной кислоты, воды. Ежевичный спиртованный сок с общим содержанием экстрактивных веществ не более 200 г подсластить 66%-ным сахарным сиропом, добавить ванилин, лимонную кислоту (из расчета 0,4 г на 100 мл настойки). Полученная настойка имеет темно-красный цвет, кисло-сладкий вкус, аромат ежевики, крепость не более 20%.

❧ «Ерофеич» водка (1 вариант) ❧

Взять 100 г калгана, по 30 г полыни, корня горицвета, ромашки, можжевеловых ягод, пионного корня, все искрошить, залить 12,3 водки, настоять и процедить.

❧ «Ерофеич» водка (2 вариант) ❧

Взять по 60,2 г золототысячника, донника, почечуйной травы, чабреца. Прибавить 102 г калгана, по 34,4 г шалфея, ченобыльника, укропа, аниса, зори, полыни, можжевеловых ягод, ромашки. Эту вытяжку смешать с 6,2 л водки. Настоять 10—12 суток в теплом месте и процедить.

❧ «Ерофеич» водка (3 вариант) ❧

Взять 100 г калгана, по 60 г донника, зверобоя, золототысячника, мяты, чабреца. Все искрошить, залить 12,3 л водки, настоять, процедить.

❧ «Ерофеич» водка (4 вариант) ❧

Взять 100 г калгана, по 30 г трилистника, шалфея, полыни, укропа, аниса. Все искрошить, залить 12,3 л водки, настоять, процедить.

❧ «Ерофеич» водка (5 вариант) ❧

Взять 400 г мяты, 400 г аниса, 200 г крупно толченых померанцевых орешков, положить в 6,2 л водки, дать настояться 2 недели в тепле, ежедневно взбалтывая, профильтровать через бумагу.

❧ «Ерофеич» водка (6 вариант) ❧

Взять по 34,4 г полыни, корня полевой зори, можжевеловых ягод, ромашки, александрийского листа и пионного корня. Затем добавить 205 г калгана и настаивать 10—12 суток в теплом месте. Потом процедить.

«Ерофеич» водка (7 вариант)

Взять по 410 г английской мяты, аниса, толченых померанцевых орешков, поставить все это в большой бутыли на 12 суток в теплое место, затем разлить в бутылки и закупорить. В оставшуюся гущу можно опять налить половинную порцию водки и настаивать один месяц в теплом месте, после чего разлить снова по бутылкам и закупорить.

«Ерофеич» водка (8 вариант)

Взять на каждую бутылку водки по 25,6 г перечной мяты, зеленых померанцев и анисовых зерен. Померанцы и мяту предварительно измельчить сечкой. Настоять 10—12 суток в теплом месте и процедить.

«Ерофеич» водка (9 вариант)

Взять по 34,5 г трилистника, чернобыльника, шалфея, укропа, аниса и зорного огородного семени, прибавить 102 г калгана. Смешать с водкой, подсластить сахарным сиропом, настоять 10—12 суток в теплом месте и процедить.

«Ерофеич» настойка

Приготовить спиртовой настой 11 видов ароматических трав и цветов (душица, зверобой, мелисса, тысячелистник, чебрец, полынь, шалфей, лист груши, лист яблони, лист земляники, цветы боярышника), кроме того, в состав настоя входят кардамон и анисовые семена. Настойка имеет слегка жгучий вкус и цельный аромат без выделения отдельных ингредиентов. Крепость настойки доводят до 40°.

«Запеканка» водка

Взять простую водку, настоять на лимонных корках, перегнать дважды, разбавив, налить 4,92 л в бутыль из

толстого стекла, взять 52 г корицы, 17,2 г бадьяна, 22 г кардамона, 21,5 г мускатного ореха или цвета. Все это растолочь, а орехи растереть на терке, и все это положить в бутыль с вином, обмазать бутыль ржаным тестом на 3 пальца и поставить в вольный дух в духовку на ночь, а утром вынимать бутыль и так повторять четыре раза. После чего вскрыть бутыль и подсластить содержимое: на 1,23 л — 410 г сахара. Затем придать ей нужный цвет. Если синий — настоять на васильках, зеленый — на немецкой мяте, красный — настоять на чернике, фиолетовый — настоять на подсолнечных семенах, коричневый — настоять на скорлупе грецкого ореха.

❧ «Запеканка» настойка ❧

Взять 1 л водки домашнего изготовления, 10 г имбиря, 10 г стручкового горького перца, 5 г гвоздики, 5 г корицы, 10 г лимонной цедры, 5 г мускатного ореха, 5 г кардамона.

Все компоненты смешать в кастрюле, накрыть крышкой, которую крепко привязать к ушкам кастрюли, обмазать пресным тестом, чтобы не проходил воздух, сверху положить какой-нибудь груз и поставить в духовку или в горячую печь на 12 часов.

После этого кастрюлю охладить, разлить запеканку в бутылки и укупорить пробками.

❧ «Зверобой» настойка ❧

Приготовить спиртовой настой сушеной травы зверобоя, душицы, донника. Довести крепость водки до 40°. Выдержать месяц.

Настойка имеет приятный вкус и аромат зверобоя. Цвет — светло-коричневый.

❧ Земляничная настойка ❧

Землянику (клубнику) перетереть с сахаром, добавить водки.

❧ Земляничная водка (1 вариант) ❧

Взять зрелую землянику, освободить от чашелистиков, всыпать в бутыль, залить спиртом, поставить на солнце. Через 3 дня спирт слить. На 1/8 ведра спирта взять 1,5 стакана воды и 300 г сахара.

Воду с сахаром вскипятить 3 раза, снимая накипь. В горячий сироп влить настоенный спирт, помешивая ложкой. Процедить сквозь фланель. Бутылки укупорить и поставить на 2—3 недели в теплое место.

Если водку необходимо осветлить, то использовать можно марганцовку: 3 г марганцовки распускается в небольшом количестве воды и вливается в 1/8 ведра водки при непрерывном помешивании. Водка осветлится в течение 2—3 дней. Потом ее осторожно слить.

❧ Земляничная водка (2 вариант) ❧

Взять 27,7 л водки, смешать со спиртовой вытяжкой из 6 кг 150 г земляники, 76,8 г винного камня, 1 лимона. Смесь подсластить сахарным сиропом.

❧ Зорная водка (1 вариант) ❧

Взять 1,5 кг свежей травы зори, залить ведром простой водки, настаивать неделю, перегнать. После этого еще настоять свежими листьями зори, получится водка зеленого цвета. Подсластить сахаром по 400 г на каждый литр водки.

❧ *Зорная водка (2 вариант)* ❧

Взять 1,5 кг свежей травы зори и залить ректифицированным спиртом, настаивать неделю, подсластить по вкусу.

Эта водка имеет приятный аромат и способствует улучшению пищеварения.

❧ *«Иголка» водка* ❧

Взять 1 л водки, 1 стакан сосновых шишек, 80 г карамели или сахара.

Залить водкой (40°) молодые сосновые шишечки, незрелые, мягкие, зеленого цвета и настоять 2 недели.

Настой слить, отжать. Подсластить сахаром или карамелью (жженым сахаром).

❧ *Ирная водка (1 вариант)* ❧

Взять 12,3 л водки, смешать с 615 г аирного корня и

0,5 горсти соли. Подсластить сиропом. Дать постоять и затем употреблять.

❧ *Ирная водка (2 вариант)* ❧

Взять 12,3 л водки, смешать с вытяжкой из 615 г аира, 25,8 г померанцевой корки, 12,9 г лимонной корки, имбиря, белой корицы, кардамона, соли — по 12,9 г; 6,45 г кишнеца. Смесь подсластить 1230 г сахарного сиропа.

✎ Кардамонная водка (1 вариант) ✎

Взять 25 г очищенного кардамона, 4 г гвоздики, 6 г корицы, 12 г лимонной корки. Все мелко истолочь и перегнать с 1 л алкализированного спирта и 1 л холодной воды. Подсластить сахарным сиропом из 150 г сахара и 800 г воды.

✎ Кардамонная водка (2 вариант) ✎

Взять 200 г кардамона, 400 г изюма, истолочь, залить 8 л водки, настоять шесть суток, перегнать на очень маленьком огне.

✎ Кардамонная водка (3 вариант) ✎

800 г кардамона истолочь как можно мельче, залить 4 л водки, настоять трое суток, добавить еще 4 л водки и перегнать.

✎ Кардамонная водка (4 вариант) ✎

Взять 100 г кардамона и гвоздики, 1,2 кг лимонной корки, 100 г корня фиалки, 35 г аниса, 2 кг сахара. Все смешать, залить ведром хлебной водки, настоять трое суток и перегнать.

✎ Кардамонная водка (5 вариант) ✎

Взять 12,3 л водки, смешать со спиртовой вытяжкой, в состав которой входят 103,2 г кардамона, 51,6 г лимонной корки, корицы и аниса — по 25,8 г, лавровых ягод, мускатных орешков, гвоздики, соли, винного камня — по 12,9 г, тмина — 6,4 г.

✎ Кардамонная водка (6 вариант) ✎

Взять 3 л спирта, 60 г кардамона, 600—800 г сахара и 3 стакана воды.

Сначала всыпать в спирт истолченный кардамон и поставить в теплое место на 2—3 недели. После спирт

процедить, добавить 3 стакана воды, 600—800 г сахара. Лучше предварительно из воды и сахара сварить сироп, дав кипеть ему 2 раза, каждый раз снимая накипь. В горячий сироп влить понемногу спирт, непрерывно помешивая. Процедить через фланель или воронку, на которую положить сначала вату, потом хорошо истолченных углей (но не гашеных водой), покрыть сверху фланелью. Процеживая таким образом, залить водку в бутыль по горлышко, закупорить ее как можно лучше и поставить в теплое место на несколько недель, чтобы водка настоялась. Затем водку слить, разлить в бутылки, графины.

✒ Кардамонная водка (7 вариант) ✒

Взять 12,3 л водки и смешать со спиртовой вытяжкой из 51,6 г кардамона, 38,7 г померанцевой корки, лимонной корки, померанцевых цветов, изюма — 25,8 г, солодкового корня, коричных цветов, мускатного цвета, фиалкового корня — по 12,9 г, 4,5 г можжевеловых ягод. Смесь подсластить сахарной эссенцией.

✒ Кардамонная водка (8 вариант) ✒

Взять 200 г кардамона, 100 г лимонной корки, по 50 г аниса и корицы, по 25 г лавровых ягод и мускатного ореха, гвоздики, тмина, винного камня. Все это истолочь, смешать с 10 л водки, настоять десять дней, перегнать и подсластить сиропом из 0,8 кг сахара и 2,5 л воды.

❧ Кардинальская водка ❦

Взять три плода померанца, мелко их изрезать, прибавить к ним 25,6 г свежей мелиссы и 4,3 г мускатного цвета и на все это налить 1,23 л спирта, дать смеси настояться в закрытом сосуде в течение двух недель. Потом слить, подсластить сахаром, с которым растерты 2−3 капли эфирного масла померанцевых цветов и, добавив полбутылки простой и стакан померанцевой воды, процедить и разлить в бутылки.

❧ Кориандровая водка ❦

Для этой водки употребляют семена кориандра только хорошего качества. Они должны быть бледно-желтого или рыжеватого цвета. Красные − лежалые, не годятся,

серые по цвету — нужно разжевать и по вкусу и крепости их аромата определить пригодность.

Для употребления в водку семена нужно истолочь, чтобы усилить аромат. Настояв их в водке, перегнать в кубе, не допуская попадания осадков. Для подслащивания сахар можно просто растворить в воде, или сварить сироп. Профильтровать.

На 3,2 л водки взять 70 г кориандра, для сиропа — 500 г сахара и 3 л воды. Если делать водку покрепче, то воды надо взять меньше.

❧ Кориандровая горькая настойка ❧

Взять 3—4 л водки, 15 г кориандра, 1 г аниса, 150 г сахарного сиропа 66%-ного. Плоды кориандра и аниса заливают водкой и настаивают. Настойка бесцветная, с пряным вкусом, сложным ароматом. Крепость 40%.

❧ Коричная водка (1 вариант) ❧

Взять 150 г корицы, залить стаканом спирта и 4 л белого вина, перегнать через куб, отделив самый крепкий винный спирт. Подсластить холодным раствором сахара в воде (без проваривания), профильтровать.

❧ Коричная водка (2 вариант) ❧

На ведро водки положить 85 г корицы, по 40 г гвоздики, имбиря, 16 г майорана, пучок розмарина, горсть шалфея, 4 корешка фиалки, настаивать трое суток, перегнать. Подкрасить кошенилью, подсластить, профильтровать.

❧ *Коричная водка (3 вариант)* ❧

На полведра розмаринной или простой водки добавить 400 г истолченной корицы, настаивать неделю в теплом месте. Перегнать в кубе. Сначала пойдет крепкий спирт без коричного запаха, затем все белесее и ароматнее. Гнать, пока водка будет иметь коричный запах. Сварить сироп на розовой воде, подсластить. Дать отстояться: эта водка чем дольше стоит, тем чище и лучше становится.

❧ *Коричная водка (4 вариант)* ❧

Взять 32 г корицы, истолочь очень мелко, положить в куб и залить 2 л водки и небольшим количеством воды, перегнать на умеренном огне до конца, чтобы вышел весь аромат. Подсластить сахаром, растворенным в холодной воде — 600 г на 2 л воды.

❧ *Коричная водка (5 вариант)* ❧

Взять 51,2 г цейлонской корицы, 4,3 г гвоздики, 74,8 горького миндаля, очищенного от шелухи, 12,8 г звездчатого аниса, 51,2 г свежей померанцевой корки, 148,6 г сухой черники. Все это залить 3,69 л чистого винного спирта. Дав постоять с неделю, слить и, прибавив 820 г толченого сахара, распущенного в 1,23 л воды, взболтать и процедить через фланель.

❧ *Коричная водка (6 вариант)* ❧

Взять 42 г корицы, по 20 г гвоздики, мускатных орехов и цветов, фиалкового корня, калгана и стираксы, залить ведром водки, всыпать 800 г толченого изюма, настаивать шесть суток, добавить 20 г фисташек и перегнать.

❧ *Коричная водка (7 вариант)* ❧

Взять по 50 г корицы и померанцевой корки, по 32 г мускатных орехов и цветов, гвоздики, имбиря и стираксы, 12 г корня аира, 100 г фисташек. Все специи истолочь, залить ведром простой водки, настаивать шесть суток. Перегнать, положив в куб ломоть хлеба, обмазанного медом, на очень маленьком огне.

Эта водка приправляется амбровой эссенцией.

❧ *Коричная водка (8 вариант)* ❧

Взять 200 г цветов корицы, по 25 г белой корицы и кориандра, по 12 г бадьяна, белого имбиря, фенхельных семян и соли, 6 г гвоздики, все истолочь, залить 7 л простой водки, настаивать восемь дней, перегнать и подсластить сиропом из 1,2 кг сахара и 4 л воды. Через несколько дней профильтровать.

❧ *Коричная белая водка (1 вариант)* ❧

Взять 400 г корицы, истолочь, залить 2,5 л простой водки, настоять несколько дней и перегнать. Подсластить сахарным сиропом, профильтровать.

❧ *Коричная белая водка (2 вариант)* ❧

Взять 410 г корицы, положить в бутыль, залить 6,25 л хорошего простого вина или розмаринной водки, дать постоять в теплом

месте неделю и перегнать. Сначала пойдет водка крепкая, а через час беловатее, душистее и слаще; перегонять
ее до тех пор, пока уже пойдет без вкуса и без духа; после
все смешать, подсластить сиропом и дать несколько дней
отстояться.

Эта водка чем дольше стоит, тем лучше, чище и
свежее.

✤ Кофейная водка ✤

Взять 1,5 кг сахара, растворить в воде и вскипятить,
снимая пену, всыпать в этот сироп 400 г поджаренного
молотого кофе, дать закиснуть. Перегнать, добавить еще
200 г кофе и дать постоять в плотно закупоренной посуде
несколько дней. Перегнать.

Так же делается водка из шоколада.

✤ Крыжовенная настойка (1 вариант) ✤

Взять 1 л водки, 1 л кипяченой воды, 1 кг крыжовни-
ка, сахар.

Крыжовник залить водкой и кипяченой водой. Держать, помешивая, на солнце 2 недели, пока крыжовник
не всплывет. Процедить, добавить сахар по вкусу. Опять
настаивать на солнце, далее — в холодильник на 10 суток.
Еще раз процедить, разлить в бутылки. Закупорить и
хранить в холоде.

Пить можно через 3 недели.

✤ Крыжовенная настойка (2 вариант) ✤

Засыпать в бутыль на 4/5 объема крыжовник и
залить водкой домашнего приготовления. Дать настояться 4 месяца. Затем нарезать ржаной хлеб, намазать его
густым сиропом, подсушить на решетке и положить в
бутыль, плотно закрыть. Дать еще постоять 4 месяца в
темном месте. Потом процедить и разлить по бутылкам.

✤ *Клюквенная настойка* ✤

Взять 0,5 л водки, стакан клюквы, сахар по вкусу. Раздавить клюкву, смешать с сахаром, залить водкой и держать неделю в закупоренной посуде. Затем отжать шкурки клюквы через марлю.

✤ *«Кусака» настойка* ✤

Взять крепкую водку домашнего приготовления, добавить имбирь, кардамон, много перца, чтобы лучше настоялась, поставить в хорошо нгаретую духовку.

✤ *Лавандовая водка* ✤

Взять 50 г лавандовых цветов, по 12 г корицы и гвоздики, истолочь, залить 5,5 л водки, настаивать 10 дней, медленно перегнать, положив в куб ломоть хлеба, намазанный медом.

✤ *Лавровая водка (1 вариант)* ✤

Взять 11,4 л передвоенного вина, 820 г мелко истолченных лавровых ягод, настоять 3 суток, перегнать обычным способом.

✤ *Лавровая водка (2 вариант)* ✤

Взять 400 г мелко истолченных лавровых ягод, залить 6 л водки, настоять трое суток и перегнать.

❧ Лавровая водка (3 вариант) ❧

Взять 400 г лавровых ягод, 100 г кудрявой мяты, 25 г вероники, 40 г мелиссы, по 12 г иссопа, полыни, шалфея и соли, все истолочь, залить 10 л простой водки, десять дней настаивать, перегнать и подсластить сиропом из 800 г сахара и 1,2 л воды, профильтровать.

❧ Лавровая водка (4 вариант) ❧

Взять 75 г лавровых листьев, по 25 г можжевеловых ягод, лимонной корки, мускатного ореха, аира и кардамона, по 12 г цветов гвоздики, кудрявой мяты, розмарина и кориандра.

Все специи измельчить и истолочь, залить ведром простой водки, настоять две недели, перегнать и подсластить сиропом из 800 г сахара и 3,5 л воды.

❧ Лимонная водка (1 вариант) ❧

Взять 1 бутылку водки и два лимона средней величины. Обмыть и обтереть плоды насухо. Срезать всю желтую кожицу (цедру) острым ножом, стараясь сделать это как можно тоньше, так как малейшее присутствие белой кожуры придает водке неприятный, горьковатый привкус. Настоять несколько дней в теплом месте, после чего водку профильтровать обычным способом.

В темной посуде не нуждается.

❧ Лимонная водка (2 вариант) ❧

Взять один лимон и кусок сахара, натереть кожуру лимона. Пожелтевший сахар соскрести на тарелку. Таким образом стереть с лимона всю кожуру. Желтый сахар положить в водку по вкусу.

❧ Лимонная водка (3 вариант) ❧

Взять 50 свежих лимонов, снять кожицу тонко, изрезать ее очень мелко, положить в 12,3 л водки очищенной, настоять в течение месяца. Потом прибавить сахара 4,1 кг, дать постоять недели две, процедить.

❧ Лимонная водка (4 вариант) ❧

Взять 12,3 л водки, 410 г сцеженного настоя лимонной корки, 410 г настоя фиалковаго корня. Смешать все это. Потом водку сцедить, а осадок вновь долить водкой и продолжать до тех пор, пока водка уже более не получает запаха и вкуса.

❧ Лимонная водка (5 вариант) ❧

Взять 800 г сухой лимонной корки, 20 г винного камня, 12 л простой водки, настаивать десять дней. Подсластить, используя на каждый литр водки стакан сахара, профильтровать.

❧ Лимонная водка (6 вариант) ❧

Взять 400 г сухой лимонной корки, 400 г фиалки, 12 л простой водки. Настаивать пять-шесть дней, потом медленно перегнать через куб, пока получится 6 л хорошей водки, которую по желанию можно подсластить сиропом.

❧ Лимонная водка (7 вариант) ❧

Взять 400 г лимонной корки, 100 г померанцевой корки, 25 г корня аира, по 12 г соли и фенхельных семян, по 6 г белого имбиря, белой корицы и аниса. Все искрошить и истолочь, залить 4 л простой водки, закупорить бутыль и настоять две-три недели. Перегнать и подсластить сиропом, сваренным из 400 г сахара и 1,5 л воды, дать немного постоять и профильтровать.

❧ Лимонная бреславская водка ❧

Взять 100 г лимонной корки, 20 г померанцевой корки, по 12 г свежих померанцевых цветов, фенхеля и тмина, по 8 г гвоздики, корицы, аниса, бадьяна, фиалкового корня и винного камня.

Все вместе искрошить и истолочь, залить в бутыли 3,5 л водки, настоять 6—8 дней, перегнать и подсластить сиропом из 400 г сахара и 1,2 л воды.

❧ Лондонская горькая водка ❧

Взять 600 г энцианного корня, по 100 г трифоли и золототысячника, 50 г мелких незрелых мандаринов.

Все крупно порезать, настоять в 5 л водки и перегнать.

Это очень хорошая водка. Подкрасить можно кошенилью.

❧ Малиновая водка (1 вариант) ❧

Взять 400 г свежей малины, высыпать в 12,3 л водки, настаивать двое суток, перегнать и подсластить.

❧ Малиновая водка (2 вариант) ❧

Взять 800 г свежей малины и 35 г искрошенного фиалкового корня, залить 12,3 л воды, настаивать неделю, перегнать и подсластить.

❧ Малиновая водка (3 вариант) ❧

Взять 800 г сухой малины и 200 г корня фиалки на 12 л водки, настаивать 2—3 дня, перегнать и подсластить.

❧ Малиновая водка (4 вариант) ❧

Взять зрелую перебранную малину, всыпать ее в бутыль, залить хорошо очищенным спиртом так, чтобы едва покрывало ягоды, поставить на солнце. Через 2—3 суток спирт слить.

На 4,1 л спирта взять три стакана воды и 600 г сахара. Воду с сахаром вскипятить три раза, снимая каждый раз накипь, и в горячий сироп (только чтоб палец терпел) влить настоенный на малине спирт понемногу, мешая ложкой. Процедить сквозь фланель, на которую положить сперва ваты, потом углей, потом еще слой фланели. Тщательно укупорить бутылки с водкой и поставить в теплое место, чтобы она устоялась в течение нескольких недель.

Если надо осветлить (сделать прозрачной) водку в короткое время, то на четверть ведра водки (4,1 л): 10—15 г марганцовки распустить в небольшом количестве воды и влить в водку, быстро помешивая. Водка осветлится в течение 2—3 дней, останется ее осторожно слить и процедить.

❧ «Малороссийская запсканка» ❧
(1 вариант)

Взять 5 л водки, передвоенной с лимонной коркой (См. «Водка из лимонной корки»), 50 г корицы, по 20 г кардамона и бадьяна, 4 г мускатных орешков и 2 г мускатных цветов.

Специи истолочь, залить лимонной водкой, закупорить хорошо бутыль, обмазать ржаным тестом и поставить в печь умеренной температуры на четыре ночи. Утром вынимать и взбалтывать. Затем водку слить и подсластить сахаром по 400 г на каждые 1,2 л водки, профильтровать.

«Малороссийская запеканка» (2 вариант)

Взять 6 л анисовой водки (см. «Водка анисовая»), по 6 г корицы, померанцевой корки, имбиря, бадьяна, аниса, кориандра, мастики*, фиалкового корня, 10 г гвоздики, по 2 г перца и ладана, по 6 г шалфея, розмарина, мускатных цветов, по 2 г тмина, дикого перца, горчицы, семян укропа, по 6 зерен разных хлебных злаков.

Все специи истолочь, положить в анисовую водку в бутыль, которую плотно закупорить и обмазать тестом, как в предыдущем рецепте. Бутыль ставить на день в печь после выпечки хлеба в течение 12 суток. Затем водку слить.

Малосольная водка

В гряду, где растут огурцы, положить бутылку или банку, чтобы внутри той посудины дальше рос огурец. Для этого завязь надо осторожно пропихнуть в горлышко бутылки или банки. Когда огурец вырастет, отщипнуть его от стебля и залить хорошим крепким самогоном. Вкус водки — вкус малосольного огурца.

Мандариновая водка

Взять 1 бутылку водки, 2 мандарина средней величины. Помыть и обтереть плод, срезать только оранжевую кожицу, исключая совершенно присутствие белой кожицы. Настаивать в теплом месте, потом профильтровать обычным способом.

Мандариновая настойка

Взять 0,75 л водки, 6 столовых ложек сушеной мандариновой кожуры. Высушить кожуру свежих мандаринов, размельчить, залить высококачественной водкой

---

* Мастика — орех, плод мастикового дерева из рода фисташка.

и настаивать в течение недели. Охладить перед употреблением.

❧ Мастичная водка (фисташковая) ❧

Взять 75 г мастики в зернах, по 12 г калгана, корня полыни, кардамона и корицы, по 6 г гвоздики, алоэ, ромашки. Все специи измельчить и истолочь, смешать с 2 л водки, перегнать и подсластить.

❧ Водка мелиссная (1 вариант) ❧

Взять четыре горсти травы мелиссы и горсть соли, залить ведром водки, настаивать двое суток, перегнать, но не подслащивать.

❧ Водка мелиссная (2 вариант) ❧

Взять 200 г сухой травы мелиссы, по 50 г белой корицы, кудрявой мяты и соли, по 25 г тысячелистника, белого имбиря и полыни, 12 г лавровых листьев, все измельчить, залить ведром хлебной водки, настаивать десять дней, перегнать, подсластить сиропом из 2,5 кг сахара и 4 л воды.

Через несколько дней профильтровать.

❧ Мелиссная бреславская водка ❧

Взять 150 г сухой травы мелиссы, по 100 г корня аира и кудрявой мяты, по 50 г фенхеля, кардамона, аниса, руты, по 25 г корней дягиля, майорана, иссопа, кориандра, винного камня, 12 г цветов корицы, все раздробить, истолочь, залить ведром водки, настоять неделю, перегнать и подсластить сиропом из 1,2 кг сахара и 5 л воды.

❧ Миндальная водка (1 вариант) ❧

Взять 200 г миндаля, 100 г абрикосовых ядер, по 4 г корицы и кориандра, 800 г сахара.

Все искрошить и истолочь, залить 4 л водки, закупорить и настаивать неделю. Затем добавить 0,6 л кипяченой воды, процедить через толстую ткань, разлить по бутылкам и закупорить.

❧ Миндальная водка (2 вариант) ❧

Водку миндальную можно получить при добавлении миндального масла в водку, подкрашенную какой-либо тинктурой с сиропом.

❧ Миндальная водка (3 вариат) ❧

Взять 205 г миндаля, 102 г абрикосовых ядер, по 4,3 г кишнеца и корицы, 1,64 кг сахара. Все это истолочь и искрошить, выложить в бутыль, залить 5 бутылками очищенной водки и настаивать недели три. Потом процедить и разлить в бутылки.

❧ Миндальная водка (4 вариант) ❧

Взять самые молодые побеги рябинового дерева, очистить их от кожицы и белые стебельки как можно мельче нарезать кусочками. Эти кусочки залить самым простым вином, желательно белым крепким, в соотношении объемов 1: 4 (1 часть побегов и 4 вина) и перегнать через дистилляционный аппарат. Если миндальный запах вам покажется слабым, положите еще побегов по своему вкусу и снова перегоните.

❧ Миндальная водка (5 вариант) ❧

Взять молодых побегов рябинового дерева, очистить их от кожицы; белые стебельки нарезать кусочками, наполнить ими четвертую долю куба и налить на них спирт крепостью не выше 20%, который и перегнать. Если миндальный запах слабый, можно положить стебельков побольше.

❧ Миндальная горькая настойка ❧

Взять 4—5 л водки, 1,25 г горького миндального масла, 500 г 66%-го сахарного сиропа. Перемешать компоненты. Настойка бесцветная, со жгучим вкусом и ароматом миндаля, крепость 35%.

☙ Можжевеловая водка (1 вариант) ☙

Взять 600 г можжевеловых ягод, истолочь их как можно мельче и залить в бутыль с 6 л водки. Настоять несколько дней, перегнать на очень маленьком огне. Первые 2,5 л водки будут самыми хорошими.

☙ Можжевеловая водка (2 вариант) ☙

Взять 200 г можжевеловых ягод, истолочь, положить в куб и залить водой, чтобы все ягоды были покрыты, добавить 2 л водки и гнать на очень маленьком огне, так как можжевеловые ягоды очень быстро вспениваются.

Подсластить сахаром, растворенным в холодной воде: 600 г на 2 л воды.

❧ *Можжевеловая водка (3 вариант)* ☙

Взять 800 г можжевеловых ягод, 100 г фиалкового корня, по 50 г белого имбиря и белой корицы, 25 г соли. Истолочь специи очень мелко, залить 10 л простой водки, настаивать две недели, затем перегнать, подсластить и профильтровать.

❧ *Можжевеловая водка (4 вариант)* ☙

Взять 150 г можжевеловых ягод, по 100 г мяты, лимонной и померанцевой кожуры, по 75 г ландыша, корней дягиля, тмина, ягод красного шиповника, аниса, калгана и соли, по 25 г шалфея, белого имбиря, корицы и аира.

Все специи искрошить и истолочь, затем залить 12,3 л водки и настаивать две недели, перегнать, подсластить и профильтровать.

❧ *Можжевеловая водка (5 вариант)* ☙

Взять 100 г можжевеловых ягод, по 50 г горького миндаля, кардамона, лавровых ягод, винного камня, по 35 г корня фиалки, розмарина, ягод шиповника, по 12 г мирры, тмина и кориандра.

Специи искрошить как можно мельче, залить 10 л простой водки, настаивать неделю, перегнать, подсластить и профильтровать.

Сироп для можжевеловых водок варить из 1,2 кг сахара и 5 л воды.

❧ *Можжевеловая водка (6 вариант)* ☙

Взять 12,3 л водки. Распустить в спирте 1,6 л можжевеловых ягод. Раствор сока смешать с водкой.

❧ «Мокруха» водка ❧

Взять 1 л водки, настоять на корках двух апельсинов и нескольких штуках гвоздики. Пусть постоит две недели в тени. Добавить стакан вишневого сока. Профильтровать. В запечатанных бутылках хранить полгода.

❧ Московская водка ❧

Взять 40 г имбиря, 40 г калгана, 40 г шалфея, 40 г мяты, 40 г аниса, залить 1 л спирта и настоять в течение 18 дней. Затем добавить в настой 1,5 л холодной сырой воды (лучше ключевой) и все вместе перегнать через дистилляционный аппарат. Если вы вместо спирта использовали водку, то можно ее не разбавлять водой или разбавить совсем немного.

❧ Московская настойка (1 вариант) ❧

На 0,5 л водки – 20 г смеси из равных весовых частей шалфея, перечной мяты, калгана и имбиря. Настаивать 1 месяц, затем процедить и разлить в бутылки.

❧ Московская настойка (2 вариант) ❧

На 1,5 л водки – 400 г смеси из равных количеств перечной мяты, калгана и имбиря. Настаивать 3–6 недель.

❧ Мятная водка (1 вариант) ❧

Взять 800 г мяты, горсть соли и 1,2 кг меда, залить 12,3 л водки, настоять 2–3 дня и перегнать.

❧ Мятная водка (2 вариант) ❧

Взять 200 г мяты, по 25 г полыни и шалфея, 16 г розмарина, по 12 г гвоздики и кардамона, засыпать в куб, залить 12,3 л простой хлебной водки, замазать и настаивать трое суток, затем перегнать и подсластить.

❧ Мятная водка (3 вариант) ❧

Взять 200 г мяты, по 25 г полыни, шалфея, аниса, 12 г розмарина, по 10 г гвоздики, корицы, кардамона. Специи истолочь, залить 12,3 л простой хлебной водки, настаивать 3—4 дня. Профильтровать.

❧ Мятная водка (4 вариант) ❧

Взять самого хорошего простого вина 24,6 л, 410 г мяты, 51,6 г полыни, 51,6 г аниса, 34,4 г розмарина, 21,5 г корицы, 21,5 г кардамона, 51,6 г шалфея. Все это положить в бутыль и, замазав, поставить на трое суток в теплое место. Потом процедить.

❧ Мятная бесцветная водка ❧

Если хотят приготовить бесцветную мятную водку, то к обычной водке надо добавить несколько капель мятного масла, не настаивая водку на листьях мяты.

❧ Мятная водка ❧ из кудрявой мяты (1 вариант)

Взять свежей или сухой кудрявой мяты полных четыре горсти, 3 л хорошей хлебной водки и перегнать. Подсластить сиропом, сваренным из 200 г сахара и 800 г воды. Взболтать, профильтровать. Если нужно, придать водке зеленый цвет, до подслаживания настоять с горстью листа черной смородины.

❧ Мятная водка ❧ из кудрявой мяты (2 вариант)

Взять 150 г кудрявой мяты, по 40 г душистого перца, кожуры лимона, корня полыни, по 20 г корней дягиля, соли, по 12 г сандала и ромашки. Эти специи залить 30 л водки, настаивать десять дней, затем перегнать. Подсластить сиропом, сваренным из 1,2 кг сахара и 5 л воды.

✤ *Мятная гданьская водка* ✤
из кудрявой мяты

Взять 800 г кудрявой мяты, 100 г сухого хрена, 50 г гвоздики, по 25 г корицы, полыни, лимонной корки, корки померанца, соли. Специи измельчить, залить 20 л водки, настаивать 6—8 дней, перегнать и подсластить сиропом из 2 кг сахара и 2 л воды.

✤ *Мятная настойка* ✤

В сухую погоду сорвать листья мяты, вымыть и обсушить их. Затем набить ими хорошо вымытые темные бутылки, залить водкой, плотно закупорить и поставить на сутки в теплой комнате. Затем отфильтровать настой, как описывалось выше.

❧ Мятная настойка с анисом и орешками ❧

Взять 2 л водки, 40 г мяты, 40 г аниса, 40 г крупно истолченных орешков. Компоненты настаивать 12 суток в теплом месте, залив высококачественной водкой. Затем процедить и употреблять.

❧ Мускатная водка (1 вариант) ❧

Получается из простой водки и качественных мускатных орехов. Пропорция следующая: 17 г орехов и 2 л водки.

❧ Мускатная водка (2 вариант) ❧

Взять 100 г мускатных орехов, по 50 г мускатных цветов, горького миндаля, кожуры померанца, кубебы, по 30 г гвоздики, корицы, корня фиалки, по 16 г кожуры лимона, цветов гвоздики, ядер кедровых орехов, кардамона без скорлупы, по 8 г кориандра, белого имбиря и винного камня.

Все измельчить, истолочь, залить 8 л водки, настаивать десять дней, перегнать и подсластить сахаром, растворенным в холодной воде. 800 г сахара на 3 л воды. Через несколько дней профильтровать.

❧ Мускатная водка (из мускатных цветов) ❧

Для получения этой водки мускатные цветы должны быть хорошего качества — тяжеловесные, блестящие и темно-рыжего цвета. Не имеющие этих качеств цветы могут испортить водку.

Взять 17 г цветов, мелко истолочь, залить 2 л водки и стаканом воды, перегнать, подсластить 600 г сахара, растворенного в 2 л холодной воды, перемешать и профильтровать.

❧ Огуречная водка ❧

Приготавливается водка огуречная как и малосольная. Завязь огурца пропихнуть в чистую бутылку, а когда огурец вырастет отщипнуть его. Залить его следует магазинной водкой. Водка будет с привкусом свежего огурца.

❧ Ореховая водка ❧

Взять 12,3 л водки. Приготовить спиртовую настойку из 820 г зеленых, только что сорванных орехов, 102 г лимонов, изрезанных кружками, и 17,2 г квасцов смешать с водкой и, отстояв, налить в нее сахарного сиропа.

❧ Осенняя настойка ❧

Взять 500 г рябины, 1 кг ароматных спелых яблок (ранет), 300 г сахара, 1,5 л водки.

Рябину (собранную после заморозков) тщатель-

но вымыть, откинуть на дуршлаг, дать стечь воде и отделить ягоды от стебельков. Яблоки вымыть, обсушить, удалить сердцевину и нарезать кольцами. Заложить яблоки и рябину слоями в подходящий сосуд, каждый слой пересыпать сахаром. Залить водкой так, чтобы фрукты были покрыты полностью. Накрыть марлей и оставить стоять при комнатной температуре на 2—3 месяца до обесцвечивания ягод. Настойку профильтровать, разлить по бутылкам и хранить в темном и прохладном месте.

❧ Осиновая настойка ❧

Взять 1 л водки, 300 г осиновых почек, 1 столовую ложку меда. Почки положить в бутыль и залить водкой. Через неделю настойка будет готова.

Добавить мед при употреблении.

❧ «Отличная» настойка ❧

Взять по 205 г цветов душицы, зверобоя, английской мяты, зорного корня и померанцевых корок, по 102 г укропного семени, кишнеца, аниса и можжевеловых ягод и 51,2 г трифоли. Настоять все это в 12,3 л хорошей очищенной водки и процедить.

❧ «Охотничья» настойка ❧

На 1 л крепкой водки взять 30—40 г можжевеловых ягод, 2 г черного молотого перца, 50 г укропных семян, 10—12 г поваренной соли, 40 г хрена и настаивать в течение 2 недель в теплом месте, периодически встряхивая содержимое. Затем процедить и отфильтровать.

❧ «Паленка» водка ❧

Взять горшок, наполнить ягодами (малина, вишня), залить водкой. Завязать толстой бумагой, проткнуть ее в трех местах, края замазать тестом. Два дня ставить в затопленную печь. Слить, процедить. Добавить сахар (на 1 кг ягод — 0,5 кг сахара), закипятить. Разлить по бутылкам, закупорить.

❧ Пенная водка ❧

Взять 1 л водки, настоять две недели на пригоршне ягод можжевельника, далее 5 дней — на корках двух лимонов. Ложку толченого имбиря перемешать с сахаром, развести в настоенной водке. Две недели подержать на солнце. Процедить, разлить, хранить в холоде. Пить через полгода.

❧ Пенная водка из рябины ❧

Взять 10—12 л свежего хлебного кваса, 50—70 г дрожжей, 1 кг рябины.

Взять зрелую рябину, собранную до морозов, и раздавить деревянным пестиком в ступке. Переложить в бутыль, залить свежим хлебным квасом и добавить дрожжи. Оставить квас бродить в комнате при температуре около 16°C.

Когда брожение почти закончится (прекратится активное выделение газа), всю массу вместе с рябиной, перемешивая, перелить в колбу дистилляционой установки и перегнать несколько раз, добиваясь такого состояния напитка, чтобы он не имел посторонних неприятных запахов.

❧ Персиковая водка (1 вариант) ❧

Взять 1 л алкализированного спирта, добавить 4—5 горстей свежих персиковых листьев, 3 стакана холодной воды и перегнать в маленьком кубе, не допуская попадания белесой водки.

Затем взять по 400 г вылущеных ядер дикого персика и горького миндаля, истолочь и растереть с 0,7 л свежего цельного молока, отжать через льняное полотенце, отжатое смешать с выгнанной водкой, добавить 200 г сахара. Дать постоять несколько дней, пока осядет и осветлится, затем профильтровать.

Вместо миндаля и персиковых ядер можно брать ядра сливовых косточек. Водка от них даже вкуснее.

❧ *Персиковая водка (2 вариант)* ❧

Взять 12,3 л хорошей очищенной водки, положить 2050 г персиковых листьев, настоять в теплом месте недели 2—3 и перегнать, наблюдая, чтобы не попала муть. Потом, вылущив ядер дикого персика и горького миндаля по 410 г, истолочь с молоком, и продавить сквозь сито. Это настаивать две недели с перегнанной водкой и, наконец, пропустить сквозь цедильную бумагу.

❧ *Персиковая водка (3 вариант)* ❧

Взять 25 г вишневых, персиковых и сливовых ядер, 12 г тмина, все крупно истолочь, смешать с 2 л водки, перегнать, подсластить и подкрасить в синий цвет лакмусом.

❧ *Персиковая водка (4 вариант)* ❧

Взять по 820 г персиковых ядер и ядер горького миндаля, истолочь их и налить 6,2 л очищенной водки с прибавкой 8,6 г корицы. Настоять это недели две, потом прибавить 2640 г сахара и 350 г воды померанцевых цветов и все процедить.

К миндальным и персиковым ядрам можно прибавлять и вишневые косточки.

❧ *Персиковая водка (5 вариант)* ❧

Взять 800 г персиковых ядер или горького миндаля, мелко истолочь, положить в глиняный горшок, залить водой так, чтобы получилась густота киселя, горшок закрыть и замазать тестом, поставить в печь или другое теплое место на 1—2 суток. Выложить в куб, налить 6 л водки, добавить 100 г изюма, перегнать и подсластить.

❧ Персиковая водка (6 вариант) ❧

Взять и истолочь 800 г ядер дикого персика, всыпать в 12 л водки и настаивать неделю в теплом месте, перегнать, в полученную водку положить по две горсти листьев березы, черемухи, черной смородины, мяты. Настаивать один день, процедить и подсластить.

❧ Персиковая водка (7 вариант) ❧

Взять 7,38 л водки. Приготовить спиртовую вытяжку из 410 г сливовых ядер, 410 г вишневых ядер, 102 г бескосточкового изюма, 4,3 г корицы, 4,3 г лимонной корки, 4,3 г померанцевой корки. Смешать спиртовую вытяжку с водкой и подкрасить сахарным сиропом в бледно-алый цвет.

❧ Персиковая водка (8 вариант) ❧

Взять 800 г персиковых ядер и 400 г горького миндаля, растолочь, залить 12,3 л водки, настаивать трое суток, перегнать на слабом огне.

❧ Персиковая водка (9 вариант) ❧

Взять по 400 г ядер сливовых, персиковых и вишневых косточек, 200 г ядер французских слив, 100 г изюма, по 4 г померанцевой корки, лимонной корки и корицы. Все истолочь, залить 7 л водки, настоять 10—12 дней, перегнать и подсластить. Сироп сделать из 400 г сахара и 1,8 л воды.

❧ Персиковая водка (10 вариант) ❧

Взять 2,46 л водки, соединить со спиртовой вытяжкой из 12,9 г калгана, 12,9 г померанцевой корки, 12,9 г тмина, 6,45 г кремортартара, 6,45 г кардамонных семян и, подсластив 205 г сахара, подкрасить синей окраской из индиго.

❧ Персиковая водка (11 вариант) ❧

Взять по 200 г сливовых и вишневых косточек, по 50 г померанцевой корки, тмина и калгана, 25 ядер кардамона, винного камня. Все истолочь, залить 12,3 л водки, настаивать два дня, перегнать и подсластить сиропом из 800 г сахара и 7 л воды. Подкрасить в синий цвет.

❧ Персиковая водка (12 вариант) ❧

Взять 12,3 л вина, положить 820 г толченых персиков, поставить на печь на трое суток, а потом передвоить. После того нарвать две пригоршни березового листа, черной смородины и черемухи и одну горсть мяты; все положить в водку на один день, а потом слить и, подсластив, употреблять.

❧ Персиковая водка (13 вариант) ❧

Взять 820 г персиковых ядер или горького миндаля, истолочь, положить в глиняный горшок, залить водою, чтобы было не очень густо, накрыв крышкой, замазать тестом, поставить в печь в средний жар и дать стоять двое суток; потом, выложив из него ядра, в куб налить 6,1 л водки, добавить 102 г изюма и подсластить 820 г сахара.

❧ Перцовая водка ❧

Взять 0,7 л водки и 25,6 г черного перца в зернах. Смесь настаивать 2 недели, потом употреблять.

❧ Перцовая настойка (1 вариант) ❧

На 1 л очищенной водки взять 20 г черного перца, добавить 3—5 г душистого перца, 2—3 капли кардамонового масла и настаивать в течение 2 недель, а затем процедить и отфильтровать.

❧ Перцовая настойка (2 вариант) ❧

Взять 2 л водки, 70 г перца, 200—300 г сахара, 3—4 стакана воды. Всыпать перец в водку, поставить на 2 недели в теплое место, процедить, развести слабым сиропом, влить в бутыль ниже горлышка, закупорить, поставить на несколько недель в теплое место. Затем осторожно процедить, разлить по бутылкам.

❧ Перцовая настойка (3 вариант) ❧

Взять 600 г спирта, 125—325 г сахара, 0,5 г перцовой эссенции, 450—600 г воды.

Смешать спирт с водой и сиропом из 125—325 г сахара (на свой вкус). Затем перцовую эссенцию развести спиртом и добавить в водку, хорошо взболтать и процедить.

❧ Полынная водка (1 вариант) ❧

Взять 200 г полыни, 400 г аниса, залить 5 л простой водки, настаивать две недели, перегнать как обычно.

❧ Полынная водка (2 вариант) ❧

Взять 12,3 л водки и спиртовой вытяжки из 820 г аниса и 410 г полыни. Смешать.

❧ Полынная водка (3 вариант) ❧

Взять 200 г полынных верхушек, 75 г корней кардобенедиктина, по 50 г шалфея, кудрявой мяты, корня девясила, соли, по 25 г имбиря, корицы, майорана, тмина, ромашки.

Все специи истолочь как можно мельче, залить 18 л простой водки, настаивать восемь дней в теплом месте, перегнать. Подсластить сиропом, сваренным из 1,5 кг сахара и 5 л воды. Дать водке некоторое время настояться, затем профильтровать.

✒ Полынная водка (4 вариант) ✒

Взять 12,3 л водки, спиртовой вытяжки из 205 г полыни, 28,5 г девясильного корня, 12,9 г кудрявой мяты, шалфея, соли, ромашки по 25,8 г, тмина, майорана, корицы по 12,9 г, имбиря — 21,5 г.

Смешать с водкой. Развести 2100 г сахарного сиропа.

✒ Полынная водка (5 вариант) ✒

Взять верхушек полыни 1640 г, дягильного и фиалкового корня и листьев душицы по 51,2 г, 4,3 г масла анисового и 26,4 г бадьяновых семян, и все это настаивать четыре недели в 12,3 л очищенной водки. Потом перегнать так, чтобы вышло 8 л водки и прибавить 1230 г сахара, растворенного 0,7 л водки. Водку эту

подцвечивают листьями зори или черной смородины в зеленый цвет.

❧ Полынная водка (6 вариант) ❧

Взять 12,3 л водки, перегнать в 410 г истолченных верхушек полынной травы, подсластить и подцветить.

❧ Полынная двойная водка (1 вариант) ❧

Взять 250 г полынных верхушек, 800 г травы золотысячника, по 100 г померанцевой корки и шалфея, по 150 г лимонной корки и кудрявой мяты, 80 г корня девясила, 50 г аира, по 25 г ромашки и тмина.

Все специи искрошить и залить 12 л простой водки, настаивать две недели, перегнать, подсластить. Для сиропа взять 800 г сахара и 4 л воды.

❧ Полынная двойная водка (2 вариант) ❧

Взять 300 г полынных верхушек, залить 12 л простой водки, положить горсть соли и настаивать неделю. После этого добавить 1,2 кг меда и перегнать.

❧ Полынная двойная водка (3 вариант) ❧

Взять 200 г полынных верхушек на ведро простой водки, перегнать и подцветить сандалом, чтобы водка была желтоватая.

❧ Полынная двойная водка (4 вариант) ❧

В степных районах, где много полыни, можно набрать много семян, истолочь, добавить солода и сделать затор, как обычно, для получения браги, выгнать раку, а потом передвоить в водку.

❧ Полынная настойка ❧

Наполнить бутылку на 0,25 емкости свежей зеленью полыни, залить водкой и настаивать 2—3 недели. Если настойка готовится из сушеной травы, ее берут по 100 г на 1,5 л. Для аромата можно добавить лимонную цедру.

❧ Померанцевая водка (1 вариант) ❧

Взять качественные померанцы, обрезать с них кожуру, не задевая мякоти, положить в куб с водою и водкой, гнать на сильном огне, не допуская выхода осадков. Перегнав, смешать с сахаром, растворенным в холодной воде, профильтровать.

Для получения простой померанцевой водки: цедра с 6 померанцев, 4 л водки, 0,4 л воды, 2 кг сахара на 2 л воды.

Для получения лучшей померанцевой водки: цедра с 8 померанцев, 2,5 л водки, 0,4 л воды, 1,5 кг сахара на 2,5 л воды.

❧ Померанцевая водка (2 вариант) ❧

Взять 800 г кожуры померанца, залить 12,3 л водки, настаивать три-четыре дня, перегнать.

Померанцевая водка (3 вариант)

Взять по 1 л алкализированного спирта и холодной воды, добавить корку с двух белых несладких хлебов, положить в куб и перегнать, чтобы в водку не попал осадок. Затем истолочь 600 г рафинированного сахара и растворить, не нагревая, в 1 л померанцевой воды, влить сюда же передвоенную водку, хорошо размешать и профильтровать.

Померанцевая водка (4 вариант)

Взять корки с четырех померанцев и, залив их 4 бутылками водки, настаивать неделю и потом, перегнав, прибавить 820 г сахара и процедить.

Померанцевая водка (5 вариант)

Взять 100 г померанцевой корки, 70 г неспелых померанцев, 50 г лимонной корки, по 35 г фиалкового корня и белого имбиря, по 25 г мяты и соли, по 12 г белой корицы, розмарина и аптечной ромашки. Все искрошить, истолочь, залить 12,3 л простой водки, настоять десять дней, перегнать и подсластить сиропом из 1 кг сахара и 4,5 л воды. Через несколько дней профильтровать.

Померанцевая водка (6 вариант)

Взять 400 г померанцевой корки, по 40 г стираксы, мускатного цвета, гвоздики и кардамона, все истолочь, добавить 800 г изюма, залить 12,3 л водки, настаивать шесть суток, перегнать и подсластить сиропом из 400 г воды на каждые 1,2 л полученной после перегонки водки.

Померанцевая водка (7 вариант)

Взять 12,3 л водки, положить сухой померанцевой корки 205 г и настаивать две недели, а потом подсластить 2460 г сахара и процедить сквозь фланель.

❧ Померанцевая водка (8 вариант) ❧

Взять кубик на 12,3 л и положить туда 410 г померанцевой корки, 43 г бадьяна, 43 г гвоздики, 43 г кардамона, 43 г корицы и 43 г укропных семян и, залив хлебным очищенным вином, настаивать неделю, а потом перегнать и, подсластив, процедить.

❧ Померанцевая водка (9 вариант) ❧

Взять 1640 г померанцевой корки, замочить на трое суток в 6,15 л хорошего вина, перегонять, чтобы вышло водки семь бутылок, подсластить по вкусу.

❧ Померанцевая водка (10 вариант) ❧

Взять 12,3 л вина, 410 г померанцевой корки, настоять трое суток, а между тем в небольшой склянке настоять 21,5 г мелко истолченной гвоздики, смешать все вместе, перегнать, подсластить патокою и процедить.

❧ Померанцевая водка (11 вариант) ❧

Взять 12,3 л передвоенного вина, наполнить им куб. Положить померанцевой корки 410 г, бадьяна 205 г, мускатных орешков, мускатного цвета, стираксы, мастики, кардамона, корицы и гвоздики по 860 г. Смесь залить передвоенным вином, ставить неделю в вольный дух, а потом перегнать.

❧ Померанцевая бреславская водка ❧

Взять 4,92 л водки, спиртовой вытяжки из 205 г померанцевой корки, 77,4 г соленых розовых цветов, 77,4 г, лимонной корки и гвоздики, мускатного цвета, кишнеца, фенхеля, бадьяна — по 1230 г. Подсластить сахарным сиропом.

❧ Померанцевая бреславская белая водка ❧

На 3,69 л водки: спиртовой вытяжки из 103,2 г померанцевой корки, 38,7 г винных ягод, по 25,8 г аниса,

девясильного корня, корицы, по 12,9 г фенхельных семян, гвоздичных цветов, кишнеца и кремортартара. Смешать и подсластить сахарным сиропом.

✌ *Померанцевая бреславская красная водка* ✌

Эта водка готовится так же, как белая, только подкрашивается красным подкрасом.

✌ *Померанцевая горькая настойка* ✌

Взять 1 л водки, сушеной померанцевой корки 2,4 г. Залить корку водкой крепостью не более 40%. Настойка имеет жгучий аромат померанца.

✌ *Померанцевая польская водка* ✌

Взять 7,38 л водки, спиртовой вытяжки из 51,6 г неспелых померанцев, 154,8 г померанцевой корки,

51,6 г шалфея, по 38,7 г горького миндаля, померанцев, сельдерейных семян, по 25,8 г кардобенедикта, кардамона, травы цитварного корня, лавандовых цветов, по 12,9 г сандала, цветов розмарина, мускатного цвета, рапсовых зерен. Компоненты смешать и употреблять.

❧ Поплективная водка (1 вариант) ❧

Взять 25 г кардамона, по 20 г гвоздики, корицы, 30 г мастики, по 25 г калгана и жгучего перца, 50 г имбиря, 42 г пионного корня, 16 г кубебы, по 20 г мускатных орехов и померанцевой корки, по 30 г цветов лаванды и лимонной корки, по 100 г аниса и тмина, по 40 г черной и белой горчицы, по 120 г черной и белой буквицы.

Все измельчить, залить водкой, перегнать на водяной бане.

❧ Поплективная водка (2 вариант) ❧

Взять 120 г шалфея, 110 г майорана, 150 г ромашки, 60 г пижмы, 100 г белой медуницы, по 50 г мелиссы, золотой руты и фенхеля.

Все специи истолочь, залить водкой, настоять, перегнать, подсластить.

❧ Праздничная водка ❧

Взять 1 л водки, 1 чайную ложку соды, 1 чайную ложку лимонной кислоты.

В пищевой спирт или хорошо очищенную водку домашнего приготовления добавить соду и лимонную кислоту, хорошо размешать.

❧ Пряная водка ❧

Взять 12,3 л водки, спиртовой вытяжки из 136 г турецких сахарных стручков, 4,3 г лавандового цвета, 64,5 г кишнеца, 64,5 г мускатного цвета. Смешать вытяжку с водкой, добавить сахарный сироп.

❧ «Разносол» водка ❧

Взять 2,46 л винного спирта, 25,8 г корицы, 13 г гвоздики, дать стоять сутки этой вытяжке, потом смешать 1230 г сахара в 1,23 л воды, поставить на огонь и дать распуститься, снимая пену. Потом взять сандалового колера, смешать с 14—15 каплями виннокаменного масла, которым подкрашивается разносол; потом к этому снятому раствору с вытяжных веществ и процеженному прибавить 64,5 г розового спирта и дать стоять полсуток.

❧ Розмариновая водка (1 вариант) ❧

Взять 400 г розмарина, 75 г мяты, 40 г мелиссы, по 25 г белого имбиря, корней дягиля, по 12 г вероники и полыни, все измельчить и истолочь, залить в кубе 18 л простой водки, настаивать десять дней, затем добавить 2,5 л воды, перегнать и подсластить сиропом из 800 г сахара и 2,5 л воды.

❧ Розмариновая водка (2 вариант) ❧

Взять 400 г розмарина, горсть соли, залить 12,3 л простой водки, настаивать трое суток, перегнать и подсластить 1,2 кг сахара.

❧ Розмариновая водка (3 вариант) ❧

Взять 24,6 л водки, вытяжки винной из травы розмарина, взятой в количестве 410 г, смешать эти два компонента, подсластить сахарным сиропом.

Розмариновая водка (4 вариант)

Взять по 100 г цветов и листьев розмарина, 30 г кожуры померанца, по 15 г винтерианской корки и соли, по 12 г белого имбиря, шалфея, майорана, тмина, ромашки. Все специи искрошить и истолочь, залить 10 л простой водки, закупорить и настаивать десять дней. Затем добавить 3,5 л воды, перегнать и подсластить сиропом из 800 г сахара и 2,5 л воды.

Розовая водка (1 вариант)

Розовые лепестки сварить в сахаре, залить ректифицированным спиртом двойной перегонки, настоять и процедить. Не перегонять. Водка по цвету будет желтоватой. Если запах розы будет слабым, можно капнуть на каждый литр водки по 3 капли розового масла, растертого с сахаром.

Розовая водка (2 вариант)

Взять 200 г лепестков розы, по 6 г мускатного ореха, кожуры лимона, фенхеля и аниса, 2 г белой корицы и 12 г соли, все истолочь, залить 5 л водки, настаивать 8—10 дней, перегнать и подсластить сиропом из 700 г сахара и 2 л воды. Через несколько дней процедить.

Розовая водка (3 вариант)

Взять 200 г лепестков розы, по 25 г корицы, померанцевой кожуры и бадьяна, истолочь и залить 12,3 л водки, настаивать десять дней, перегнать и подсластить сиропом из 800 г сахара и 5 л воды.

Розовая водка (4 вариант)

Взять 12,3 л водки, спиртовую вытяжку из 306 г розовых цветов, 12,9 г лимонной корки, 12,9 г аниса, 12,9 г укропа, 12,9 г мускатного цвета, 4,3 г белой корицы. Смешать водку и вытяжку, подсластить 1025 г сахара.

❧ *Розовая водка (5 вариант)* ❧

Взять 130 г цветов розы и горсть соли, залить 12,3 л водки, настаивать сутки или двое, перегнать и подсластить 1,2 кг сахара.

❧ *«Розолия» или «Розсолис»* ❧

1. Персиковая. Взять·по 400 г горького миндаля, ядер персиковых, сливовых и вишневых, 50 г корицы, по 25 г кориандра, цветов гвоздики, аниса и винного камня. Все мелко истолочь, залить 10 л водки, настаивать десять дней, затем добавить 6 л воды и перегнать. Подсластить сиропом, сваренным из 2 кг сахара и 6 л воды.

2. Лимонная. Взять 1 свежий лимон, 1 свежий померанец, 1 г горького перца, по 2,5 г мускатного цвета и кориандра, 4 г гвоздики, 12 г аниса, 40 г корицы.

Все специи измельчить и истолочь, залить 1,2 л алкализированного спирта и дать постоять одну ночь. Утром добавить 1,2 л холодной воды и перегнать. Сварить сахарный сироп на розовой воде и разбавить полученную водку по вкусу. Можно разбавлять розовой водой без сахара, можно варить сироп в обыкновенной воде, но в розовой лучше.

Затем очень мелко истолочь 2 г кошенили, 2 г квасцов и всыпать в водку. Дать настояться несколько дней, чтобы водка стала алого цвета, после этого профильтровать.

Если цвет будет недостаточно ярким, можно добавить кошенили, если нужно, придать напитку аромат — опустить в него в мешочке бальзам.

3. Взять 2,5 г серой амбры и 0,6 г мускуса, растереть их с розовой водой в кисель, сварить жидкий сироп из

розовой воды и 20 г сахара, смешать все с 1,6 л водки в просторной стеклянной посуде.

Все истолочь, залить 7 л передвоенной водки, настоять 2—3 недели, затем водку осторожно слить и подсластить сиропом из 800 г сахара и 2,5 л воды.

Примечание. При приготовлении сахарного сиропа не нужно, чтобы он долго кипел, так как иначе он будет затвердевать и напиток будет мутным.

Амбру приготовить нужно так, чтобы она не была заметна больше, чем другие добавки. Нужно взять по 4 г мускуса и амбры и кусок сахара величиной с куриное яйцо, истолочь очень мелко в ступке, завернуть в бумагу и хранить до употребления.

Сахар должен быть очищен следующим образом: налить в таз 3 стакана воды с одним яичным белком, смешать, положить 2,4 кг сахара, чтобы он растаял, и варить. Все время помешивать, чтобы не пригорело, когда будет закипать, добавлять холодную воду, чтобы прекратить кипение. Когда сахар полностью разварится, процедить.

❧ «Рыбацкая» настойка ❧

На 1 л очищенной водки 40—42% взять 3—4 зубка чеснока, мелко измельчить и добавить 1,5—2 г молотого перца, 10 г поваренной соли, 4—5 г растертых лавровых листьев и 30 г сахара. Настаивать 4—5 дней, ежедневно взбалтывая содержимое. Затем отфильтровать через суконный фильтр.

❧ Рябиновая водка (1 вариант) ❧

Набрать ягод рябины и, насыпав в бочку, залить вином; потом заквасить дрожжами, и дать постоять две недели, перегнать два раза.

❧ Рябиновая водка (2 вариант) ❧

Взять зрелых ягод рябины, очистить и обобрать их от стебля, перетолочь в ступе, положить в кадку, чтобы было заполнено до половины, залить горячей водой, укутать кадки и увязать поплотнее, чтобы дух не выходил, и держать таким образом двенадцать суток, а как рябина закиснет и верх в кадке покроется гущей, как у винной браги, тогда брать из кадки массу с гущей, перегонять через куб как брагу, и в четвертый перегон будет весьма хорошая водка.

❧ *Рябиновая водка (из рябинового сока)* ❧

Сок ягод рябины, когда он находится в тепле, начинает самопроизвольно бродить. Эту жидкость по окончании брожения можно перегнать и получить 4% отличной водки, которая содержит до половины безводный винный спирт.

Взять 65,5 кг рябины, прихваченной первым морозом, ягоды истолочь, выжать сок, которого должно получиться 16,38 кг. Этот сок влить в стеклянную банку, слегка закрыть дощечкой для предохранения от пыли и поставить в комнате теплоистопленной или на русскую

печь. Брожение начнется через несколько часов и закончится через несколько суток. После этого перебродивший сок влить в куб и дважды перегнать. После вторичной перегонки получится бутылка прекрасной водки, содержащей около 40% безводного спирта.

Она походит вкусом на хороший коньяк и нисколько не содержит в себе сивушного масла.

❧ Рябиновая нежинская водка ❧

Для рябиновой водки собрать ягоды после того, как их прихватит мороз. Ягоды отделить от кистей, от остатков цветочной чашечки, окатить холодной водой, чтобы смыть пыль и грязь, и, дав немного подсохнуть, ссыпать в бочонок или бутыль, рыхло, не уплотняя, однако до самой втулки или горла, и залить крепкой водкой (или слабым спиртом), чтобы ягоды были покрыты водкой. Посуду с налитой на ягоды водкой хорошо закупорить, поставить в погреб. Если это бочонок, то следует поставить его на подставки, чтобы он не касался земли.

Сутки спустя осмотреть посуду с наливкой, и сколько ягода впитала в себя водки, столько прилить свежей. Подобный досмотр и дополнение производить в течение 3—4 суток, а дней 12—14 спустя в бочонок ввинтить кран, и всю настоявшуюся водку перелить в другую посуду, из которой та же настойка через втулку вливается в тот же бочонок. Если настаивание производят в бутылях, то вместо переливания ограничиваются оборачиванием бутылки (хорошо закупоренной) вверх дном, не взбалтывая ягод, чтобы от трения и ударов одна о другую не вызывать разбивания их, так как главная цель настаивания состоит в том, чтобы спирт постепенно извлекал из ягод их сок, что достигается более или менее продолжительным настаиванием.

Хотя уже через 6—8 недель эту водку можно пить, для получения отменной рябиновой водки поступают так: через 3—4 недели настаивания выпускают через кран две бутылки настойки (через втулку доливают такое же количество свежего спирта). Спустя еще 2—4 недели

спускают опять две бутылки настойки, налив на ягоды такое же количество свежего спирта. Если первые и вторые две бутылки засмолить и продержать в погребе год, то получится напиток, каждая рюмка которого для знатока будет стоить самого дорогого шампанского.

Отливание из бочонка по паре бутылок через каждые 2—4 недели продолжается до той поры, пока настойка не станет отдавать простым спиртом. Тогда бочонок оставляют настаиваться год и более, после чего все его содержимое разливают по бутылкам и употребляют. Чем дольше бутылки с наливкой простоят, тем водка будет вкуснее. Разлитую по бутылкам рябиновую настойку следует периодически встряхивать — это значительно улучшает ее вкусовые качества, причем эта манипуляция существенно сокращает срок выстаивания.

❧ Рябиновая простая водка ❧

Ягоды рябины засыпать в бочку, залить простой водкой, заквасить дрожжами и недели через две перегнать два раза.

❧ Рябиновая настойка ❧

Готовится на коньяке или водке. Ягоды рябины собрать после первых осенних заморозков, очистить от стебельков и ссыпать в бутылки на 2/3 их высоты.

Залить коньяком или водкой, закупорить и настаивать не менее 3 недель в темном месте, пока напиток приобретет темно-коричневый цвет и сильный рябиновый аромат. Процедить. Хранить в хорошо закупоренных бутылках. В темной посуде не нуждается.

Для улучшения букета можно применить такой способ. Первый настой коньяка или водки, простоявший 2—3 недели, слить, а ягоды вновь залить таким же количеством водки или коньяка. Через 3 недели слить и смешать с профильтрованной первой настойкой.

❧ Сборная водка (1 вариант) ❧

В деревянный куб положить: по 410 г зорного корня, девясильного корня, лимонной корки и тмина, 820 г изюма, 205 г полыни, 105 г корня дягильного, 43 г солодкового корня. Все искрошить, налить 24,6 л пенного вина и поставить на три недели в теплое место; потом перегнать 18,4 л и подзеленить сухой немецкой мятой, зорными листьями. Дать отстояться трое суток, затем подсластить сахарным сиропом, на 1,23 л водки — 410 г сахара. Мяты и зорных листьев для подсвечивания взять по 410 г.

❧ Сборная водка (2 вариант) ❧

Взять 51,6 г корицы, 51,6 г кардамона, 21,5 г гвоздики, 51,5 г мускатных орехов, столько же мастики, 34,4 г стираксы, 120,4 г лимонной корки, 34,4 г аниса; все положить в куб, залить 12,3 л двойного вина и, замазав, держать четверо суток в теплом месте, а потом перегнать надлежащим образом.

❧ Сборная водка (3 вариант) ❧

Взять по 100 г девясильного корня, корня сельдерейного и горечавки, залить 12,3 л водки, немного настоять,

перегнать и подсластить 1,5 кг сахара, еще немного настоять листьями свежей горечавки и мяты. Процедить.

❧ Сборная водка (4 вариант) ❧

Взять по 800 г майорана, иссопа, шалфея и тмина, по 20 г мускатных цветов, корицы и гвоздики, 100 г лимонной корки, по горсти аниса и можжевеловых ягод, 10 корешков аира, 65 г мастики, 12,3 л простой водки. Настоять, перегнать и подсластить по 200 г сахара на каждые 1,2 л полученной водки.

❧ Сборная водка (5 вариант) ❧

Взять по горсти зверобоя, пижмы, дягиля, лимонной корки, полыни, можжевеловых ягод, залить 12,3 л водки, настоять и перегнать.

❧ Сборная водка (6 вариант) ❧

Взять по горсти пижмы, шалфея, мяты, розмарина, зверобоя, сельдерейных семян, залить ведром водки, перегнать.

❧ Сливовица венгерская ❧

Взять самые зрелые сливы, истолочь их вместе с косточками, подлить воды, чтобы масса сделалась жидкой кашей. Все это слить в бочку, поставить бродить. Когда жидкость перестанет шипеть, значит перебродила. Жидкость перелить в куб и перегнать. Перегнанную

водку можно раз или два вновь перегнать, смотря по тому, какая нужна водка, слабее или покрепче.

❧ Смородиновая водка ❧

Взять 12,3 л хорошей водки. Соединить со спиртовой вытяжкой из 820 г красной или черной смородины.

❧ Сосновая водка ❧

Взять молодых сосновых шишек, положить в куб, залить водкой, замазать, настаивать трое суток, затем перегнать и подсластить.

❧ Старая водка «Старка» ❧

Приготовить спиртовый настой из листьев наиболее ароматных сортов яблок и груш, добавить в него 20% коньяка и 20% марочного портвейна. Довести крепость водки (разбавлением умягченной водой) до 43%. Полученную водку слить в бутылки из-под «Рижского бальзама», укупорить, употреблять через 2 месяца. Водка имеет мягкий вкус и едва уловимый аромат.

❧ «Старка» настойка (1 вариант) ❧

Взять 0,5 л водки домашнего изготовления, добавить 5 капель аммоника (аммонийная соль используется в медицине), хорошо размешать.

❧ «Старка» настойка (2 вариант) ❧

Взять 3 л водки, 1 лимон, 1/3 мускатного ореха, 2 ст. ложки сахара, 12 зерен кофе, 40 г измельченной дубовой коры, на кончике ножа ванилин.

Лимон разрезать на 4 части, вынуть зерна, натереть 1/3 мускатного ореха, добавить сахар, зерна кофе, измельченную дубовую кору, ванилин. Залить ее водкой, настоять 10 дней, затем процедить.

❧ Тминная водка (1 вариант) ❧

Взять 200 г тмина, по 50 г фенхеля и мелиссы, 100 г мяты, по 25 г аира и кориандра.

Все мелко истолочь, насыпать в бутыль и залить 12 л водки, закупорить и поставить на 10—12 дней в теплое место настаиваться, затем перегнать и подсластить сиропом.

❧ Тминная водка (2 вариант) ❧

Взять 600 г тмина, мелко истолочь, всыпать в 12 л водки и перегнать в кубе. Подсластить сиропом, сваренным из 1,5 кг сахара и 5 л воды.

❧ Тминная водка (3 вариант) ❧

Взять 410 г тмина, по 51,6 г укропных семян и сухой лимонной корки, 38,7 г фиалкового корня, истолочь и залить 3 бутылками водки. Дать настояться в течение недели, а потом слить, подсластить 820 г сахара, процедить.

❧ Тминная водка (4 вариант) ❧

Взять 1230 г тмина, 102 г аниса, 51,25 г укропных семян, 43 г фиалкового корня, 3,6 г сухой лимонной корки, 25,8 г сухой померанцевой корки. Все это истолочь, налить 6,1 л очищенного крепкого винного спирта и оставить две недели настаиваться. Потом приготовить около 4100 г в трех бутылках колодезной воды, смешать с настоенным спиртом, дать отстояться, потом процедить. Сахара употреблять можно по вкусу.

❧ *Тминная водка (5 вариант)* ❧

Взять 400 г тмина, по 12 г белой корицы и винного камня, по 25 г кудрявой мяты и белого имбиря, 16 г померанцевой воды. Все специи истолочь, залить 12,3 л простой водки, настаивать 8 дней, перегнать и подсластить сиропом из 600 г сахара и 4 л воды.

❧ *Тминная красная водка (1 вариант)* ❧

Взять 100 г тмина, 50 г кориандра, 25 г аниса, 9 л водки, перегнать, подкрасить красным сандалом или терназолом, подсластить и профильтровать.

❧ *Тминная красная водка (2 вариант)* ❧

Взять 12,3 л водки. Добавить спиртовой вытяжки из 410 г тмина, 38,7 г соли, 38,7 кишнеца, 25,8 г аниса. Подкрасить сахарным колером.

❧ *Тминная гуанская водка* ❧

Взять 12,3 л водки. Соединить со спиртовой вытяжкой из 410 г тмина, 51,6 г воложского укропа, 51,6 г фиалкового корня, 51,6 г сухой лимонной корки. Подсластить сахаром.

❧ *Тминная двойная гуанская водка* ❧

Взять 400 г тмина, по 50 г фенхеля и аниса, 38 г фиалкового корня, 50 г сухой лимонной корки.

Все приправы измельчить и растолочь, залить 2 л алкализированного спирта и поставить на ночь настояться. Утром туда же влить 1,5 л холодной воды и перегнать в кубе, пока не пойдет белесый спирт.

Сварить сахарный сироп из 800 г сахара и 0,6 л воды. Охладить и вливать понемногу в перегнанный спирт, пробуя на вкус. По количеству вливаемого сиропа точной мерки нет, все зависит от вкуса. После смешивания водка будет мутной, но она отстоится, а если профильтровать через бумагу, она станет совершенно прозрачной.

❧ *Тминная скороспелая водка* ❧

Приготовить заранее тминной воды, то есть перегнать ее в кубе из расчета 1,3 л воды и 800 г тмина. Эта вода может сохраняться в холоде несколько месяцев.

Если нужна будет тминная водка, то, подсластив по вкусу тминную воду, ее смешивают с обычной водкой.

❧ Травная водка (1 вариант) ❧

Взять по две горсти майорана, шалфея, иссопа и душицы, 21,5 г ангелики, одну горсть аниса, по две горсти кипарисных стружек, базилика и можжевеловых ягод, одну горсть мятных семян, 410 г изюма, 102 г померанцевой корки, горсть розмарина, налить 12,3 л двойного вина и, дав постоять неделю, перегнать.

❧ Травная водка (2 вариант) ❧

Взять сосновых шишек, золототысячника, донной травы, листа черной смородины, зори, полыни, бедренца, мяты, розмарина и малинного корня по равному количеству, чтобы получился полный куб, залить вином, дать сутки-трое постоять и потом перегнать.

❧ Травная водка (3 вариант) ❧

Взять по 16 г корицы, гвоздики, майорана и шалфея, 20 г мускатных орехов, 15 г семян кардамона, 3,5 л водки, все настоять, перегнать на слабом огне и подсластить 1,6 кг сахара.

❧ Травная водка (4 вариант) ❧

Взять по 18,49 г майорана, шалфея, корицы, гвоздики, мускатных орехов, 1640 г сахара, 6,1 л хорошего простого вина. Дать сутки-трое постоять, а потом можно перегонять.

❧ Травная водка (5 вариант) ❧

Взять 205 г майорана, 205 г душицы, 205 г иссопа,

21,5 г ангелики, 12,9 г васильков, 21,5 г аниса, 12,9 г кипарисовых стружек, 25,8 г мятных семян, 12,9 г немецкой мяты, 102 г изюма, 12,9 г розмарина. Смешать спиртовую вытяжку из этих трав с 12,3 л водки.

❧ Травная настойка ❧

Взять 1,5 л водки, 250 г сухих ягод рябины, по 5 г полыни, листа смородины, ревеня, корня любистока, маленьких сосновых шишечек, сушеной цедры апельсина, по 10 г майорана, шалфея, мяты, золототысячника, солодки, по 2,5 г чернобыльника, петрового креста.

Все компоненты залить водкой, настаивать в темном месте 6 месяцев.

❧ Туринская водка ❧

Взять 16 г толченых гвоздичных головок, по 32 г аниса и кориандра, 600 г белого горячего, только испеченного хлеба, залить 1 л хорошего красного вина и 1 л цельного молока, крепко закупорить, настаивать сутки, перегнать на водяной бане.

Сделать сироп из сахара с водкой или еще лучше — с ректифицированным спиртом. Для этого толченый сахар залить в глиняной чашке спиртом и поджечь, все время размешивать, пока не погаснет. 3—4 г этого сахара смешать с таким же количеством амбры, залить 35 г спирта, закупорить в бутылке и сутки держать в горячей воде, затем смешать с выгнанной водкой, сахарным сиропом и профильтровать.

❧ Тюреневая водка ❧

Взять 3 л водки, 180 г толченой корицы и 6 г толченого кориандра.

Специи порознь замочить в водке на одну ночь, потом все смешать и перегнать. Первый крепкий спирт отделить, а последний употребить на очищение сахара следующим образом: взяв последние выгонки, положить в них 2 кг сахара, свежую корку с одного лимона и нескольких яичных белков, варить медленно, снимая пену, пока сироп очистится. Сироп остудить, смешать с первым спиртом. Взять 4 грана (0,25 г) амбры и 6 гран (0,37 г) мускуса, стереть их с небольшим количеством сахара, завязать в белую тряпочку и опустить в полученную водку.

Хранить водку, крепко закупорив.

❧ Укропная водка ❧

Взять вытяжки воложского укропа с 820 г семян и, смешав с водкой, подсластить сиропом.

❧ Фенхельная водка (1 вариант) ❧

Взять: 400 г фенхельных семян, по 100 г аниса и тмина, по 50 г корня фиалки, мелиссы, кардамона, кориандра, соли, по 200 г мускатного цвета, горького миндаля, белого имбиря, лимонной корки и шалфея.

Все измельчить, залить 12,3 л водки и настаивать десять дней, затем перегнать и подсластить сиропом из 1,5 кг сахара и 5 л воды. Через несколько дней профильтровать.

❧ Фенхельная водка (2 вариант) ❧

Взять 70 г фенхельных семян, 2 л водки, 400 г воды, перегнать и подсластить сиропом из 0,5 кг сахара и 2 л воды.

❧ Фенхельная водка (3 вариант) ❧

Взять 300 г фенхельных семян, по 30 г корицы, аниса, корня фиалки, кардамона, винного камня, по 12 г лавровых ягод и мяты, 10 г белого имбиря.

Все истолочь, залить 6 л водки, настаивать десять

дней, перегнать и подсластить сиропом из 1 кг сахара и 4,5 л воды.

❧ *Фенхельная водка (4 вариант)* ❧

Эта водка очень похожа по вкусу на анисовую, и различают их только знатоки. Вкус у нее очень необычный.

Перегонять фенхельную водку нужно на умеренном огне, использовать только чистый спирт, не допуская попадания белесой жидкости.

Семена фенхеля должны быть белого или бело-желтого цвета, желтые семена могут испортить водку.

❧ *Фенхельная водка (5 вариант)* ❧

Взять 800 г фенхельных семян, горсть соли и залить 12,3 л водки, настаивать двое суток, перегнать и подсластить 1,2 кг сахара.

❧ *Французская водка* ❧

Приготовление ее в настоящее время холодным способом производится так: взять 5 л спирта 80%-ного, 2,7 л воды, 51 г уксусного эфира.

Все это смешать вместе с сахарной тинктурой.

❧ *Французская настойка* ❧

Взять смесь из следующих пахучих трав: кардамона, калгана, имбиря, гвоздики, корицы и аниса, из расчета по 43 г на четвертную бутыль водки.

❧ *Хемницкая воздушная водка* ❧

Взять 40 г девясильного корня, по 16 г энциана, имбиря и фенхельных семян, по 12 г корицы, кардамона, корня папоротника и корня фиалки, по горсти шалфея, майорана, иссопа, скабиозы, латука, водки 1,2 л, ректифицированного спирта 0,8 л, воды 2,5 л.

Все специи смешать, крупно истолочь, залить водкой и дать постоять несколько дней. Переложить в перегонный куб, влить воду, выгнать 4 л (измерять посудой соответствующей емкости). Подкрасить в желтый цвет шафраном и подсластить сахарным сиропом.

Можно добавить 8 гран (0,5 г) бальзама, растертого с сахаром и растворенного в холодной воде. Если эта водка подправляется бальзамом, то она называется «полная». Впрочем, делается и без него.

❧ Хлебная водка ❧

Взять 6,1 л водки, смешать с вытяжкой из 820 г сухарных хлебных гренок, 51,6 г лимонной корки, 25,8 г кремортартара, 2,9 г гвоздики, по 6,45 г мускатного цвета, коричного цвета, корицы. Смесь подсластить сахарным сиропом.

❧ Цедратная водка ❧

Цедратная белая водка

С двух цедратов срезать наружную кожуру, не задевая мякоти, положить в куб с 2,2 л водки и 400 г воды, перегнать, не допуская попадания в водку белесого отгона. Подсластить сиропом из 2,2 кг сахара и 2,2 л воды.

Если нет свежих цедратов, их можно заменить цедратной эссенцией высокой концентрации. На вышеуказанное количество водки и воды в куб добавляют 68 капель эссенции.

Цедратная водка «Парфетамур, или совершенная любовь»

Эта цедратная водка готовится по вышеуказанному рецепту, но затем подкрашивается в желаемый цвет. Подкрашивать нужно часть сиропа перед подслащиванием и добавлять в водку.

❧ Цитварная водка (1 вариант) ❧

Взять 600 г корня полыни (цитварного корня), искрошить его как можно мельче, добавить горсть соли, залить ведром простой водки, настаивать сутки, перегнать и подсластить 1,5 кг сахара.

❧ Цитварная водка (2 вариант) ❧

Взять 180 г корня полыни, 75 г мяты, 50 г мелиссы, 35 г семян фенхеля и по 25 г белой корицы и соли, все измельчить, залить 12,3 л простой хлебной водки, настаивать 2 недели, перегнать, подсластить сиропом из 1,2 кг сахара и 3,5 л воды, через несколько дней профильтровать.

❧ Цитварная гданьская водка (1 вариант) ❧

Взять 200 г корня полыни, по 50 г мелиссы, горького миндаля, девясильного корня, винных ягод, по 25 г кардобенедиктина, розмарина, кожуры померанца, фиалкового корня, 35 г белого имбиря, по 12 г мускатного цвета, гвоздики, соли и винного камня. Все истолочь, залить 10 л водки, закупорить, настаивать 10 дней, добавить 2,5 л воды и перегнать, подсластить сиропом из 800 г сахара и 2 л воды.

❧ Цитварная гданьская водка (2 вариант) ❧

Взять 2 г корня полыни, 100 г аниса, по 20 г кардамона, гвоздики, корня аира, 40 г розмарина, 400 г розовой воды, 12 л простой водки, 400 г патоки, 1 г шафрана. Все специи истолочь, просеять, положить в куб с половиной водки и перегнать. Патоку положить во вторую половину водки и немного проварить, дать отстояться, слить и смешать сначала с розовой водой, а потом с перегнанной водкой. Дать отстояться трое суток и процедить.

❧ Чайная водка ☙

Взять 1 л водки, 4 столовые ложки чая, 50—70 г карамели. Черный байховый чай настоять 3 часа в спирте или водке, процедить. Если это спирт, его необходимо развести до крепости 40%. Затем поджарить сахар на сковороде до образования карамели, измельчить, добавить в водку.

❧ Шалфейная водка (1 вариант) ☙

Взять 12,3 л вина, 205 г шалфея, 51,6 г кишнеца, 25,8 г укропа, 60,2 г шиповника или розового цвета; положив все эти специи в куб, залить вино и, замазав, дать постоять 2 суток, потом перегнать и подсластить.

❧ Шалфейная водка (2 вариант) ☙

Взять 410 г шалфея, 105 г кишнеца, 51,6 укропа. Все травы залить 24,6 л вина. Медленно перегнать и подсластить.

❧ Шалфейная водка (3 вариант) ☙

Взять 200 г шалфея, 50 г кориандра, 25 г укропа, 60 г лепестков роз. На эти специи в кубе влить 24,6 л простой хлебной водки, замазать и дать настояться 3—4 дня, потом перегнать и подсластить по вкусу. Лепестки розы можно заменить 120 г розового сиропа, добавляемого после перегонки.

✒ *Шалфейная водка (4 вариант)* ✒

Взять специи по предыдущему рецепту, но без лепестков роз, залить 12,3 л простой водки, но не закупоривать. Настоять 3—4 дня, перегнать и подсластить.

✒ *Шиповниковая водка (1 вариант)* ✒

Взять 800 г шиповника, сварить его в течение часа в меде, процедить через сито, в жидкую массу влить 12,3 л 40%-ного спирта. Дать отстояться, процедить и разлить по бутылкам. Эта водка чрезвычайно ароматна и вкусна.

✒ *Шиповниковая водка (2 вариант)* ✒

Взять 12,3 л водки, 820 г шиповникового цвета, сваренного в пчелином меду, процеженного через сито. Жидкую масссу влить во все количество водки, от чего она будет сладкой на вкус и приобретет желтый цвет.

✒ *Эликсирная водка (1 вариант)* ✒

Взять 100 г корицы, по 30 г гвоздики, семян укропа, аниса, тмина, по 20 г цветов лаванды и розмарина, по 800 г лимонной и померанцевой корки, по 2 горсти чабреца, душицы, мяты, шалфея, 15 г калгана, по 12 г имбиря, мускатных орехов, мускатных цветов, 8 г кардамона, по 12 г дягиля, корня аира, 4 г шафрана. Все специи истолочь, залить 12,3 л водки, неделю настоять, перегнать и подсластить по вкусу.

✒ *Эликсирная водка (2 вариант)* ✒

Взять 110 г корицы, по 50 г гвоздики, калгана, семян полыни, имбиря, по 40 г мускатных цветов, ревеня, девясильного корня, корня аира, по 25 г мускатных орехов и кардамона, по 2 горсти цветов розмарина и розовых цветов. Все специи истолочь, залить 12,3 л водки, неделю настоять, перегнать и подсластить по вкусу.

❧ Яблочная водка ❧

Насыпать в бочонок свежих яблок, залить водкой, настаивать 6 месяцев, затем жидкость слить, подсластить по вкусу, поставить в котле на огонь, довести до кипения и дать вскипеть 2–3 раза, но делать это осторожно, чтобы водка не вспыхнула. Дать отстояться в погребе, аккуратно слить, развести водой в полуторном количестве, перегнать и профильтровать.

❧ Яблочная настойка ❧

Взять 2,5 кг яблок, 1,5 л водки, 7,5 л воды, 2 кг сахара. В большую бутыль положить очищенные и нарезанные яблоки, залить водкой и охлажденной кипяченой водой. Обвязать горло бутылки марлей, поставить на 2 недели на солнце и ежедневно взбалтывать. Когда яблоки всплывут наверх, жидкость процедить через марлю, добавить са-

хар, поставить на 2 дня на солнце, а потом вынести на 10 дней в холодное место, после чего процедить.

❧ Ягодная водка ❧

(из ягод, оставшихся после наливок)

Ягоды из-под наливок чаще всего выжимают, чтобы получить наливочный отстой. Иногда их выбрасывают как бесполезную вещь. И зря: эти ягоды, перегнанные через куб, дают прекрасную ароматную водку. На ведро ягод необходимо добавить полведра воды, ягоды размять, перемешать и перегнать обыкновенным способом.

РЕЦЕПТЫ СТАРИННЫХ ЦЕЛЕБНЫХ ВОДОК И НАСТОЕК

❧ Ардельная водка ❧

Взять 2 г гвоздики, 9 г мускатных цветов, хорошо истолочь, залить 4 л водки и 400 г воды, настоять на печи или в горячей золе, перегнать на маленьком огне, давая выйти немного белесому спирту, в котором будет самый сильный аромат. Растворить 1,4 кг сахара в 3 л холодной воды, смешать с передвоенной водкой и профильтровать. Затем водку подкрасить кошенилью в алый цвет.

Примечание. Семена аниса полезны для желудка и легких. Уменьшают вздутие живота, убирают плохой запах изо рта, используется как отхаркивающее и согревающее средство.

❧ Бальзам для младенцев ❧

Взять 25 г мускатных орехов, по 12 г гвоздики, корицы, имбиря, кубебы, бадьяна, полыни, 8 г цветов муската, 4 г калгана, по 45 г цветов гвоздики и липы, по 20 г цветов лаванды, листьев шалфея, тмина и листьев фенхеля, по 25 г кудрявой мяты, корня бетоники, дубовой омелы, 150 г мякиша свежей белой булочки.

Истолочь, смешать с мякишем булочки, замочить на сутки в 1,2 л хорошего виноградного вина в тепле. Залить это в куб, добавить 115 г воды, настоенной на цветках огуречника, 100 г ландышевой воды, 100 г воды, настоенной на ягодах земляники, 50 г розовой воды. Перегнать на сильном огне и немного подсластить сиропом.

Божественная водка (1 вариант)

Взять 1,2 л воды померанцевых цветов, влить в посуду, которую плотно закрыть, добавить 250 г сахара и 3 стакана передвоенной водки. Положить немного корицы и горсть кориандра, плотно закрыть и настаивать 3 недели, взбалтывая ежедневно. После этого профильтровать, хранить закупоренной.

Божественная водка (2 вариант)

Эту водку делают из цветов померанцев, для получения вкуса добавляют различные специи.

Взять одинарную или двойной перегонки воду померанцевых цветов с водкой или ректифицированным спиртом.

Божественная водка (3 вариант)

Взять свежие цветы померанца, обварить кипятком и положить в водку или спирт настаиваться на 2 месяца. Определенной пропорции цветов и водки нет. Настояв, слить водку или спирт, подсластить и профильтровать.

Венгерская водка от головной боли

Взять 150 г цветов лаванды, 100 г кожуры лимона, по 50 г розмариновых цветов, корня полыни, кожуры померанца, корицы, гвоздики, по 25 г фиалкового корня, винного камня. Все измельчить, залить 7 л водки, настаивать в теплом месте 10—12 дней, перегнать, подсластить сиропом из 1,6 кг сахара и 7 л воды.

❧ *Головная водка императора Карла V* ❧

Взять по одной горсти свежих цветов или листьев розмарина, лепестков розы, шалфея, верхушек майорана, лаванды и цветов ландыша, по 12 г кубебы, цветов муската, кардамона, корицы, райских зерен, 2,5 г гвоздики.

Все измельчить, истолочь, залить 1,8 л водки, перегнагь и подсластить.

❧ *Водка от головной боли простая* ❧

Взять 75 г цветов лаванды, 50 г лимонной корки, розмариновых цветов, корицы, гвоздики, корня полыни, по 12 г фиалкового корня и винного камня.

Все искрошить, истолочь, залить 11 л водки, настаивать 2–3 недели, перегнать и подсластить сиропом из 800 г сахара и 3,5 л воды. Через несколько дней процедить.

❧ *Водка, полезная при заболеваниях груди* ❧

Взять по 60 г аниса и цветов бузины, по 40 г фиалкового корня, изюма и кубебы, по 20 г ягод красного шиповника, мелиссы, кардамона, ромашки, лавровых ягод и корицы, по 10 г мускатного цвета и фенхеля.

Все истолочь, залить 9 л водки, настаивать 8–10 дней, перегнать и подсластить сиропом из 1 кг сахара и 2,8 л воды.

❧ *Грудная гданьская водка* ❧

Взять 25 г винных ягод, 35 г травы проскурняка, 25 г кудрявой мяты, 18 г листьев мать-и-мачехи, по 25 г папоротника и вероники, по 12 г корня солодки, дягиля, розмарина, фенхеля, винного камня, по 6 г репейника, душистого перца, изюма, аниса, ромашки, тмина.

Все специи истолочь, залить 4,8 л водки, настаивать 2 недели, перегнать, подсластить сиропом из 800 г сахара и 1,8 л воды. Через несколько дней профильтровать.

❧ Грудная английская водка ❧

Взять по 150 г померанцевой корки, изюма, винных ягод, по 100 г фенхеля и аниса, 50 г ягод красного шиповника, по 18 г цветов бузины и розовых лепестков, 35 г райских зерен, по 12 г корня аира и корня солодки, по 6 г гвоздики и мелиссы.

Все специи искрошить и истолочь, залить 9 л водки, настоять в течение 2 недель, перегнать, добавив 3,5 л воды. Подсластить сиропом из 800 г сахара и 3 л воды.

❧ Девичья водка ❧

Взять 200 г лимонной корки, 100 г черного солодкового корня, 70 г фиалкового корня, 50 г розмариновых цветов, по 30 г корня солодки, по 16 г кардамона без шелухи, аниса, по 5 г гвоздики и цветов лаванды. Все искрошить и истолочь, залить 12,3 л водки, добавить 4 горсти соли, настаивать неделю, перегнать и подсластить сиропом из 1,3 кг сахара и 5 л воды.

❧ Желтая водка ❧

Взять 400 г чистого терпентина, по 85 г семян укропа, розмарина, калгана, мастики, мускатных орехов, корицы, ладана, 25 г аниса, 20 г шафрана.

Взять половину мастики и шафрана, истолочь вместе с остальными приправами, залить ведром водки. Вторую часть мастики завязать в ткань и опустить в водку. Настаивать неделю, перегнать, положив вторую часть шафрана в воронку приемника, чтобы выгоняемая водка текла через него.

❧ Водки, полезные при заболеваниях ❧ желудка

Способы приготовления так называемых желудочных водок или эликсиров существует великое множество; главное начало всех этих водок составляют душистые и горькие экстрактивные вещества, извлекаемые из разных частей растений путем настаивания. Вещества эти действуют возбуждающим образом на стенки желудка, усиливая выделение желудочных соков и тем ускоряя процесс переваривания и усиливая аппетит. Кроме выше означенных растительных элементов в состав желудочных водок зачастую входят еще различные душистые эссенции и масла. Сборы кореньев и трав, входящих в эти водки, обыкновенно очень сложны, но обходятся они в большинстве случаев весьма недорого, так что всякому хозяину прямой расчет выделывать их домашним способом, не тратясь на дорогие фабричные препараты.

❧ Желудочная водка (1 вариант) ❧

Взять по 2,1 г бедренца и аирного корня, по 0,5 горсти полыни, золототысячника и трифоли. Залить 1,23 л красного вина. Настаивать 2 недели. Процедить.

Желудочная водка (2 вариант)

Взять по 102 г кишнеца, имбиря, 51,6 г гвоздики, 25,8 г мускатных орехов. Истолочь мелко и положить в 4 л хорошего красного вина, добавив 6,45 г шафрана. Дать выстоять 6 суток, а потом подсластить.

Желудочная водка (3 вариант)

Взять по 100 г имбиря и кориандра, 50 г гвоздики, 25 г мускатного ореха.

Истолочь, настоять в 4 л хорошей водки, добавить немного толченого шафрана и 12 г мирры, дать настояться 6 дней. Дважды перегнать и подсластить.

Желудочная белая водка (1 вариант)

Взять 12,3 л очищенного спирта (40%), положить: по 400 г мяты, шалфея и аниса, по 100 г калгана, имбиря. Дать этой смеси настояться в теплом месте 3 недели, взбалтывая каждый день. Перегнать. Подсластить по вкусу.

Желудочная белая водка (2 вариант)

Взять 12,3 л очищенного спирта, добавить по 800 г аниса и шалфея, 86 г кардамона и 70 г имбиря. Поставить настаиваться в теплом месте 3 недели. Добавить 12 бутылок воды, перегнать. Подсластить по вкусу.

Желудочная белая водка (3 вариант)

Взять 24,6 л очищенного спирта. Настоять: можжевеловых ягод 39 г, по 26 г мускатного ореха, фиалкового корня, солодкового корня, аира, аниса, померанцевых цветов, 12 г дягильного корня, по 22 г кардамона, померанцевой корки, цветов гвоздичного дерева, имбиря, укропа, шалфея. Перегнать или просто процедить через фильтр. Подсластить по вкусу.

❧ Желудочная зеленая водка ❧

Взять 12,3 л водки. Приготовить спиртовую настойку из мелиссы, аира, фиалкового корня — по 38,7 г, калгана, перца, имбиря — по 25,8 г, гвоздики, можжевеловых ягод, аниса, коричневых цветов, мелиссы лимонной, соли винного камня — по 12,9 г. Смешать с водкой и добавить сахарного сиропа.

❧ Желудочный элексир ❧

Взять 25,5 г корня горечавки, по 12 г ромашки римской, ромашки простой, корня травы гребника, калгана, кориандра, аира и можжевеловых ягод, по 3 г корицы, гвоздики и мускатного цвета. Искрошить все это помельче, всыпать в бутыль и налить 6 л хорошего хлебного спирта. Дать постоять в теплом месте две недели, процедить. Этот элексир пьют, примешав к нему наполовину воды, перед обедом, когда чувствуют, что желудок не совсем хорошо работает.

❧ Желудочная травяная настойка ❧

Взять по 2 горсти золототысячника, донника, зверобоя, буквицы, полыни, мяты, чабреца, шалфея, по 1 горсти вахты, укропных семян горицвета, кореньев полевого горицвета, можжевеловых ягод, ромашки, 100 г калгана, 50 г корня пиона, 25 г ревеня.

Все искрошить и истолочь, залить 12,3 л водки, настаивать, ежедневно взбалтывая, до тех пор, пока настойка не станет темной. Принимать по 1 рюмке в день.

✤ Желудочная кардинальская водка ✤

Водка приготавливается из простой водки, настоенной на цветах жасмина. Цветы употребляют свежие. При перегонке добавить измельченную цедру лимона и несколько зерен кориандра. Полученную после перегонки водку подсластить по вкусу и профильтровать.

Замечание (медицинское). Цветы жасмина содержат в себе ароматические вещества, благотворно действующие на нервы, мозг, успокаивают, полезны для желудка, поднимают настроение.

✤ Желудочная настойка на грецких орехах ✤

Взять 0,5 л водки, 400 г грецких орехов, 1 столовую ложку меда. Молодые грецкие орехи мелко порезать и настаивать на них высококачественную водку. Перед употреблением добавить мед. Применяется при желудочно-кишечных расстройствах.

✤ Водка от вздутия живота (1 вариант) ✤

Взять 60 г лекарственной ромашки, по 35 г можжевеловых ягод, лавровых ягод, корней дягиля, кожуры лимона, кожуры померанца, шалфея, семян полыни, базилика, тмина, гвоздики, корицы, калгана, винного камня, 10 г жгучего перца.

Все мелко искрошить, залить 9 л водки, настаивать неделю, перегнать и подсластить сиропом из 600 г сахара и 2,7 л воды.

✎ *Водка от вздутия живота (2 вариант)* ✎

Взять 6 горстей лекарственной ромашки, 4,5 горсти кожуры померанцев, по горсти полыни, золототысячника, трифоли, 50 г семян укропа, по 25 г аниса, фенхеля, тмина.

Все измельчить, истолочь, залить 3 л водки, настоять в течение 8 дней, перегнать.

✎ *Гданьская водка от вздутия живота* ✎

Взять по 50 г ромашки, лимонной корки, померанцевой корки, по 30 г золототысячника, полыни, семян

укропа, тмина, дягиля, можжевеловых ягод, винного камня, по 16 г фенхеля, кориандра, розмарина, семян кардобенедиктина, лавровых листьев.

Все искрошить, истолочь, залить 12,3 л водки, настаивать несколько дней, перегнать и подсластить сиропом из 1 кг сахара и 3,5 л воды. Через несколько дней профильтровать.

✎ *Водка для здоровья* ✎

Взять по 75 г можжевеловых ягод, корня полыни, чабреца, по 50 г розовых цветов и травы горицвета (зори), по 30 г померанцевой корки, амбры, аниса, мелиссы, лавровых ягод, розмарина, корня кардобенедиктина, корня фиалки, лимонной корки, кудрявой мяты, иссопа, руты, 25 г винного камня, 8 г соли.

Все искрошить и истолочь, залить 12,3 л водки, настаивать 2 недели, добавить 2,5 л воды и перегнать. Подсластить сиропом из 700 г сахара и 2,5 л воды. Через несколько дней профильтровать.

❧ *Золотая водка* ❧

Почти всякую водку можно сделать золотой. Для этого нужно взять 3—4 листика листового золота (сусального), залить в чашке водкой и размешивать до тех пор, пока золото раздробится на маленькие кусочки, затем раствор влить во всю водку и подкрасить в желтый цвет по одному из рецептов желтой краской.

Есть способ получения золотой водки без использования золота, хотя водка называется золотой.

1. Взять свежие лимоны, очень аккуратно срезать с них кожуру, не захватывая мякоть, добавить корицы и кориандра в соответствии с количеством приготовляемой водки. Все положить в перегонный куб с водкой, гнать до появления белесого спирта, так как именно в нем будет самый крепкий аромат корицы. Заранее приготовить

сахарный сироп и добавить его в водку сразу после перегонки по вкусу.

2. Взять 65 г винных ягод, по 50 г можжевелового корня, корня валерианы, корня аира, по 40 г корней дягиля, корней девясила, тысячелистника и полыни, 40 г фенхеля, по 25 г тмина, корицы, корня солодки, корня фиалки, корня розмарина, цветов ландыша, по 12,5 г травы кардобенедиктина, гвоздики, имбиря, аниса, винного камня. Все искрошить и истолочь, залить 18 л простой водки, добавить 3,5 л воды, перегнать и подсластить сиропом из 1,5 кг сахара и 4,6 л воды, затем профильтровать.

❧ Китайская настойка ❧ «Слезинка облака»

Взять 500 г водки, кусочек корня женьшеня, 1 чайную ложку меда.

Отрезать кусочек дикого манчжурского женьшеня, настоять на нем водку 2—3 дня.

По желанию перед употреблением можно добавить пчелиный мед. Если настойка уменьшается в бутылке до 1/20 части, то в нее следует долить водку и смешать с остатком старой настойки. Таким образом бутыль можно доливать 2—3 раза. После 3-х доливаний настойку надо делать заново со свежим кусочком женьшеня. В Китае в народе этим средством лечат половое бессилие.

❧ Крепительная водка (1 вариант) ❧

Взять по 25 г цветов муската, мускатных орехов, кориандра, мастики, стираксы, по 45 г калгана, розовых цветов, 20 г гвоздики, одну пригоршню розмарина, один пучок шалфея, 4 корешка фиалки.

Все истолочь, залить 4,8 л водки двойной перегонки, настаивать 4 дня, перегнать, в выгнанную водку добавить 100 г корня солодки, настоять еще 4 дня, затем подсластить и профильтровать.

❧ Крепительная водка (2 вариант) ❧

Взять 43 г корицы, 4,3 г кардамона, 18,2 г гвоздики, 43 г мускатных орехов и столько же мастики, 60,2 г лимонной корки, 38,4 г аниса, 64,5 г стиракса. Все специи истолочь, положить в бутыль, влить ведро хорошей передвоенной водки и дать стоять в теплом месте 12 суток.

❧ Крепительная водка (3 вариант) ❧

Взять 21,5 г корицы, мускатных орехов, мускатного цвета, бадьяна и кардамона, 17,2 г пионного корня, 21,5 г кишнеца, розмарина, фиалки, аниса, тмина, базилика, майорана, шалфея, мяты, 205 г лимонной корки. Все коренья истолочь, кроме трав и лимонной корки, положить на 12,3 л передвоенной водки, влить в бутыль и дать постоять 12 суток в теплом месте.

❧ Крепительная водка (4 вариант) ❧

Взять 12,3 л водки. Положить спиртовой вытяжки из травы бедренца 205 г.

❧ Крепительная водка (5 вариант) ❧

Взять 12,3 л водки. Приготовить спиртовую вытяжку из 51,6 г корня девясила, по 38,7 г розовых листьев, корня солодки, по 25,8 г розмарина, кудрявой мяты, фиалкового корня, гвоздики, мелиссы, кардамона, мускатного ореха, цветов померанца, по 12,9 г корицы, кремортартара. Смешать эту вытяжку с водкой и подсластить сиропом из 615 г сахара и 18,4 л воды.

✤ Крепительная голубая водка ✤

На 6 л простой водки положить полторы пригоршни травы тысячелистника, настоять несколько дней и перегнать, повесив в устье приемника в мешочке немного этой же свежей травы, чтобы водка проходила через нее.

✤ Крепительная водка императора Карла V ✤

Взять 75 г девясильного корня, по 60 г корня солодки и розовых лепестков, по 38 г листьев розмарина, кудрявой мяты, кардамона, померанцевых цветов, мускатного ореха, фиалкового корня, травы проскурняка, гвоздики, мелиссы; по 18 г корицы и винного камня.

Все измельчить, истолочь, залить 9 л простой водки, настаивать 10 дней, перегнать и подсластить сиропом из 1,2 кг сахара и 3,5 л воды.

✤ Крепительная красная водка ✤

Взять 100 г мастики, 50 г стиракса, 4 г корицы и гвоздики. Истолочь, залить 9 л водки, настоять в течение 4—5 дней, перегнать и подкрасить 1 г кошенили, подсластить 800 г сахара.

✤ Водка от колик ✤

Взять 115 г лекарственной ромашки, 75 г померанцевой корки, по 35 г корня кардобенедиктина, иссопа, горького миндаля, трифоли, тмина, по 18 г укропных семян, цветов розмарина, полыни, 6 г имбиря.

Все истолочь, залить 7 л водки, настаивать несколько дней, перегнать и подсластить сиропом из 600 г сахара и 3,5 л воды.

✢ Водка от колик желтая ✢

Взять по 50 г следующих приправ: розмарина, мастики, калгана, мускатного ореха, корицы, ладана, мастичных бобков, аниса и шафрана, 400 г чистой смолы, называемой терпентин.

Сухие приправы, каждую порознь, истолочь, залить 12 л водки в сосуде, который нужно плотно закрыть и поставить на 3 суток в теплое место. При этом шафрана положить только половину, а остальное положить в бутыль, в которую потом будет перелита готовая водка. Перегнать настойку, получив 6 л водки, влить ее в бутыль с шафраном. Эта водка не подслащивается.

✢ Любовная водка ✢

Взять по 50 г померанцевой корки и горького миндаля, по 30 г цветов гвоздики и корицы, лимонной корки, мускатных орехов, винного камня, 25 г гвоздики, по 16 г бадьяна, ванили, мускатных цветов, корицы, корня фиалки, персиковых цветов, цветов розмарина.

Все измельчить и истолочь, залить 12,3 л водки, настаивать 10 дней, добавить 2,4 л розовой воды и обыкновенной воды, перегнать. Подсластить сиропом из 1 кг сахара и 2,4 л воды. Через несколько дней процедить.

✢ Молодецкая водка ✢

Взять 75 г лимонной корки, 57 г померанцевой корки, по 40 г стираксы и корня полыни, по 20 г аниса, бадьяна, корицы, 15 г цветов лаванды, по 15 г мускатных цветов и мускатных орехов, 2 г шафрана. Все измельчить, истолочь, залить 7 л водки, добавить 4 горсти соли, настаивать 2 недели, перегнать, подсластить сиропом из 1 кг сахара и 3 л воды.

❧ Обезболивающая водка ❧

Взять по 75 г кудрявой мяты и хрена, 50 г белого имбиря, 35 г корольков красных, 25 г травы ламинарии, 18 г калгана, по 35 г цветов розмарина, можжевеловых ягод, тысячелистника, аниса, по 12 г лимонной корки, полыни, мелиссы, майорана, корня аира, шалфея, соли.

Все измельчить, залить 7,5 л водки, настаивать 10 дней, затем добавить 3 л воды и перегнать. Подсластить сиропом из 800 г сахара и 2,5 л воды. Через несколько дней профильтровать.

❧ Ореховая настойка ❧
(из перегородок орехов)

Взять 1 л водки, пчелиного меда 2 столовые ложки, перегородки от 500 г орехов, 500 г воды. Перегородки грецких орехов положить в водку и настаивать 3 дня. Затем смешать с холодной кипяченой водой и медом. Настойка считается в народной медицине средством от поноса. Принимают 3—4 раза в день от 10 до 15 капель.

❧ Серебряная водка ❧

Так же как и золотая, получается при применении листового серебра. По второму же рецепту вместо корицы и кориандра взять гвоздику и семена дягиля. Далее приготовить так же, как золотую.

❧ Синяя водка ❧

Взять 100 г корня травы тысячелистника, по 25 г кубебы, травы кардобенедиктина, кудрявой мяты, по 12,5 г тмина, гвоздики, тимьяна, по 6 г померанцевой корки, мелиссы, аниса, аира, фенхеля.

Все измельчить, залить 3,5 л водки, настаивать 10 дней, перегнать и падсластить сиропом из 400 г сахара и 1 л воды.

❧ Супружеская водка ❧

Взять по 50 г сельдерейных семян, по 25 г семян моркови, померанцевой корки, мелиссы, 32 г корня полыни, по 20 г кардамона и тмина, по 6 г бадьяна, мастики, по 3 г ванили и аниса.

Все измельчить, залить 5 л водки, настаивать неделю, перегнать и подсластить сиропом из 200 г сахара и 1,2 л воды. Через несколько дней профильтровать.

❧ Целебная водка ❧

Взять 12,3 л водки и 100 г листьев кока. Соединить компоненты и настаивать 2 недели, взбалтывая каждый день. Затем профильтровать через бумагу. Эта водка очень полезна при сильной усталости, плохом пищеварении, плохом аппетите и бессилии.

❧ Целебная сухарная водка ❧

200 г ржаного хлеба разрезать на кусочки, хорошо просушить и поместить в стеклянную посуду, залить 3 л водки, настоять, пока сухари всплывут наверх, профильтровать через бумагу.

Эта водка очень вкусна и полезна при расстройстве желудка, так как имеет укрепляющие свойства.

❧ Целебная настойка (1 вариант) ❧

Взять 1,23 л водки. Добавить по 4,3 г калгана, имбиря, горечавки, ревеня. Настоять 2—3 недели.

❧ Целебная настойка (2 вариант) ❧

Взять 1,23 л водки. Добавить по 4,3 г аниса, чабреца, ромашки, калгана и укропа. Время приготовления 2—3 недели.

Эти настойки употребляются от тошноты, потери аппетита, глистов, запора и т. д.

❧ Целебная настойка ❧
«Фантастический эликсир»

Взять по 0,5 г семян сельдерея, тмина, аниса, по 1 г цветов бузины, душистого горошка, гвоздики, черного перца, мускатного ореха, кардамона, зверобоя, по 2 г корицы, лепестков роз, имбиря, душистого чая, кофе, ромовой эссенции, сливовой эссенции, вишневой эссенции, мятных капель, грушевой эссенции, барбарисовой эссенции, по 4 г киндзы, семян петрушки, семян укропа.

Все компоненты напитка прокипятить на медленном огне, остудить, процедить. К смеси добавить сахар, водку, залить в бутылки, закупорить и поставить на хранение. Напиток предназначен для снятия слабости, усталости. Взять: водки — 0,5 л, трав — 51,5 г, сахара — 50 г.

РЕЦЕПТЫ СТАРИННЫХ РАТАФИЙ

Ратафия — это сладкая водка. Водки, как бы ни сдабривались, сколько бы сахара в них не добавляли, остаются в основном жестким крепким напитком, «мужским питьем». А женщины исстари употребляли более приятные сладкие водки — ратафии. Приготовление ратафий — увлекательное и приятное занятие. Способы изготовления такие же, как и у ликеров. Содержат они меньше сахара, но достаточно крепки — 35—40%, хранятся долго. При использовании ратафию не следует охлаждать, так как может произойти изменение прозрачности напитка, поскольку эфирные масла при низкой температуре плохо растворяются.

Типичная ратафия готовится на спирте с 90%-ной крепостью, который в рецепте называется «спирт». Однако можно готовить и на водке, используя меньше воды, или не добавляя ее вовсе.

Ратафия должна содержать 200—250 г сахара на 1 л спиртового настоя.

Вместе с тем, в каждом конкретном случае в зависимости от вида сырья количественный состав компонентов может изменяться, но эти изменения, как правило, не очень существенные.

Абрикосовая ратафия (1 вариант)

Взять 100 г абрикосов, нарезать как можно мельче, разбить косточки и вынуть ядра, истолочь и добавить к нарезанным плодам. Залить водкой, добавить 200 г сахара, чуть-чуть корицы, 8 гвоздичных головок, немного цветов муската. Хорошо закупорить и настаивать 2—3 недели. Процедить, разлить в бутылки.

Абрикосовая ратафия (2 вариант)

Взять 50 штук самых свежих абрикосов, изрезать их на кусочки, разбить косточки, вынуть ядра, очистить их и измельчить.

Положить абрикосы в кастрюлю, залить бутылкой белого вина, варить на легком огне, пока сок из абрикосов выварится, тогда выложить их в сито, дать соку стечь в подставленное блюдо и, вымерив, сколько будет его, залить столько же французской водки, на каждую бутылку сока добавить по 205 г сахара, также небольшое количество корицы и абрикосовые ядра, приготовленные ранее.

Все это поставить в закупоренной большой бутыли на две-три недели; потом процедить и пропустить еще сквозь серую бумагу, разлить по бутылкам и закупорить их хорошенько.

Абрикосовая ратафия
(из абрикосовых ядер)

Взять 1,5 кг абрикосовых ядер, 3 кг сахара, 34 г кориандра, 16 г корицы, 25 г гвоздики, 10 г кишнеца.

Истолочь, смешать, залить 7 л водки, закупорить и настаивать 1 месяц в тепле. Процедить через сито и разлить по бутылкам.

❧ Айвовая ратафия ☙

Отобрать самые спелые плоды айвы, натереть на терке до самых семенников, не допуская попадания семечек в мякоть. Мякоть поставить на сутки в погреб, чтобы отделился сок, потом выжать его, пропустить через сито. Добавить в сок сахар по вкусу. Слить сок в водку, которой должно быть в пять раз больше, чем сока. Сдобрить гвоздикой и мускатным цветом. Смесь держать на солнце в течение месяца, периодически взбалтывая. Процедить, разлить по бутылкам, закупорить, дать постоять.

❧ Анисовая ратафия (1 вариант) ☙

Взять полбутылки воды, дать ей вскипеть и в горячую воду положить 102 г самого лучшего аниса. Когда остынет, влить в бутыль две бутылки французской водки и добавить 550 г сахара. Бутыль крепко закрыть пробкой и завязать намоченным пузырем. Дать постоять в теплом месте 2 недели, потом пропустить сквозь бумагу, разлить по бутылкам и употреблять.

❧ Анисовая ратафия (2 вариант) ☙

Взять 550 г сахара, положить на сковородку, влить туда 100 г водки и сварить сироп. Этот сироп влить в 0,9 л водки. Вскипятить стакан воды, всыпать в него 100 г аниса, снять с огня и настаивать 15 минут, затем влить в сироп с водкой. Поставить в тепло, через 3—4 недели процедить и разлить по бутылкам.

❧ Английская ратафия (1 вариант) ☙

Взять 7 л апельсинового сока, цедру с использованных апельсинов и 3 кг сахара, размешивать, пока сахар не растворится, тогда добавить 4 л рома с небольшим количеством цветов муската и настаивать, часто взбалтывая, в теплом месте 2 недели, затем процедить в бутылки через бумагу.

❧ Английская ратафия (2 вариант) ❧

Взять по равной части шалфея, дикой рябины или пижмы, мяты, розмарина, зверобоя и сельдерейных семян, положить в куб с 12,3 л водки и перегнать.

❧ Английская ратафия (3 вариант) ❧

Взять по 100 г корня горицвета (зорного корня), девясильного корня, сельдерейного корня. Положить все в 12,3 л водки, добавить немного свежей мяты, травы горицвета (зори) и 1,5 кг сахара, закупорить, настоять и перегнать.

❧ Апельсиновая ратафия ❧

Взять 12,3 л винного спирта, 2050 г свежих апельсинов, можно разрезанных корок. Налить их спиртом, настаивать три недели, и потом, слив, прибавить 12,3 кг сахара, разваренного в 3,86 л воды. Дать жидкости отстояться, разлить ее в бутылки. Можно делать ратафию из сухих апельсиновых корок (на 12,3 л спирта – 2,4 кг корок).

❧ Барбатская ратафия ❧

Положить в бутылку 17–20 г цветков муската, 12 г корицы, 4 г гвоздики, налить 2,5 л спирта, настаивать 2 недели в теплом месте, затем добавить 1,2 кг сахара, растворенного в 0,5 л воды, цветов померанца и 0,8 л обыкновенной воды.

❧ Вишневая ратафия (1 вариант) ❧

Взять спелые вишни, вынуть косточки, добавить немного малины и раздавить вместе. Положить в банку и оставить на 1 неделю, перемешивая 2—3 раза в день. После этого выжать сок. На 1,8 л сока добавить 1,2 л водки (6 стаканов), растолченные вишневые косточки и 700 г сахара. Все тщательно перемешать, положить в банку, положить корицы, дать отстояться 1 неделю, ежедневно размешивая. Процедить, разлить в бутылки, закупорить.

❧ Вишневая ратафия (2 вариант) ❧

Вишни раздавить, косточки из них размельчить, все смешать. Из 1,5 кг вишен получается примерно 200 мл сока. Выдавив сок, влить в него такой же объем водки. На 1 л этой смеси положить 250 г сахара. Для вкуса можно добавить немного сока малины.

❧ Вишневая ратафия (3 вариант) ❧

Истолочь 800 г вишен, залить 1,2 л водки, закупорить и оставить на 5 дней. Процедить и добавить 200 г сахара, немного корицы, мускатного цвета и белого перца.

❧ Вишневая ратафия (4 вариант) ❧

Взять 6—10 л черных вишен, растолочь, поставить на 2 дня в погреб или любое холодное место, чтобы выделился сок. Выдавить и процедить через полотенце. Выжатые вишни залить 6 л водки, перегнать. На каждые 2,5 л полученного спирта добавлять 1,2 л вишневого сока и 400 г сахара, растворенного в соке вишни, размешать и процедить.

❧ Вишневая ратафия (5 вариант) ❧

Влить в куб 4,92 л водки (двойной перегонки), 64,5 г корицы, 25,8 г кардамона, 8,6 г гвоздики, 8,6 г мускатного цвета, 6,1 л воды, 4 горсти толченых косточек вишен и выгнать водку, между тем выжать сок из вишен и положить в посуду отстояться, сцедить жидкость, гущу оставить, положить в кастрюлю этого вишневого морса 1,23 л, прибавить 410 г сахара и варить до тех пор, пока выкипит третья часть, потом положить 13 г корицы, 6,4г кардамона (семечки), 4,3 г гвоздики, накрыть, поставить на огонь, не доводя до кипения, поварить немного и остудить. Взять такого сока 2 части и вышеописанной водки — 1 часть, смешать, процедить через полотенце.

❧ *Вишневая ратафия (6 вариант)* ❧

Взять несколько черных садовых вишен, размять их, поставить на 2 дня в погреб, чтобы отделился сок, который выжать сквозь полотно. Оставшиеся выжимки и косточки с ядрами положить в куб и, влив туда 4100 г французской водки, перегнать. В полученный двойной спирт влить вполовину против одного или несколько больше вишневого морса и, прибавив толченого сахара, смешать и процедить.

❧ *Вишневая ратафия (7 вариант)* ❧

Взять ведро вишен, перебрать их, косточки удалить. Очищенные вишни выдавить через салфетку, косточки потолочь и положить в ведерный куб; налить французским вином, туда же влить 1,23 л пресного молока и выгнать водку. Когда перегонишь, то на каждые 1,23 л водки положить 3,6 л вишневого сока. На все добавить 820 г толченого сахара, размешать хорошенько, процедить и разлить по бутылкам.

❧ *Водка быстрым способом (1 вариант)* ❧

Взять 1 кг гороха, 5 кг сахара, 500 г дрожжей и 15 л теплой воды. Размешать все, добавить 1 л парного молока. Затор выстаивать 1 сутки. Затем перегнать обычным способом. Получается 5 л водки.

❧ Водка быстрым способом (2 вариант) ❧

Смешать 5 кг сахара, 25 л кипяченой воды, 500 г дрожжей, 25 средних сырых картофелин, 3 стакана молока, 4 буханки хлеба. Поставить бродить на 24 часа. Затем перегнать в паровом аппарате.

❧ Гвоздичная ратафия ❧

Взять 1 л спирта, 8 г гвоздики, 2 г корицы, 2 г лимонной цедры. Хорошо вымыть, высушить и истолочь. Засыпать в бутыль и залить спиртом. Держать на солнечном месте 3 дня. Спирт слить. Приготовить сироп. На 1 л спирта — 300 г воды и 200 г сахара. Затем подсластить по основному принципу изготовления ратафий.

❧ Душистая или ароматная ратафия ❧

Взять 200 г ядер персика, 25 г горького миндаля, 20 г сладкого миндаля, по 25 г имбиря, гвоздики, корицы, по 25 г ядер абрикосов, ядер слив, ядер вишен, 10 г кориандра. Залить специи 5 л водки, настаивать 10 дней в тепле, перегнать 2 раза и полученный спирт подсластить сиропом, сваренным из 600 г сахара в 3,5 л воды.

❧ Ежевичная ратафия ❧

Взять 4 кг ягод ежевики, по 25 г мускатных цветов, имбиря, корицы. Ягоды размять и протереть, специи истолочь и положить в выдавленный сок. Вылить в сок 10 л водки и поставить на 10 дней. После этого процедить и подсластить сиропом из 800 г сахара, сваренном в 1,8 л воды. Процедить.

❧ Желтая ратафия ❧

Взять 34 г дягиля, сваренного в сахаре, по 30 г кориандра, аниса, по 9—10 г гвоздики, корицы, 0,125 г калгана (имбиря), 400 г сахара, воды из бенедиктина и воды из мелиссы — по 0,6—0,8 л. Смешать все специи, положить в 1,8—2 л водки и настаивать в тепле 3 недели или месяц.

❧ Ратафия из какао ❧

Взять 410 г какао, 1640 г винного спирта, настоять две недели. Процедить, выжать остаток, вылить в банку, куда прибавить 820 г воды, 1230 г сахара, 7,4 г корицы, 3,7 г ванили, стертой с сахаром и, завязав, опять поставить на солнце на две недели. Потом процедить, разлить в бутылки.

❧ Кардамонная ратафия ❧

На 1 л спирта засыпать в бутыль 20 г крупно истолченного кардамона и поставить на 2—3 недели в теплое место. Затем готовить точно так, как и малиновую ратафию, только сахара можно добавить больше на 50—70 г.

❧ Китайская ратафия ❧

Взять 10 апельсинов и столько же лимонов, изрезать их в тонкие кусочки, прибавить 25,8 г свежего дягиля, влить 1640 г винного спирта и настоять недели две.

Потом прибавить сахара 1640 г, растворенного в 820 г воды, и, дав ему постоять еще несколько дней, процедить и разлить по бутылкам.

❧ Королевская ратафия ❧

Взять по 35 г корицы и имбиря, по 8,5 г гвоздики, мускатного ореха, мускатного цвета и шафрана, истолочь, налить 2,5 л слабого винного спирта и дать постоять два месяца; после этого процедить, выжимая остаток. Между тем 2,5 кг сахара варить на легком огне, пока не загустеет до состояния карамели, развести его в 820 г воды, прибавить к спиртовому настою, процедить и разлить в бутылки.

❧ Кофейная ратафия ❧

Взять 410 г молотого кофе, влить 1230 г кипящей воды, хорошо закрыть сосуд и настаивать целую ночь. Потом прилить в эту жидкость 2460 г винного спирта и поставить на солнце, хорошо закупорив, недели на три. Потом процедить, выжать хорошенько остаток и прибавить 1230 г сахара, растворенного в 410 г воды.

Когда все отстоится, снова процедить и разлить в бутылки.

❧ Ратафия из красных плодов ❧

Взять все красные ягоды: 820 г вишен (без косточек), 410 г смородины, 410 г малины и 410 г шелковицы. Раздавить все вместе и положить в бутыль с соком и косточками из половины вишен, которые сперва надо истолочь, дать постоять 3 дня, процедить сок сквозь сито и положить в бутыль, влить туда столько же водки, сколько будет сока от плодов, прибавить сахара, корицы.

Дать смеси постоять месяца два, потом процедить и разлить по бутылкам.

❧ Ратафия «Кюрасо» ❧

Взять цедровые корки от нескольких горьких померанцев, 2870 г чистого винного спирта, соединить все это в сосуде и настаивать недель 7. Потом жидкость процедить, не выжимая остатка, прибавить 2460 г сахара, распущенного в 1230 г воды, добавив 12,9 г аниса, 12,9 г корицы и майорана, 4,3 г гвоздики и мускатных цветов. Все это настаивать еще 4 недели в прохладном месте, а потом процедить.

❧ Лекарственная ратафия ❧

Взять 500 г сахара, 35 г кориандра, 10 г семян дягиля, по 1 щепотке семян фенхеля и аниса, семян укропа, моркови, тмина.

Специи истолочь, добавить сок из двух лимонов и их цедру, залить 1—2 л водки, настаивать неделю, ежедневно взбалтывая. Процедить и разлить по бутылкам.

❧ Лимонная или апельсиновая ❧ ратафия (1 вариант)

Взять 1 л спирта, 60—70 г срезанной самой верхней цедры лимона или апельсина, настаивать 2—3 месяца в теплом месте, далее следовать общему рецепту приготовления ратафий.

❧ Лимонная или апельсиновая ❧ ратафия (2 вариант)

Срезать кожуру с 12 лимонов, залить 1,2 л водки и настаивать 2 недели. Подсластить 800 г сахара и снова настаивать 10 дней, ежедневно перемешивая. Процедить и разлить в бутылки.

Чем больше хранится эта ратафия, тем она вкуснее.

❧ Липовая ратафия ❧

Банку полностью наполнить цветами липы, залить спиртом, плотно закупорить и поставить на 2 месяца в теплое место. После этого цветы слегка выжать, жидкость процедить и на каждый литр этой жидкости добавить 200 г сахара, растворенного в 200 г воды. Эта водка имеет очень приятный вкус и аромат.

❧ Малиновая ратафия (1 вариант) ❧

Взять зрелую и очень чисто перебранную малину, засыпать ее в бутыль и залить спиртом так, чтобы едва покрывало ягоды.

Смесь держать на солнце не менее трех дней. Затем спирт слить. Приготовить сироп. На 1 л спирта берут 200 г воды и 200 г сахара. Сначала воду с сахаром вскипятить два раза, снять накипь, медленно, постоянно помешивая, влить горячий сироп через специальный фильтр.

Фильтр делается так: воронку выложить изнутри слоем ваты, на него положить слой хорошо истолченных, но не гашенных водой березовых угольев, а сверху накрыть фланелью. Затем через такой же фильтр всю смесь перелить в бутыль, закупорить хорошо и поставить на несколько недель в теплое место, чтобы водка как следует отстоялась. Потом осторожно, не взбалтывая осадка, перелить чистую водку в другую бутыль. Ратафия готова.

❧ Малиновая ратафия (2 вариант) ❧

Взять 810 г малины, истолочь ее, соединить с 2,5 л водки, плотно закупорить сосуд и поставить на 4—5 дней. Затем выжать сквозь тряпицу, положить 200 г сахара, несколько корицы, мускатного цвета и белого перца.

❧ Малиновая ратафия ❧ с добавлением других ягод

Взять 4,8 кг очищенной спелой малины, 2,2 кг кислых вишен, 800 г смородины. Раздавив ягоды, выжать сок и сварить его с сахаром.

Взять 34 г ядер косточек персика, по 16—17 г кожуры померанца, гвоздики, по 8,5 г миндаля, корицы, виннокаменной соли, 4 г имбиря.

Истолченные специи смешать с выжимками ягод, настаивать 10 дней в теплом месте, перегнать, развести полученный спирт с выжатым соком. Можно подсластить сахаром.

❧ Мандариновая ратафия ❧

Взять 10 мандаринов, срезать с них цедру потоньше, положить ее в одну бутылку с водкой (или спиртом).

Настойку слить через полтора дня, рассиропить обыкновенным способом и влить отжатый и процеженный сквозь фланель сок мандаринов.

Осветлить ратафию белком.

❧ Ратафия из миндаля и абрикосов ❧

Взять одну бутылку водки, 34,4 г абрикосовых ядер и 12 ядер горького миндаля. Все это истолочь и положить в бутылку водки, одновременно добавив 205 г сахара. Настаивать трое суток, потом пропустить сквозь сукно и разлить в бутылки.

❧ Миндальная ратафия ❧

Взять 115 г горького миндаля, 25 г кожуры лимона, 20 г мускатного ореха, 6 г имбиря, 6 г гвоздики, 3 г корицы. Специи истолочь, залить 5 л водки, настаивать в тепле 1 неделю, перегнать с 1,2 л вишневого сока и подсластить сиропом из 400 г сахара и 1,2 л воды.

❧ Можжевеловая ратафия (1 вариант) ❧

Взять 2,5 л водки, положить в них горсть можжевеловых ягод, 600 г сахара, который сперва варить с водой до тех пор, пока пены не станет. Закупорить бутыль и поставить в теплом месте на 5 недель. Потом процедить, дать отстояться, разлить по бутылкам.

❧ Можжевеловая ратафия (2 вариант) ❧

Взять горсть можжевеловых ягод, сварить сахарный сироп из 600 г сахара и 2 стаканов воды, залить 1,2 л водки и настаивать 5—6 недель в тепле, затем процедить. Можно подсластить сахарным сиропом. Эта ратафия лекарственная и очень полезна для желудка.

❧ Ратафия моседуан ❧

Взять равное количество ягод черемухи, вишен без косточек, красной смородины, малины, клубники, все раздавить ступкой и поставить в холодное место, чтобы стек сок. Через три дня сок процедить, добавить равное по объему количество спирта и на каждые 1,2—1,5 л жидкости положить 200 г сахара и по кусочку корицы, поставить на солнце или в теплое место на 2 месяца, затем процедить в бутылки через бумагу.

❧ Ратафия из мускатного винограда ❧

Взять самый спелый мускатный виноград, раздавить ягоды и процедить сок сквозь сито, отжимая лопаточкой. Соединить 2 бутылки сока с 2 бутылками водки, 8,6 г корицы. Бутыль крепко закупорить, поставить на 5—6 дней на солнце. Потом пропустить сквозь сукно и хлопчатобумажную салфетку, разлить по бутылкам.

❧ Ратафия из мускатного изюма ❧

Взять хороший мускатный изюм, протереть его тщательно, выдавить сок, процедить его и влить столько же водки. На каждую кружку смеси положить по 50 г сахара, добавить по вкусу мускатного цвета, корицы и гвоздики. Содержимое закупорить в банку и выдержать 5—6 дней, взбалтывая. Затем процедить ее и, когда станет совсем чистая, разлить по бутылкам.

❧ Ратафия мятная ❧

Взять 1 л сиропа, 30—40 г сушеной мяты, истолочь, соединить и настаивать 3 недели. Приготавливать, как и малиновую ратафию, только воды добавить больше на 100 г.

❧ Ратафия из грецких орехов ❧

12 спелых орехов разрезать пополам, положить в бутыль и залить водой. Поставить в холодное место на 5—6 недель, иногда взбалтывая. Сварить сахарный сироп, процедить настой и смешать с сиропом. Добавить кори-

цы, кориандра, поставить на 1 месяц. Процедить, разлить в бутылки. Хранить в холодном месте.

Ратафия из персиковых косточек (1 вариант)

Взять 500 г ядер персика, по 16 г белой корицы, имбиря, кориандра, гвоздики. Специи истолочь, залить 12 л водки, настаивать 10 дней в тепле, перегнать и подсластить сиропом, сваренным из 800 г сахара и 2,5 л воды.

Ратафия из персиковых косточек (2 вариант)

Взять 150 г персиковых косточек, истолочь их, влить 1,2 л французской водки, дать постоять на солнце или в теплом месте трое суток, взбалтывая каждый день раза по четыре, чтобы водка лучше впитала в себя эссенцию косточек. Потом процедить.

После этого взять 1,2 л вишневого морса, всыпать в него 205 г сахара, варить его на слабом огне, постоянно помешивая. Варить до тех пор, пока не загустеет. Когда морс остынет, влить его во французскую водку, дать еще вскипеть, остудить снова, вылить во французскую водку, оставшуюся же гущу пропустить сквозь бумагу.

Ратафия из цветов померанца (1 вариант)

Взять 1,6 кг цветов померанца, 2,4 кг сахара, по 5 л водки и воды. Смешать все компоненты в бутыли, которую поставить в котел с водой и кипятить несколько часов. Остудить, процедить и разлить в бутылки.

Ратафия из цветов памеранца (2 вариант)

Взять 410 г померанцевого цвета, положить в бутыль, залить 0,5 л водки, добавить 250 г воды, 410 г сахара. Дать стоять сутки. Потом процедить, разлить по бутылкам.

Ратафия из цветов померанца
(3 вариант)

Положить в сковородку 410 г сахара, влить 1 стакан воды, варить и снимать пену. Когда сахар хорошо уварится, снять с огня, добавить 205 г листочков из померанцевого цвета, дать ему 2—3 раза вскипеть вместе с сахаром. Снять с огня, дать постоять 5—6 часов. Потом поставить на малый огонь, влить водки, чтобы сахар и водка смешались. Процедить через салфетку и разлить по бутылкам.

Ратафия из цветов померанца
(4 вариант)

Взять 820 г ощипанных померанцевых цветов и сварить их, как в предыдущем рецепте, добавить 1640 г сахара и дать сильно вскипеть 3—4 раза. Потом снять с огня и влить 4 бутылки водки. Дать настояться 4 часа в крепко закрытом сосуде, процедить, разлить по бутылкам.

Ратафия из цветов померанца
(5 вариант)

Взять 205 г листочков померанцевых цветов, положить в большую бутыль, залить 2 бутылками чистой водки, прибавить туда бутылку воды и 205 г сахара. Закупорить крепко бутыль, опустить на шнурке в кипяток и варить 12 часов. Вынуть, остудить и процедить ратафию сквозь салфетку, профильтровать и разлить по бутылкам.

Ратафия из белых розанов

Взять 205 г очищенного цвета белых розанов, залить в сосуде бутылкой чистой теплой воды, дать постоять на солнце 2 суток, продедить сквозь сито, добавить столько же водки, сколько розовой воды. На 2 бутылки этой смеси положить 410 г очищенного сахара, корицы и кишнеца — по вкусу. Закупорить бутылки, поставить на неделю на солнце и потом, профильтровать, употреблять.

❧ Ратафия из красных розанов ❧

Ратафия из красных розанов делается таким же образом, как и из белых, с той только разницей, что для придания большего алого цвета кладут еще с сахаром немного алого сандала.

❧ Розовая ратафия ❧

200 г лепестков роз залить 0,5 л теплой воды, настаивать 2—3 дня в тепле, процедить. Сколько получится воды, столько же долить водки. На 1 л этой смеси положить: сахара — 400 г, кориандра и корицы — по 4—5 г.

Смешав, закупорить емкость и поставить на 1 сутки в тепло, затем процедить.

❧ Сборная ратафия ❧

Взять 800 г вишен, очищенных от косточек, 400 г красной смородины, 400 г малины, 400 г черемухи, раздавить и поставить в погреб или любое холодное место. Через 4 дня сок процедить и разбавить водкой в пропорции 1:1. На каждые 1,2 л сока положить 250 г сахара и кусочек корицы. Поставить бутыль, закупорив, на 2 месяца. После этого процедить и разлить в бутылки.

❧ Сливовая ратафия (1 вариант) ❧

Взять спелые, сладкие сливы, вынуть косточки, раздавить и поставить на 2 часа, наблюдая за тем, чтобы сливы не кисли, иначе ратафия будет испорчена. Затем выложить сливы на полотенце, выдавить сок. В соке растворить сахар и добавить спирт и корицу. Разлить в бутылки, закупорить. Хранить в погребе или любом холодном месте. Употреблять можно через 6 недель.

❧ Сливовая ратафия (2 вариант) ❧

Сливы режут пополам, вынимают косточки и растирают ступкой, спустя 3—4 часа протирают через сито, добавляют по вкусу сахар и спирт, чтобы получилось пюре. Поставить в погреб или другое холодное место, через 2 месяца фильтруют и разливают в бутылки. Водку из других плодов делают также, как из слив.

❧ Смородиновая ратафия ❧

Взять 2,4 кг ягод красной смородины, 1,6 кг ягод белой смородины, 1,2 кг сладких вишен, 1,6 кг кислых вишен.

Раздавить ягоды, выжать сок, добавить 1 кг сахара и сварить. После этого взять: 20 г кожуры лимона, 50 г ядер косточек персиков, 12—13 г кожуры померанца, 9—10 г померанцевых цветов, 9—10 г имбиря, 5 г мускатного ореха, 4 г лаврового листа, 5 г виннокаменной соли.

Истолочь, положить в выжимки ягод, залить 5,5 л водки, настаивать 10 дней, перегнать и полученный спирт смешать с выжатым соком. Если ратафия получится крепкой, подсластить ее сахарным сиропом.

❧ Шелковичная ратафия ❧

Взять 2,4 кг ягод черной шелковицы, 600 г вишен, по 20 г корицы, кардамона, мускатных цветов.

Из ягод выдавить сок, специи искрошить и истолочь, все смешать, залить 8 л водки, настаивать в теплом месте не менее 10 дней. Затем водку процедить и подсластить сиропом, сваренным из 600 г сахара и 4,5 л воды. Профильтровать.

❧ Ягодная ратафия ❧

Взять каких-нибудь ягод — малины, смородины, земляники или вишен — 3 л, раздавить в фаянсовой или глиняной посуде и дать постоять 24 часа.

Потом процедить в кастрюлю и на каждую бутылку ягодного сока положить 400 г сахара, кипятить на малом огне, чтобы сироп сварился. Потом остудить и на каждую бутылку сиропа влить бутылку некрепкого винного спирта или французской водки. В спирте или водке надо прежде вымочить несколько кусочков ванили, гвоздики и корицы, чтобы спирт имел приятный запах. Дать ратафии устояться, процедить, перелить в бутылки.

❧ Ратафия белая из различных ядер ❧

Взять по 150 г абрикосовых ядер, персиковых ядер, горького миндаля, кожуры лимона, по 12 г гвоздики и корицы.

Истолочь специи и залить их 7 л водки. Настаивать 7—10 дней, перегнать, добавив 6 л воды и горсть соли. Подсластить, добавив сироп из 600 г сахара, сваренном в 2,5 л воды, разлить в бутылки.

СОВРЕМЕННЫЕ ДОМАШНИЕ ВОДКИ

❧ Водка из варенья ❧

Взять 6 л застоявшегося варенья, развести 30 л теплой воды, добавить 200 г дрожжей. Чтобы иметь больший выход водки, надо добавить еще 3 кг сахара. Закваску поставить в теплое место. Процесс брожения длится 3—5 дней. Затем перегнать на паровом аппарате. Водки получится 6 л, а с добавлением сахара — 9 л.

❧ Виноградная водка (простой способ) ❧

Сок выдавить на вино, а в выжимки добавить дрожжи — по 100 г на ведро, 5 кг сахара и развести в 30 л воды. Поставить настаиваться на 6—7 дней в теплое место. Перегнать обычным способом. Выход водки ожидается до 7 л (очень светлой).

❧ Виноградная водка ❧
(из виноградных зерен)

Наполнить виноградными зернами перегонный куб до самой горловины, на 30 л зерен добавить 1 л воды, еще лучше — винных дрожжей, или 1/3 л винных дрожжей и 2/3 л воды. Наложить колпак, имеющий диаметр не менее 35 см и четыре трубы. Швы обмазать. Можно поставить два приемника и два охладителя, что позволит гнать быстро. Не нужно подставлять посуду, покрытую холстиной, потому что в этом случае лучший спирт пропадает. К концу холодильной трубы вначале прикрепить большой приемник, в который будет попадать спирт, получившийся из пара, а когда потечет каплями, нужно поставить другой. Первую порцию белесого цвета нужно собрать отдельно. Таким образом будет собрано больше спирта, и он будет лучшего качества.

Спирт перегоняют в стекле на слабом огне. Вначале на каждые 6—7 л нужно положить поташа (соли угольной кислоты), дать постоять 4 недели, иногда взбалтывая, затем перегонять. Исходящий паром лучший спирт нужно собирать отдельно. К нему добавить равное по весу количество воды и еще раз перегнать. Это будет самый лучший ректифицированный спирт. Все вышесказанное относится и к получению овощного вина. Из овощей получается больше водки, она лучшего качества, если при второй и следующей перегонке прибавлять винный спирт, полученный при перегонке и собранный отдельно.

❧ Настойка, дающая водку, подобную ❧
виноградной

Весной в большую бочку влить любое количество простого вина (водки), и с того времени, как появятся ягоды, бросать в нее все подряд — землянику, малину, вишни, груши, яблоки, очистки и кожуру плодов. К концу лета, когда плоды кончатся, долить доверху вином, слабо закупорить и оставить до весны. Весной перегнать обычным способом.

Гороховая водка

Горох один не может дать водки. К нему нужно сделать примеси каких-либо хлебных зерен. Не плохо класть в затор ячменный или еще лучше овсяный солод.

Грушевая водка (1 вариант)

Взять 5 ведер испорченных садовых груш, добавить 5 л теплой воды, 2 кг сахара и 200 г дрожжей. Поставить на неделю в теплое место. Перегнать готовый затор через паровой аппарат. Получится 8 л водки.

Грушевая водка (2 вариант)

Взять груши, перемыть их как можно чище, истереть или раздавить их в довольно густоватый затор. Сложить его в чан, залить кипящей водой, затереть и развести таким количеством воды, сколько потребуется для наполнения чана и доведения самого затора до теплоты парного молока. Затем запустить дрожжи. Дать затору бродить 2—3 дня, а потом перелить брагу в куб и поступать как обыкновенно.

Водка из диких груш

Собрать дички, ссыпать их в деревянную бадью или бочку — до половины емкости. Пусть там гниют. Потом помять их деревянным мялом и оставить на 2—3 недели. Ничего не добавлять. Когда затор начнет пахнуть вином, перегнать его. Получится 3 л водки.

Водка из груш, слив и ягод

Плоды груш или слив мелко изрубить или размять, положить в кадку или любую другую неокисляющуюся посуду, добавить немного виноградных или пивных дрожжей, накрыть и оставить киснуть. Ежедневно один раз тщательно перемешивать. Когда затор начнет пахнуть вином, не давая перекиснуть, перегонять. Если на перегонку в тот момент нет времени, то затор переложить в посуду, которую можно плотно закрыть, чтобы не допустить перекисания.

Ягоды, пригодные для водки: крыжовник, смородина, малина, куманика, рябина. Ягоды должны быть тщательно размяты, чтобы не осталось ни одной целой. Лучше всего водка из красной смородины двойной или тройной перегонки, следующая — из рябины

❧ Водка из дрожжей ❧

Для выгонки водки пригодны как пивные дрожжи, так и виноградные, остающиеся на дне бочек.

Перегонный куб наполняют дрожжами только на две трети. Огонь под кубом должен легко регулироваться. Непрерывно помешивая дрожжи, чтобы они не пригорели, нагревают до тех пор, пока дрожжи начнут подниматься наверх, затем огонь сильно уменьшить, наложить колпак, вставить трубы, обмазать швы, примазать охладитель и приемник, и на маленьком огне, например, угольном, гонят водку. Для повторной перегонки куб нужно тщательно очистить.

Для улучшения вкуса при повторной перегонке можно добавить ароматических веществ — гвоздики, имбиря, аира, корицы и т. п., — предварительно мелко искрошив их. Нужно также добавить немного соли или пережженного винного камня. Перегонять на маленьком огне, не допуская попадания в спирт осадка.

Таким же образом перегоняют в водку испортившееся виноградное вино.

Водка без дрожжей и сахара

В этом рецепте дрожжи и сахар заменены запаркой солодом. Запарка: в 2 л воды заварить одну пригоршню свежего хмеля (сухого — две), дать немного настояться, отвар процедить, в еще теплом размешать пригоршню муки. После кратковременной выстойки (30—40 минут) запарка готова.

Солод: прорастить зерна ржи, высушить их и смолоть. В основной продукт — свеклу, картошку, яблоки, груши и т. д. — добавить запарку и солод, развести водой до полужидкого состояния, дать «выиграться» в теплом месте, перегнать.

Расход: на данное количество запарки — 3 кг солода и 0,5 ведра (5—6 л) основного продукта. Можно получить 3 л водки.

Водка из картофеля

Взять 20,5 кг картофеля, вымыть его как можно чище и истереть вместе с кожурой на терке.

Затереть на небольшом количестве горячего кипятка 8—9 кг молотого солода и вымешать лучшим образом. В этот раствор положить истертый картофель, вымешать еще, оставить затор на некоторое время в покое, остудить потом до теплоты парного молока и запустить дрожжи. По окончании брожения вылить брагу в куб и перегнать обыкновенным образом. Получится хорошая водка.

Водка из картофеля, моркови и тыквы

В бочку для приготовления затора всыпать по 1,5 л ячменного солода и отрубей, залить 2 л холодной воды, хорошо размешать, затем залить 2 л горячей воды и снова хорошо размешать. В полученную массу положить 10—11 кг отваренного и истолченного картофеля, залить 5 л кипятка, тщательно перемешать и накрыть. Через 3 часа влить 10 л холодной воды и добавить 300 г пивных дрожжей, опять перемешать и поставить на 3—4 дня, пока поднявшаяся наверх масса осядет. После этого полученную брагу можно перегонять, предварительно хорошо перемешав. Если не перемешать, то при перегонке может выбить трубки. Из этого количества браги получится 0,6—0,7 л хорошей водки.

Больше водки получается, если вместо ячменного солода взять овсяный, а также если четверть картофеля будет предварительно высушена. Вероятно, что из одного сушеного картофеля водки получится еще больше.

Запах и вкус ее улучшится, если после первой перегонки полученную водку смешать пополам с чистой водой и еще раз перегнать.

Морковь дает водки всегда вдвое больше, чем картофель, ибо содержит еще больше спиртосодержащих частиц. Морковь затирают, мелко изрубив. Еще лучше выжать из нее сок, проварить его и дать ему отдельно закиснуть.

С тыквой поступают таким же образом.

❧ Водка из комбинированных продуктов ❧

Взять 20 стаканов пшеницы, 3 л воды, 1 кг сахара. Смешать. Поставить на 5 дней в теплое место. Потом добавить 5 кг сахара и 18 литров воды. Поставить бродить на 7—8 дней. Брага на вкус должна быть горьковатой. Процедить ее. Перегнать водку обычным способом.

Если в оставшийся жмых добавить 5 кг сахара, 8 л теплой воды, дать выстоять 8—10 дней, то снова при перегонке можно получить 12—15 л водки.

❧ Водка из конфет ❧

Взять 5 кг конфет (с начинкой), развести их 2 ведрами теплой воды. Поставить в теплое место для брожения не более чем на 45 дней. Потом гнать водку. Можно получить 5 л водки.

❧ *Водка из кореньев (1 вариант)* ❧

Взять по 50 г корня пиона, корня аира, корня солодки, калгана, ревеня, корицы, 40 г гвоздики, по 50 г кардамона, имбиря, 125 г розмарина, 145 г дерева чифраса, 40 г фенхельных семян, 50 г бадьяна, по 16 г жгучего перца и майорана, по 30 г семян базилика, лаванды, шалфея, 30 г иссопа, 30 г мускатных орехов, по 50 г петрушки, дягиля, розовых цветов, кожуры померанца, 600 г можжевеловых ягод, 25 г мяты.

Этот набор настаивать в водке десять дней, потом перегнать на умеренном огне.

❧ *Водка из кореньев (2 вариант)* ❧

Взять 43 г корицы, по 21,5 г гвоздики, мускатных орехов, мускатного цвета, фиалкового корня, калгана, мастики и стираксы, налить на этот сбор 12,3 л водки, положить 820 г толченого изюма. Настоять шесть суток, потом медленно перегнать; мастику добавить во время перегонки.

❧ *Водка из кореньев (3 вариант)* ❧

Взять по 34,4 г мускатного цвета, мускатных орешков, гвоздики, кардамона и стираксы, по 51,6 г корицы и померанцевой корки, 102 г мастики. Весь сбор истолочь, залить 3,1 л двойного вина. Дать постоять шесть суток. Потом положить в куб ломоть хлеба, обмазанный медом, медленно перегнать.

❧ *Водка из пряных кореньев* ❧

Взять по 25 г гвоздики, кардамона, мускатных орехов, 400 г можжевеловых ягод, простой водки 6 л и 3 л пива. Настоять все вместе, перегнать и подсластить сиропом из 1,2 кг сахара с таким же количеством воды.

❧ Водка из крахмала ❧

Взять 10 кг крахмала, добавить 2 ведра воды и заварить, как кисель. Затем добавить 500 г дрожжей, 1 кг сахара. Поставить бродить на 3—5 дней. Потом гнать водку обычным способом. Можно получить 11 л водки.

❧ Водка из меда «Медовуха» ❧

Взять 4 банки (700-граммовых) меда, 3 л сиропа, 27 л воды, 300 г дрожжей. Размешать все и поставить в теплое место на 6—7 дней. Когда затор готов, перегнать его. Можно получить 7 л водки.

❧ Водка из моркови ❧

Взять морковь, хорошо вымыть ее, сварить, потом истолочь ее в корыте или ступе в киселеобразную гущу. Между тем, взяв произвольное количество смолотой ячменной или пшеничной муки, затереть в чане на горячей воде, положить туда морковную гущу и хорошо вымешать. Когда затор получится надлежащей степени теплоты, запустить в него дрожжи и оставить перебродить. Наконец, когда брожение завершится, перелить брагу в куб и перегнать на не очень сильном огне. Не плохо положить в куб немного аниса.

❧ Водка из патоки* ❧

На 1 ведро патоки добавить 200—250 г дрожжей и развести в 25 л теплой воды. Поставить бродить на 6—7 дней. Перегнать на паровом аппарате. Можно получить 6—7 л водки. Если полученное перегнать еще раз, то получится водка с лучшим запахом.

❧ Простая водка ❧

Кроме обыкновенного и всем известного передваивания через куб простого вина, водка делается еще следу-

---

* Патока — это отход при производстве сахара из свеклы.

ющим образом: взять 3 кг пшена, разварить в котле и, положив в кадку, развести теплой водой; потом положить дрожжей и 1 кг 200 г теста; когда закиснет и перебродит, то, положив в куб, перегнать и передвоить.

Или: с начала весны налить большую половину бочки вином; когда начнут поспевать ягоды и древесные плоды, наполнять ими бочку без разбора, как ягодами, так и падалицей, свежей и загнившей, не исключая огрызков и очистков яблочных и грушевых. После того, как бочка наполнится и несколько постоит, первое вино слить и передвоить в водку, а на оставшиеся плоды налить опять вина и дать постоять подольше, из чего при передвоении выйдет опять водка.

❧ Водка из просяной крупы ❧

Взять просяную крупу, разварить в котле, выложить в заторный чан, развести теплой водой, добавить дрожжей и 1 кг ржаного теста из квашни. Когда брага закиснет, перегонять сначала в раку, потом в простое вино, а затем передвоить в водку. Эта водка лучше обыкновенной, выгоняемой из хлебного вина.

❧ Водка из сахара ❧

6 кг сахара развести в 30 л теплой воды и добавить 200 г дрожжей. Поставить в теплое место. Для запаха можно добавить ветки смородины или вишни, или же сухой укроп. Через 6—7 дней закваска готова. Выход 6 л.

Не следует делать брагу излишне концентрированной по сахару. Он «перегорает» и уходит в отходы.

❧ Водка из свеклы (1 вариант) ❧

Натереть и испечь сахарную свеклу — 10—15-литровый чугун. Дать остыть, но чтоб свекла оставалась теплой. Добавить в нее 5—6 кг сахара и 10 л воды температурой 24—25°С. Добавить дрожжи, разведенные

в небольшом количестве воды. Дрожжей взять 500 г.
Накрыть смесь. Поставить в теплое место, чтобы забродила. Перемешать через 1—2 дня. Через 3—4 дня, когда
свекла опустится на дно, а сверху образуется корка,
брага готова. Ее залить в бак и гнать водку.

❧ Водка из свеклы (2 вариант) ❧

Натереть на терку сахарную свеклу, отварить в печи,
отжать. На 30 л сока свеклы добавить 200 г дрожжей.
Поставить закваску в теплое место. Через 5—6 дней она
будет готова. Сахар добавлять не надо. При перегонке
получается 5 л водки.

❧ Водка из свеклы (3 вариант) ❧

Взять хорошо вымытую свеклу, истереть ее на крупной
терке или изрубить сечкой как можно мельче. На одну меру
рубленой или толченой свеклы взять 6—8 мер смолотого
ячменного солода, затереть на горячей воде, вымесить,
закрыть и дать постоять некоторое время закрытой. Потом
вмешать свеклу, также распаренную горячей водой, тщательно вымесить, развести горячей водой. Когда затор
охладится до температуры парного молока, запустить в него
дрожжи. Когда брага поспеет, перелить ее в куб и перегнать. Для сдабривания вкуса можно в куб положить
немного угольного порошка и аниса.

❧ Водка из сиропа ❧

Взять 6 л любого сиропа, добавить 30 л теплой воды,
200 г дрожжей. Поставить в теплом месте для брожения
на неделю, не давая затору перекиснуть. Выгнать водку
обычным способом. Можно получить 6—7 л водки.

❧ Водка из слив (1 вариант) ❧

3 ведра слив помять и поставить бродить на 15 дней.
Воды добавлять не надо. Можно (по желанию) добавить
сахар. Перегонять обычным способом. Без добавления

сахара получится 3 л водки, с добавлением сахара — больше.

◈ Водка из слив (2 вариант) ◈

Взять кадку, наполнить ее сливами. Не надо их ни давить, ни толочь. Оставить их лежать до тех пор, пока, размякнув, они осядут сами собой. Если слив не столько много, чтобы в скором времени можно было собрать их на целую кадку, поставьте емкости в погреб, в сухой песок до постепенного наполнения. Если сливы употребляются сразу, накрытую кадку поставить в теплое место, где недели через 2—3 произойдет брожение. Степень достаточного брожения слив определяется по тому, что они осядут и будут издавать винный запах. Тогда положить в куб, но не доверху, и далее поступить по обыкновенному способу винокурения.

◈ Водка из сухофруктов ◈

Взять ведро воды, закипятить ее, заварить в ней 2 кг сухих яблок или груш, добавить 3 кг сахара, 300 г дрожжей. Все плотно закрыть, оставив небольшое отверстие. Оставить бродить на 6—7 дней. Перед выгонкой добавить в закваску пучок чабреца сухого. Можно получить 3—4 л водки.

◈ Водка из томатной пасты, ◈ сахара и пива

Взять литровую банку томатной пасты, 1 бутылку пива, 10 кг сахара. Развести все это в 30 л воды. Смешать, дать «выстояться» в теплом месте. Затем перегнать обычным способом. Можно получить 7—8 л водки.

◈ Водка из тыквы ◈

Взять тыкву, изрезать ее на мелкие кусочки, очистив предварительно от семян и кожицы. Потом на 2 части тыквенной резки налить 1 часть воды и варить до тех пор, пока кусочки не будут удобно раздавливаться. Это крошево истолочь в однообразную гущу, которую затереть с молотым ячменным солодом, положив на ведро тыквенной гущи или на 8 кг ее 1,2 кг солода. Для этого положить в чан, налить горячей воды, оставить на полчаса накрытой, вымесить тщательно и тогда уже влить тыквенную гущу и хорошо вымешать, пока не останется ни одного комочка. Затем добавить холодной воды, охладить затор до степени парного молока, запустить дрожжи, дать перебродить, перелить в куб и перегнать по обыкновенному.

❧ Водка из халвы ❧

Взять 10 кг халвы, развести в 15—20 л теплой воды. Поставить бродить на 7—8 дней. Потом перегнать через паровой аппарат. Запах подсолнечного масла можно уничтожить, добавив в водку веточку мяты. Можно получить по этому рецепту до 10 л водки.

❧ Водка хлебная ❧

Рожь, пшеницу, ячмень, просо, кукурузу, горох прорастить. Для этого размочить в теплой воде, расстелить тонким (до 2 см) слоем. Следить, чтобы зерно не прокисло.

Проросшее зерно высушить, смолоть на муку. Вскипятить воду и в еще кипящую, постоянно помешивая, добавить эту муку. Размешивать до состояния жидкого киселя.

Укрыть, дать выстояться часов 10—12.

Разлить по мискам, тазикам. Остудить до комнатной температуры. Добавить дрожжи. На 12 ведер закваски — полкило. Бродит 5—6 дней. Перегнать на паровом аппарате.

Из всех видов хлебная водка самая лучшая.

Вместо дрожжей, если их нет, можно добавить килограмм сухого гороха. Процесс брожения увеличится на 10 дней.

❧ Водка хлебная с дрожжами (1 вариант) ☙

Прорастить полведра ржи, пшеницы или ячменя. Истолочь. Размочить в 15 л воды 10—12 буханок черного хлеба. Смешать. Добавить 750 г дрожжей. Если хлеба мало (8 буханок), сварить чугун картошки. Перемять, смешать с зерном и хлебом. Брожение в теплом месте длится неделю. Затем перегнать на паровом аппарате.

❧ Водка хлебная с дрожжами (2 вариант) ☙

Пшеницу прорастить, перемолоть на мясорубке, кофемолке (можно истолочь). Добавить воду, дрожжи и поставить в теплое место. На 10 кг пшеницы — 30 л воды и 0,5 кг дрожжей. Когда брожение прекратится, перегнать на паровом аппарате.

❧ Водка хлебная с картошкой ☙

Сделать солод (прорастить зерно, высушить, смолоть). Сварить картошку. Истолочь с водой, что осталась при варке. Засыпать сверху солодовой мукой. Опять толочь до ровной киселеобразной консистенции. Все это должно быть очень горячим. Сверху присыпать остатками муки, оставить на ночь.

Через 10—12 часов перемешать, перелить в бочку, добавить 0,5 кг дрожжей. Брожение должно длиться 5—6 дней. На 2 ведра солода добавляют 4—5 ведер картошки. Перегнать на паровом аппарате.

❧ Водка хлебная с печеным хлебом ☙

Готовится водка так же, как в предыдущем рецепте. Вместо картофеля используется размоченный в кипятке ржаной или пшеничный хлеб. На 2 ведра солода нужно 15—20 буханок хлеба.

Водка хлебная на хмелю

Пшеницу или рожь прорастить в деревянном корыте, периодически помешивая. Потом отварить картофель, помять его. Заварить хмель. Приготовить так называемый затор — в брагу, которая осталась от прошлого раза (1,5—2 л), добавить сваренный хмель (3 л). Потом все вместе перемешивается — пшеница или рожь, картошка и затор. Зерно можно смолоть или пропустить через мясорубку. Поставить в теплое место до тех пор, пока перестанет бродить и шуметь. Затем перегнать на паровом аппарате. На 1 ведро зерна — картошки вареной 2 ведра. Получается 2 л водки хлебной.

Яблочная водка (1 вариант)

Взять яблоки, раздавить или истолочь их до однородной гущи, налить на них горячего кипятка и охладить до теплоты парного молока. Запустить в этот затор дрожжи, накрыть чан и оставить бродить. По окончании брожения перелить брагу в куб и перегнать.

Яблочная водка (2 вариант)

Яблоки мелко изрубить сечкой, которой рубят капусту. Взять по равной доле ржаного теста и пшеничных отрубей, разболтать в чане с теплой водой, всыпать рубленые яблоки и тщательно перемешать.

Долить еще теплой воды и оставить на 3 недели. Если яблоки были лежалые или подгнившие, то достаточно 2-х недель. Получившуюся брагу переложить в чистый браговар и перегнать в раку, имеющую очень слабый винный вкус. Когда раки наберется достаточно для наполнения куба, перегнать, как обычно. Для аромата можно добавить душистых специй и трав прямо в куб.

❧ Водка из яблочного сока ❧

Яблоки перетереть, измельчить, выдавить сок. На каждые 35 л сока добавить 3 кг сахара и 200 г дрожжей. Поставить в теплом месте бродить на 6—7 дней. После этого перегнать на паровом аппарате.

КРЕПКОАЛКОГОЛЬНЫЕ ДОМАШНИЕ НАПИТКИ НАРОДОВ МИРА

❧ Виски американское «Бурбон» ❧

Взять солод и кукурузное зерно с добавлением

пшеницы, которых должно быть не менее 51% сырья. Кукурузу и рожь размолоть, добавить воду и варить. Сваренную массу охладить до 60°C, добавить сухой ячменный солод, в результате чего крахмал превратится в сахар. Дальше массу подвергнуть брожению, а полученную бражку перегнать и получить спирт крепостью 65—70%. Спирт развести дистиллированной водой до 50% и выдержать в дубовых бочках (в домашних условиях заменить дубовыми опилками или стружками) не менее 3–4 лет при температуре 18–20°C. В процессе выдержки накапливаются сложные эфиры, альдегиды, улучшается аромат, смягчается вкус.

Виски канадское

Взять пшеничный солод, ржаное и пшеничное зерно, картофельный спирт. Зерновой спирт-сырец смешать с очищенным картофельным спиртом. Дистилляция — двоение. Крепость виски всегда 43%.

Виски шотландское

Взять ячмень и ячменный солод (в соотношении 15:85, но может быть и иное). Зерно предварительно размочить, затем обсушить в потоке горячего дыма от торфа, получится так называемое «копченое зерно». Композицию виски можно делать путем разного сочетания зерен и солода.

Абсент швейцарский (водка)

Взять 2 г масла полыни, 3 г масла аниса, 1 г масла бадьяна, 10 капель масла укропа, 3,5 л спирта, 3 л воды. Подцветить протертым шпинатом.

Сначала растворить все масла в спирте, взбалтывая каждый день в течение недели, затем долить воду и добавить шпинат. Процедить.

Английская горькая водка

Взять 1,23 л водки и спиртовую вытяжку из 38,7 г лимонной корки, 25,8 г корицы, 25,8 г тмина, 19,4 г калгана, по 12,9 г мускатного цвета, гвоздики, аира, шалфея, кремортартара. Смешать с водкой и с 12,9 г сахарного сиропа.

❧ Английский горький шнапс ❧

Взять по 76 г померанцевой и лимонной корки, по 37 г тмина, калгана и кардамона, по 25 г горичавочного и фиалкового корня и 12,5 г английского перца. Все это залить 5 бутылками спирта, настоять, процедить и потом развести водой по вкусу.

❧ Андайская водка (Испания) ❧

Взять 3,7 л водки, добавить спиртовой вытяжки из 25,5 г звездчатого аниса, 32 г кишнеца, 38 г померанцевой корки. Распустить 820 г сахара в двух бутылках водки и подсиропить.

❧ Араки ❧

Взять финики (свежие или сушеные), приготовить из них сусло. Поставить, чтобы произошел процесс брожения, добавить сахар по вкусу. Дистилляция — двоение.

❧ Бурдосская водка ❧

Взять 12 л двойной хлебной водки, перегнать с 800 г винного камня и 400 г сахара, сваренного в сироп. Гнать до тех пор, пока не получится 8 л водки. Затем добавить в водку 600 г изюма, 800 г чернослива. Перегнать, пока не получится 6,5 л водки. После этого капнуть несколько капель сладкого селитрового спирта (spirtus nitri dulcis), а потом несколько капель эфира уксусного (acther aceticus).

❧ Венгерская настоящая водка ❧

Взять три пригоршни цветов розмарина и одну пригоршню розмариновых листьев, залить 2,4 л водки, закупорить и настаивать в теплом месте три недели, или даже дольше, перегнать на слабом огне.

❧ Ганноверский горький шнапс ❧

Взять трилистника, тысячелистника, душицы и горькой мяты — по одной пригоршне, полыни — две, горичавочного, фиалкового корня — по 13 г, укропного семени и аниса — по 6 г, гвоздики — 12 штук. Все изрезать и истолочь, настоять на хорошей водке.

❧ Голландская горечь ❧

Взять 10 л спирта, 100 г корок померанца, корки 2—3 лимонов, корки с 2—3 апельсинов. Смешать с водкой и 13 г сахарного сиропа.

❧ Голландская можжевеловая водка ❧ «Женевер»

Взять ячменный солод и пшеничное зерно в соотношении 85%:15%, раздавить можжевеловые ягоды. Смешать все, оставить для брожения, затем перегнать.

❧ Горький нюрнбергский шнапс ❧

Взять хорошую водку, поровну душицы, полыни, розмариновых листьев, вероники, земляники, шалфея, розового цвета, фиалкового и горечавочного корня. Все это смешать и настоять хорошей водкой.

❧ Джин (1 вариант) ❧

Взять ячменный солод и любое зерно: пшеницу, овес, рожь. Соотношение солода и зерна — 85%:15%. На 10 л воды взять от 2 до 4 кг дробины. Дальше приготовить пиво. Пиво перегнать в водку, окрасить колером. Для специфического «джинового вкуса» водку настаивать на можжевеловых ягодах и перегнать вторично.

Взять 8200 г можжевеловых ягод, 98,4 л хлебной очищенной водки, 89,4 г масла терпентинного, 149 г

масла можжевелового, 820 г семян волокнистого укропа, 12,3 кг сахара, 238,4 г квасцов.

Можжевеловые ягоды истолочь и настоять на водке в теплом месте в течение 2 недель, потом процедить. Масло стереть с 1230 г сахара и положить в можжевеловую настойку вместе с остальными 11070 г сахара и семенами укропа, настоянными в 12,3 л воды. Потом перегнать через куб до двух третей и затем прибавить 37,8 квасцов, дать постоять и процедить сквозь фланель или бумагу.

❧ Джин (2 вариант) ❧

Взять 1640 г можжевеловых ягод, 12 бутылок водки хлебной очищенной. Настоять истолченные ягоды в водке, перегнать до трех четвертей.

❧ Кальвадос ❧

Выдавить яблочный сок из разных сортов яблок. Сбродить его на естественных дрожжах в умеренно прохладном месте. Дистилляция — двоение. Потом выдержать в дубовой бочке (в домашних условиях ду-

бовую бочку можно заменить дубовыми опилками или стружками). Чем дольше настаивать кальвадос, тем изысканнее его вкус и сильнее неповторимый яблочный аромат. Он приобретает янтарный или коньячный цвет. Содержание спирта в нем должно быть от 40 до 50%.

◈ Кахаса (бразильская водка) ◈

Взять свежий сок сахарного тростника, подвергнуть его обычному брожению, добавив патоку.

Дистилляция — двоение. Кахаса светло-желтая по цвету, мягкая на вкус, с приятным тонким ароматом и содержанием алкоголя 41%.

Коньяк домашний

Качество коньяка во многом зависит от качества спирта, идущего на его изготовление. Лучше, если спирт будет приготовлен из винограда, но если нет, не беда: можно использовать любой. Единственное главное условие — тщательная очистка от посторонних запахов.

Трудно представить себе, что в вашем хозяйст-

ве имеется дубовая бочка да еще обугленная изнутри. Поэтому берите любые бутылки и на треть заполните их дубовыми опилками или стружками. Лучше, если будет сочетаться и то, и другое. Спирт заливается до горлышка, и бутылка отправляется в темное место — минимум на полгода-год. Затем спирт сливают в другие бутылки, тщательно закупоривают и отправляют настаиваться уже самостоятельно. Чем дольше этот коньяк стоит, тем выше качество. Имейте в виду, что опилки сильно снижают градусность, поэтому спирт необходимо брать не менее чем 46-процентный.

Старение коньяка можно искусственно ускорить. Для этого на каждую бутылку настойки добавляют 150—200 г старого коньяка.

❧ Коньяк домашний (1 вариант) ❧

Взять 1 столовую ложку сахара, 1 столовую ложку чая, 3 лавровых листа, 5 горошин черного перца, 3—5 гвоздичек, на кончике ножа ванили, несколько лимонных или апельсиновых корок, 3 л водки.

Все указанные компоненты добавить в водку и настаивать 10 дней.

❧ Коньяк домашний (2 вариант) ❧

Взять 3 лавровых листа, 6 горошин душистого перца, 6 горошин горького перца, 3 столовые ложки сахара, четверть столовой ложки ванилина, 1 столовую ложку корицы, 2 столовые ложки чая, 6 гвоздичек, 3 л водки. Все компоненты в марлевом мешочке опустить в банку и настаивать 10 дней.

❧ *Коньяк домашний (3 вариант)* ❧

Взять 3 чайные ложки сахара, 3 чайные ложки растворимого кофе, 3 лавровых листка, 5 штук гвоздики, 8 перчинок, 3 л водки. Все компоненты добавить в водку и настаивать 10 дней.

❧ *Кизлярка* ❧

Делается сусло из сбора самых различных (зрелых и недозрелых) фруктов: яблоки, груши, сливы, айва, абрикосы и т. д. Сбраживается обыкновенно. Дистилляция — двоение.

❧ *Крамбамбули (1 вариант)* ❧

(напиток германских студентов)

Взять 12,3 л водки. Развести спиртовой вытяжкой из померанцевой корки, лимонной корки и лаврового листа — по 26 г, по 13 г коричного цвета и майорана, по 6,5 г аниса, ямайского перца, тмина, розмарина, ангелики, шалфея.

❧ *Крамбамбули (2 вариант)* ❧

Взять 12,3 л водки. Развести спиртовой вытяжкой из 26 г померанцевой корки, по 13 г лимонной корки и ягод лавровых, 26 г корицы, по 52 г изюма, персиковых ядер, винных ягод, по 270 г аира и тмина, по 26 г гвоздики и кремортартара, 13 г мускатного ореха, 26 г белого имбиря, 26 г кардамона. Смешать в водкой в виде вытяжки и с подслащенным сиропом.

❧ Кристофле ❧

Взять 6 л водки. Вытяжка из 6,4 г корицы, 6,4 г гвоздики, 1/8 часть мускатного ореха, 210 г сахара, 2 рюмки сгущенного красного сандала. Слить все это в переместительную кастрюлю, несколько раз прокипятить, после чего процедить.

❧ Кумышка ❧

Используется закисшее коровье и овечье молоко. Иногда — кумыс. Дистилляция — двоение.

❧ Мараскинная водка (итальянская) ❧

Взять 12,3 л води. Используется спиртовая вытяжка из 130 г персиковых ядер, 103 г ядер слив, 77 г вишневых ядер, 26 г коричного цвета, 13 г миндаля горького и сладкого, 6,2 г мускатного ореха, 4,3 г гвоздики и вишни. Вытяжку эту смешать с водкой и после подцветить сахарным сиропом из 1025 г сахара и 6,4 г розовой и померанцевой водки.

❧ Московская водка ❧

Взять по 50 г имбиря, шалфея, мяты и настаивать 1 месяц в 1,2 л хорошо очищенного винного спирта в теплом месте, ежедневно взбалтывая. После этого процедить через бумагу и добавить 1,5 л воды.

❧ Пейсаховка ❧
(еврейская изюмная водка)

Взять 1—2 кг изюма на 10 л воды, когда изюм разбухнет, его выжать в ту же самую воду и бросить в сусло выжимки. Сбраживается обыкновенно. Дистилляция — двоение.

❧ Перцовка украинская ❧

Взять 4 л спирта и всыпать 7,7 г крупно истолченного красного или обыкновенного перца, поставить в теплое место недели на две. Процедить, развести сиропом (или без сиропа, смотря по вкусу), приготовленным из 3 стаканов воды и 600 г сахара. Дальше поступать так. Процедить сквозь фланель, на которую положить сперва ваты, потом углей, потом еще слой фланели. Тщательно укупорить бутылки с водкой и поставить их в теплое место, чтобы она устоялась несколько недель.

❧ Пульке (кактусовая водка) ❧

Взять сок кактусов (они у многих растут в доме). Произвести сбраживание обычным способом. Дистилляция — двоение. Тщательно очистить. Крепость пульке колеблется в пределах 32—34%.

❧ Ром домашний (1 вариант) ❧

Взять 1 л водки, 50 г ромовой эссенции, 10 г ванильной эссенции, 10 г ананасовой эссенции, 200 г сахара. Ромовую, ванильную и ананасовую эссенции смешать с водкой «Сибирская». Вскипятить сахар с водой. Этим сиропом, еще горячим, полить жженый сахар и размешать, пока он целиком не растворится. Совершенно остывшую жидкость смешать с водкой и эссенциями, разлить в бутылки и плотно закупорить. Ром пригоден к употреблению через 3—4 недели. Перед употреблением ром профильтровать.

❧ Ром домашний (2 вариант) ❧

Взять 12 л простой хлебной водки, добавить 800 г винного камня, 400 г сахара, сваренного в сироп, 1 г толченого аниса, 3 г толченого шафрана, 100 г сахара, который в куске нужно потереть по кожуре померанца, и пожелтевший, размягчившийся сахар соскрести, 200 г жженого сахара, 200 г орехов какао, поджаренных и смолотых, перегнать. Выгнанную водку вылить в большую посуду, всыпать в нее 16 кг чернослив, 8 кг поджареннх толченых грецких орехов, 800 г жженого сахара, 30 г уксусного эфира и 100 г сладкого селитрового спирта. Все хорошо взболтать, а потом дать отстояться, чтобы примеси осели на дно.

❧ Ром домашний (3 вариант) ❧

Взять бутылку малаги, 205 г пшена, крупно истолченного, 410 г крупного изюма, отваренного в воде, 12,9 г перуанского бальзама и сахарного сиропа по вкусу. Все это положить в посуду с 400 г воды и 200 г белых пивных дрожжей. Оставить бродить 3—4 дня. Затем прилить 12 л очищенного спирта, перегнать в кубе так, чтобы вышло 9,2 л. К этой перегнанной жидкости прибавить в холстяном мешочке 205 г свежей дубовой коры и 4,3 г аирного корня. Этот мешочек положить в бочонок в жидкостью, плотно его закупорив.

❧ Ром домашний (4 вариант) ❧

Взять 61,5 л очищенного хлебного вина, 2460 г лучшего пшена, пережженного наподобие кофе и крупно смолотого, 8,6 г шафрана. Все это положить в куб, перегнать, чтобы вышло 43 л жидкости. Подцветить жженым сахаром.

❧ Ром домашний «Эребуни» *) ❧

Взять 500 г винного спирта, 48 г ромовой эссенции, 4 чайные ложки жженого сахара, 500 г воды.

---

* Из домашней рецептуры агронома-винодела Асланяна Оганеса Татевосовича.

Сначала развести 96%-ный винный спирт с кипяченой водой. Затем добавить ромовую эссенцию (для получения приятного цвета) и жженый сахар.

❧ *Сакэ* ❧

Взять рис и рисовый солод. Сбродить сусло на солоде, после чего перед самой дистилляцией добавить сильно распаренный паром рис. Дистилляция — двоение. По вкусу сакэ напоминает херес и содержит от 16 до 18% алкоголя. Сакэ употребляется в горячем виде.

❧ *Спотыкач из акации* ❧

Взять 750 г спирта, 100 г цветов акации, 300 г сахара. Цветы акации, которые только-только распустились, пересыпать сахаром. Накрыть салфеткой, поставить в прохладное место на сутки. Затем выложить все на сито и промыть двумя стаканами чистой воды, добавить 3 стакана спирта, перемешать так, чтобы сахар весь растворился, разлить в бутылки.

❧ *Спотыкач из аниса* ❧

Взять 1,5 л водки, 2 кг сахара, 12 стаканов воды, 50 г аниса, по 1 г кориандра, корицы, гвоздики, цедру 1 апельсина.

Сухой анис высыпать на лист белой бумаги, подавить скалкой и положить в эмалированную кастрюлю, залить водкой (очень крепкой), дать постоять 8–10 часов и процедить. Отдельно на огне растворить сахар в 12 стаканах воды и, когда она закипит, удалить пену, снять с огня, смешать с настоявшейся водкой, вылить в бутыль и опустить туда специи и цедру апельсина. Ежедневно настойку взбалтывать. Через 4 суток ее процедить и разлить в бутылки. Спотыкач считается готовым через 6 месяцев.

❧ Спотыкач из кофе ❧

Взять 0,5 л водки, 6 столовых ложек молотого кофе, 2—3 стакана сахара, на кончике ножа ваниль.

Настоять в течение 24 часов молотый кофе на 6 стаканах холодной воды, процедить, всыпать щепотку ванили, сварить и снова процедить. В кофейный настой добавить сахар, варить на слабом огне, сняв с огня, влить постепенно 2 стакана водки, затем снова варить, помешивая до тех пор, пока не начнет выделяться пар. Снять с огня, охладить, разлить в бутылки, укупорить плотно пробками, хранить в холодном месте.

❧ Спотыкач из мяты ❧

Взять 1 л водки, 100 г сахара, листья мяты. Пригоршню листьев молодой свежей мяты залить водкой, поставить на солнце, выдержать так неделю. Сварить густой сироп из 100 г сахара, процедить настойку, влить в сироп, перемешать и еще раз процедить.

❧ Спотыкач из орехов ❧

Взять 1 л водки, 400 г зеленых грецких орехов, 400 г сахара, 10 косточек персика, 2—3 гвоздики, на кончике ножа корицы. Нарезать на 4 части 400 г зеленых грецких орехов, залить водкой, настаивать на солнце 1 месяц. Процедить, растворить в водке 400 г сахара, добавить 10 косточек персика или 20 вишневых, 2—3 гвоздики, немного корицы. Хорошо перемешать и еще настаивать 1 неделю, взбалтывая ежедневно, чтобы растворился сахар. Процедить, разлить в бутылки.

❧ Спотыкач из роз ❧

Взять 750 г спирта, 100 г бутонов роз, 300 г сахара. Цветущие бутоны роз пересыпать послойно сахаром. Накрыть салфеткой, поставить в прохладное место на сутки. Затем выложить все на сито и промыть двумя стаканами чистой воды, добавить 3 стакана спирта, перемешать так, чтобы сахар весь растворился и разлить в бутылки.

❧ Спотыкач из смородины ❧

Взять 1 кг черной смородины, 1 кг сахара, 3,5 стакана воды, 750 г водки.

Черную смородину перебрать, тщательно вымыть, обсушить на полотенце, сложить в эмалированную миску и деревянной толкушкой потолочь; сложить в полотняный мешочек, чтобы стек сок. Из 1 кг сахара и 3,5 стакана воды сварить густой сироп, все время снимая пенку. В готовый сироп влить сок из черной смородины и еще раз вскипятить, снять с огня, влить 750 г водки, хорошо размешать, поставить на небольшой огонь и, не доводя до кипения, непрерывно помешивая, дать наливке загустеть. После этого спотыкач остудить, разлить по бутылям, закупорить и хранить в сухом прохладном месте.

❧ Текила (мексиканская водка) ❧

Существует две разновидности водки этого сорта: молодая — чистая, бесцветная, и дозревающая в бочках — светло-желтая. Оба сорта содержат 45% спирта. Текила готовится из определенного сорта агавы, которая достигает зрелости только в возрасте 10 лет. Мякоть агавы надо измельчить, подогреть, дать перебродить и перегнать.

❧ Тутовка ❧

Взять ягоды белого и черного тута. Сделать сусло, сбродить обыкновенно. Дистилляция — двоение. Тутовка имеет специфический приятный ароматный и желтовато-зеленоватый оттенок.

❧ Французская водка ❧

Взять 12 л двойной хлебной водки, перегнать с 800 г винного камня и 400 г сахара, сваренного в сироп. Гнать до тех пор, пока получится 8 л водки. В полученную водку добавить 2 г жареного молотого кофе, по 800 г лимонной и померанцевой корки, 1,5 кг черной горелой хлебной корки, 1,5 л чистой воды. Перегнать, пока получится 6,5 л водки. После этого в эту водку нужно капнуть несколько капель сладкого селитрового спирта (spiritus nitri dulkis), а потом несколько капель эфира уксусного (acther aceticus), пока не получится настоящий запах и вкус французской водки.

❧ Чача ❧

Недозрелый виноград — отличное сырье для чачи. Давится сок, в него добавляют немного сахара и сбраживают. Дистилляция — двоение. Чача должна иметь приятный «винный» аромат.

КОКТЕЙЛИ С ВОДКОЙ

За рубежом водку по-русски пьют очень редко. Ее разбавляют содовой или другой водой. В США, например, повышение интереса к водке стало наблюдаться с того времени, когда американцы начали использовать водку для приготовления коктейлей.

Именно русская водка, в отличие от других базовых крепкоалкогольных напитков — джина, виски, бренди, коньяка — удачно сочетается с любыми базовыми и небазовыми алкогольными и безалкогольными напитками. Обладая только ей свойственным вкусом и ароматом, русская водка удачно «закрепляет» алкогольные коктейли, не искажая вкуса и аромата наполнителей. Во всех случаях получаются чудесные коктейли.

Имеются все основания предполагать, что в будущем водка, как базовый напиток, займет в приготовлении коктейлей ведущее место в мире.

К крепкоалкогольным базовым напиткам, содержащим свыше 10% сахара, относятся крепкие ароматические ликеры, многочисленные сладкие наливки, настойки, виноградные вина.

Изделия этой группы могут быть также прекрасными компонентами для приготовления коктейлей, если в качестве базового напитка используется водка.

Коктейли можно отнести к категории фантазийных напитков, когда каждый коктейль является плодом фантазии бармена, или хозяйки, если приготовляется в домашних условиях.

Но имеются и определенные правила, и международные стандарты, по которым он должен содержать максимум 60 мл спиртного и не более 5 компонентов.

Необходимо знать, что коктейли смешивают в специальных сосудах и только в исключительных случаях допустимо смешивать их прямо в стаканах перед употреблением. Сосуды для смешивания напитков: шейкер и тумблер. В шейкере смешивают напитки, содержащие яйца, молоко, сироп, сливки — то есть те напитки, которые требуют тщательного перемешивания и добавления измельченного льда. Такие коктейли бывают обычно непрозрачными и имеют тонкий слой пены.

Напитки, приготавливаемые быстрым смешиванием и быстрым охлаждением, без добавления большого количества льда, готовятся в тумблерах.

Большую роль при окончательной оценке качества, внешнего вида и популярности коктейлей играют укра-

шения стаканов и гарниры к напиткам. В них могут ярко проявиться вкус хозяина, его чувство цветовой гармонии и т. п.

Чаще всего для напитков длительного употребления дополнением служат маленькие кубики льда, ломтики и дольки лимона, апельсина или грейпфрута, вишенки, кожура лимона или апельсина, ананас, оливки, маринованный лук. Вишни добавляются к сладким или сладко-горьким коктейлям, оливки или лук подходят к сухим коктейлям. Для создания особо тонкого аромата добавляется завиток кожуры лимона или апельсина, очищаемой прямо над напитком, чтобы выделяющиеся капли сока кожуры покрывали поверхность коктейля, а затем уже в напиток бросают очищенные дольки. Ломтики апельсина или лимона отрезаются от разрезанного пополам плода так, чтобы их можно было легко съесть после того, как выпит коктейль.

Очень популярно украшение некоторых типов сладких коктейлей сахарным песком по верхнему ободку бокала. Для нанесения сахара надо смочить охлажденный бокал ломтиком лимона или апельсина, опустить его ободок в сахарный песок и повертеть в нем несколько секунд. Сахар налипает на ободок, и получается декоративное украшение края бокала.

При приготовлении коктейлей каждый может выразить свои творческие находки. Но вместе с тем, в этом деле нужно соблюдать и некоторые строгости:

1. Соблюдение дозировки и неизменности соотношения компонентов.

2. Добавляемые в напиток ломтики лимона должны иметь толщину 2–3 мм, а используемые для украшения стакана — 3–4 мм. Более тонкие ломтики плохо прилипают к краю стакана.

3. Нельзя разбивать яйца для коктейля над шейке-

ром. Все составляющие, уже находящиеся в шейкере, пропадут зря, если вдруг яйцо окажется несвежим.

4. Большинство коктейлей необходимо готовить перед подачей. Довольно скоро компоненты начинают разделяться и напиток приобретает не самый аппетитный вид.

5. Всегда необходимо охлаждать минеральную и содовую воду. Один-два кубика льда могут только улучшить напиток в стакане.

6. Смешивая напитки, никогда не надо добавлять в шейкер минеральную воду, содовую или шампанское. Эти компоненты надо наливать в бокалы с коктейлем непосредственно перед употреблением. При смешивании в шейкере, высвобождающаяся двуокись углерода вызывает «взрыв» с печальными последствиями для вас и ваших гостей.

7. Для украшения сахарным инеем ободка бокала лучше использовать сахарный песок или сахарную пудру, но не сахарную глазурь. В противном случае на бокале будут комочки, и весь он станет липким.

8. Для приготовления коктейлей надо использовать некипяченое и охлажденное молоко и сливки, чтобы их аромат сохранился в напитке, и они лучше смешивались с яйцом и сахаром.

9. Всегда подавайте напитки со льдом и фруктами вместе с ложкой или специальной вилкой для фруктов, а также вместе с соломинкой.

10. Хороший коктейль можно приготовить только из отличных напитков.

Алкогольные коктейли всегда значительно менее

крепкие, чем исходные компоненты, из которых они составлены. Они менее вредны для здоровья. Отечественная промышленность довольно много выпускает напитков, минеральной и содовой воды, плодово-ягодных соков и сиропов, которые можно использовать для приготовления алкогольных коктейлей.

Приведем ряд рецептов алкогольных коктейлей, где основным базовым компонентом является водка русская или иная. Смягчающими компонентами, как уже говорилось, являются ликеры, вино, сливки, фруктово-ягодные соки.

В зависимости от того, какой смягчающе-сглаживающий компонент используется, коктейли алкогольные с базовым компонентом водкой условно разделим на ликеро-водочные, винно-водочные коктейли с соками и газированной или минеральной водой.

ЛИКЕРО-ВОДОЧНЫЕ КОКТЕЙЛИ СО СЛИВКАМИ

❧ «Барбара» ❧

20 мл водки
20 мл белого ликера «Какао»
20 мл сливок
твердый мускатный орех
лед пищевой

Все компоненты и кусочки льда перемешать в шейкере. Перелить в рюмку для коктейлей и посыпать тертым мускатным орехом.

❧ «Белый русский» ❧

30 мл водки
20 мл ликера «Какао»

10 мл сливок
лед пищевой

Водку, ликер и кусочки льда перемешать в бармен-ском бокале. Перелить в рюмку для коктейлей. Положить сверху слегка взбитые сливки. Напиток также употреб-ляют с кусочками льда. Подается в маленьком стакане типа «тумблер». Можно приготовить в любое время дня.

«Белый чепец»

30 мл водки
10 мл ликера «Какао»
10 мл портвейна
10 мл взбитых сливок
лед пищевой

Все компоненты и кусочки льда перемешать в шейке-ре. Перелить в рюмку для коктейлей. Сливки положить так, чтобы они плавали на поверхности напитка. Кремо-вый коктейль подается после полудня.

«Водка Александр»

30 мл водки
15 мл белого ликера «Какао»
15 мл сливок
порошок какао
лед пищевой

Все компоненты и кусочки льда перемешать в шей-кере. Перелить в рюмку для коктейлей и посыпать порошком какао. Мягкий ароматный коктейль подается после еды.

«Гранат»

30 мл водки
30 мл ликера «Малиновый»
30 мл сливок

Приготовить в шейкере и подать без льда с соломинкой в рюмке «сауэр».

❧ «Индианополис» ❧

20 мл водки
20 мл голубого ликера «Кюрассо»
20 мл сливок
1-2 кусочка пищевого льда

Все компоненты и лед перемешать в шейкере. Перелить в рюмку для коктейлей и подать.

❧ «Каприз» ❧

30 мл водки
30 мл ликера «Старый Арбат»
30 мл сливок
1 чайную ложку меда

Приготовить в шейкере. Подать без льда в рюмке «сауэр».

❧ «Клубничный крем» ❧

20 мл малиновой водки (бесцветной)
20 мл клубничного ликера
20 мл сливок
ломтик киви
2 ягоды клубники
лед пищевой

Сливки, водку и ликер хорошо перемешать с кусочками льда, процедить в рюмку для коктейлей и украсить ломтиком киви и ягодами клубники.

❧ «Крокодил» ❧

30 мл водки
30 мл ликера «Шартрез»

30 мл сливок

Готовить и подавать как коктейль «Метелица».

«Лепесток»

20 мл водки
30 мл ликера «Бенедиктин»
30 мл сливок

Приготовить в шейкере. Подать без льда с соломинкой в рюмке «сауэр».

«Лицо младенца»

20 мл водки
20 мл ликера из черной смородины
20 мл сливок
лед пищевой

Все компоненты и кусочки льда перемешать в шейкере. Перелить коктейль в рюмку. Этот мягкий коктейль подается после еды.

«Метелица»

30 мл водки
30 мл ликера «Старый Арбат»
30 мл сливок

Приготовить коктейль в шейкере. Подать без льда в бокале для шампанского с соломинкой.

«Мятное мгновение»

40 мл водки
30 мл мятного ликера
30 мл сливок

Смешать водку, ликер, 10%-ные сливки. Подать без оформления.

❧ «Русалка» ❧

40 мл водки
30 мл вишневого ликера
30 мл сливок
2 кусочка пищевого льда

Смешать водку, ликер и 10%-ные сливки. Подать с кусочками льда в форме правильных кубиков.

❧ «Русский автомобиль» ❧

40 мл водки
10 мл итальянского ликера «Гальяно»
10 мл белого ликера «Какао»
40 мл сливок
лед пищевой

Все компоненты и кусочки льда перемешать в шейкере. Перелить в большую рюмку для коктейлей. Мягкий кремовый коктейль подается после еды.

❧ «Русский медведь» ❧

10 мл водки
50 мл кофейного ликера
25 мл сливок
10 г мускатного ореха
15 г молотого кофе
кубики пищевого льда

В бокалы положить по два кубика льда, налить поочередно ликер и водку. Сверху положить сливки, посыпать молотым кофе и мускатным орехом.

❧ «Саша» ❧

30 мл водки
30 мл ликера или шоколадного крема
30 мл сливок

Приготовить в шейкере, подать без льда в рюмке «сауэр».

✒ «Северный» ✒

20 мл водки
30 мл апельсинового ликер
20 мл сливок
лед пищевой

Смешать водку, ликер, 10%-ные сливки. Подать с мелкодробленым льдом.

✒ Коктейль «Смирнофф» ✒

25 мл водки
15 мл белого ликера «Какао»
15 мл зеленого мятного ликера
15 мл сливок
лед пищевой

Все компоненты и кусочки льда перемешать в шейкере. Перелить в рюмку для коктейлей. Подается на приемах.

✒ «Сосновый бор» ✒

20 мл водки
20 мл сливок
10 мл ликера «Шартрез»
10 мл болгарского ликера «Мастика»

Смешать компоненты в шейкере. Подать без льда в бокале для шампанского с соломинкой.

ВИННО-ВОДОЧНЫЕ КОКТЕЙЛИ С ДОБАВЛЕНИЕМ ЛИКЕРОВ И ДРУГИХ КРЕПКИХ НАПИТКОВ

«Артистический»

20 мл розового ликера
30 мл «Столичной» водки
50 мл шампанского
лед пищевой

Ликер и водку смешать в шейкере со льдом. Перелить в высокий конусный бокал, долить охлажденным шампанским.

«Водкатини»

40 мл водки
20 мл сухого вермута

Компоненты смешать. При подаче украсить оливкой на шпажке.

«Вулкан»

·20 мл малиновой водки (бесцветной)
20 мл голубого ликера «Кюрассо»
шампанское
кусочек апельсиновой кожуры

Водку и ликер налить в бокал для шампанского. Украсить кусочком апельсиновой кожуры, перемешать и добавить шампанское.

«Зеленая нега»

300 мл водки
150 мл мятного ликера
150 мл бананового ликера
200 мл «Мартини»

200 мл лимонного сока
лед пищевой

В шейкере перемешать все жидкие компоненты, кроме лимонного сока, и перелить в конические бокалы, на дно которых предварительно положить несколько кусочков льда. Остальную часть каждого бокала заполнить лимонным соком, края бокалов украсить листочками мяты и клубничками, нанизанными на шпажку.

«Зеленое море»

15 мл водки
15 мл мятного зеленого ликера
15 мл сухого вермута
лед пищевой

Все компоненты вместе с кусочками льда поместить в барменский бокал и перемешать, а затем перелить в рюмку. Подается в качестве аперитива.

«Звездная ночь»

40 мл водки
20 мл апельсинового ликера
20 мл ликера «Шартрез»
20 мл вермута

Смешать водку, ликеры и вермут. Подать с соломинкой или чайной ложкой.

«Золотая осень»

30 мл водки
30 мл наливки «Золотая осень»
30 мл сухого белого вермута

Смешать все компоненты в шейкере. Подать без льда в коктейльной рюмке.

❧ «Карузо» ❧

20 мл водки
20 мл мятного ликера
20 мл сухого вермута
Смешать водку, ликер и вермут.

❧ «Кир Империал II» ❧

20 мл водки
20 мл пряного черносмородинового ликера
шампанское
В бокал для шампанского налить водку и ликер из черной смородины, перемешать и добавить шампанское.

❧ «Криста Солар» ❧

30 мл водки
10 мл бесцветного ликера «Кюрассо»
10 мл портвейна
10 мл сухого вермута
1-2 мл горькой водки
кожура апельсина
лед пищевой
Все компоненты и кусочки льда перемешать в шейкере. Перелить в рюмку, для аромата добавить кожуру апельсина. Горько-сладкий ликер подается вечером.

❧ «Любимый» ❧

20 мл водки
20 мл сухого вермута
20 мл мандаринового ликера
2 кусочка кожуры апельсина
лед пищевой
Водку, вермут и ликер смешать в миксере вместе с кусочками льда, перелить в рюмку для коктейлей. Укра-

сить апельсиновой кожурой и положить в рюмку несколько кусочков льда. Полусухой фруктовый коктейль подается вечером.

❧ «Манго» ❧

20 мл «Смирновской» водки
10 мл десертного белого вермута «Экстра»
10 мл сока манго
нарезанные кубиками бананы
15 г льда пищевого

В бокал со льдом положить очищенные и нарезанные кубиками бананы, добавить сок манго и компоненты напитка. Напиток подавать с ложкой и соломинкой.

❧ «Мать-и-мачеха» ❧

60 мл «Смирновской» водки
40 мл десертного белого вермута
40 мл югославской ликер-настойки
«Амаро 18 Изабелла»
20 мл абркосового ликера
2-3 мл сока из листьев мать-и-мачехи
1 столовая ложка меда
2-3 кусочка льда пищевого

Взбить в миксере со льдом водку, абрикосовый сок, вино, ликер и сок из листьев мать-и-мачехи. Подать охлажденным или горячим. По желанию можно добавить столовую ложку липового меда.

❧ «Мимоза» ❧

40 мл «Московской» водки
25 мл белого сухого вина
15 мл лимонного ликера
1 кусочек льда пищевого

Смешать в миксере водку, вино, ликер. Подать с кусочком льда.

❧ «Монте Роса» ❧

20 мл водки
10 мл бесцветного ликера «Кюрассо»
10 мл итальянского вина «Кампари»
10 мл апельсинового сока
лед пищевой

Все компоненты и кусочки льда перемешать в шейкере. Перелить в рюмку для коктейлей. Подается в качестве аперитива.

❧ «Нежинская рябина» ❧

40 мл водки
40 мл настойки «Нежинская рябина»
40 мл сухого белого вина

Смешать в шейкере все компоненты. Подать без льда в коктейльной рюмке. Можно украсить ягодами рябины.

❧ «Премьера» ❧

40 мл водки
10 мл апельсинового ликера
20 мл мятного ликера
20 мл вермута
10 мл сахарного сиропа
долька или кружок абрикоса

Смешать водку, ликеры, сухой вермут и сахарный сироп. Дольку или кружок абрикоса положить в бокал с напитком.

❧ «Прима» ❧

20 мл водки
20 мл ликера

20 мл вермута
10 мл апельсинового сока
кружок апельсина

Смешать все компоненты коктейля. Украсить кружком апельсина.

❧ «Реликвия» ❧

50 мл водки
25 мл аперитива «Агнес»
25 мл вишневого ликера
лед пищевой

Все составные части смешать на льду и процедить в коктейльную рюмку.

❧ «Роберта» ❧

20 мл водки
20 мл сухого вермута
20 мл вишневого ликера
2 мл итальянского вина «Кампари»
2 мл бананового крема
кусочек апельсиновой кожуры
лед пищевой

Все компоненты и кусочки льда перемешать в барменском бокале. Перелить в рюмку для коктейлей. Ароматизировать апельсиновой кожурой. Полусухой коктейль подается в качестве аперитива.

❧ «Светлана» ❧

50 мл водки
10 мл десертного красного вермута
5 мл вишневого ликера
5 мл апельсинового сока
цедра апельсина

Приготовить в шейкере. Подать без льда в рюмке

«сауэр» с «инеем». Выжать и опустить в коктейль кусочек апельсиновой цедры.

❧ «Северные зори» ❧

60 мл «Русской» водки
40 мл «Северной» наливки
2-3 мл Рижского черного бальзама
3-5 ягод клюквы

Смешать в шейкере. Подать без льда в коктейльной рюмке. Украсить ягодами клюквы.

❧ «Северный полюс» ❧

30 мл водки
10 мл шотландского ликера «Дрэмбюи»
10 мл итальянского вина «Кампари»
лед пищевой

Все компоненты и кусочки льда перемешать в шейкере. Перелить в рюмку для коктейлей. Вечерний коктейль.

❧ «Старка» ❧

20 мл водки «Старка»
40 мл белого вермута
1 чайная ложка коньяка «Москва»
1 чайная ложка пряного ликера или сиропа
1 чайная ложка лимонного сока

Смешать вермут, водку, ликер, сок и коньяк.

❧ «Сузи Уонг» ❧

20 мл водки
20 мл мандаринового ликера
20 мл лимонного сока
шампанское
лед пищевой

Водку, ликер и сок смешать в миксере с кусочками

льда, перелить в бокал для шампанского и добавить шампанское.

❧ «Сумерки» ❧

40 мл водки
30 мл вишневого ликера
30 мл сухого вермута
консервированные ягоды вишни

Смешать водку, ликер и вермут. Консервированную вишню положить в бокал с напитком.

❧ «Сухой» ❧

30 мл водки
15 мл мятного ликера
20 мл шампанского

Смешать водку, ликер и шампанское. Без оформления.

❧ «Тарантелла» ❧

15 мл водки
15 мл бесцветного ликера «Кюрассо»
15 мл итальянского вина «Кампари»
сухое вино по вкусу
ломтик ананаса
ягода вишни для коктейля
лед пищевой

Все компоненты, кроме пенящегося вина, и кусочки льда перемешать в барменском бокале. Перелить в рюмку и добавить пенящееся вино. Ломтик ананаса положить на край рюмки и проткнуть шпажкой с вишенкой. Подается на приемах.

❧ «Тройное солнце» ❧

15 мл водки
15 мл бананового ликера

15 мл белого вермута
15 мл сухого вермута
1-2 мл гранатового сиропа
ягода вишни для коктейля
лед пищевой

Все компоненты и кусочки льда перемешать в барменском бокале. Перелить в рюмку для коктейлей. В рюмку с напитком положить вишенку. Ароматный коктейль подается на приемах.

ДЕСЕРТНЫЕ КОКТЕЙЛИ

❧ «Апельсин» ❧

500 мл «Русской» водки
500 мл апельсинового замороженного
сока в кубиках

Перемешать все в миксере в течение нескольких секунд. Разлить в бокалы и сразу же подать.

❧ «Борзая» ❧

60 мл водки
60 мл сока грейпфрута
лед пищевой

Водку и сок смешать в стакане с кусочками льда, подать с мешалочкой. Терпкий, фруктовый коктейль, подается в качестве аперитива.

❧ «Буравчик» ❦

40 мл «Московской» водки
25 мл сока лайма
10 г сахарной пудры
кусочек пищевого льда

Смешать в миксере водку, сок и сахарную пудру, положить кусочек льда правильной формы. Можно положить 1-2 ломтика апельсина. Подавать в качестве аперитива.

❧ «Великая герцогиня» ❦

30 мл водки
10 мл белого рома
10 мл лимонного сока
5 мл гранатового сока
лед пищевой

Все компоненты и кусочки льда перемешать в шейкере. Перелить в рюмку для коктейлей. Мягкий фруктовый коктейль подается вечером.

❧ «Водка-лимон» ❦

50 мл водки
25 мл лимонного сока
1 чашка содовой воды
2-3 кусочка пищевого льда

В высокий бокал положить лед, налить водку, сок и подать с содовой водой.

❧ «Водка сауэр» ❦

50 мл водки
20 мл лимонного сока
1 чайная ложка сахарного сиропа
ломтик лимона

1-2 ягоды вишни
лед пищевой

Приготовить в шейкере. Подать со льдом в рюмке «сауэр» с «инеем». Украсить коктейль ломтиком лимона и вишней.

❧ «Глюкоза» ❧

30 мл водки «Старка»
сок из 1/2 лимона
1 сочный персик без косточки
1 столовая ложка глюкозы

Взбить в миксере сок, персик и глюкозу. Затем в бокал добавить водку, слегка размешать, охладить и подать с соломинкой.

❧ «Запах ночных фиалок» ❧

100 мл «Кубанской» водки
сок 1/2 апельсина
1 чайная ложка отвара травы фиалки
  трехцветной полевой
2 чайные ложки сахарного сиропа
лед пищевой

Взбить в миксере все компоненты. Положить кусочки льда и разлить в бокалы.

❧ «Земной шар» ❧

40 мл водки
20 мл настойки «Золотая осень»
20 мл апельсинового сока
20 мл воды
2-3 ягоды перезрелой вишни
лед пищевой

В большой конусный бокал, украшенный «инеем», положить кусочки льда, влить настойку, водку и сок.

Осторожно опустить ягоды вишни и долить холодной водой.

❧ «Калевино Эг» (1 вариант) ☙

25 мл водки «Виру Валге»
100 мл апельсинового сока
дольки лимона
мед по вкусу

Смешать в миксере водку, апельсиновый сок и мед. Украсить очищенным и тонко нарезанным на дольки лимоном.

❧ «Калевино Эг» (2 вариант) ☙

Приготовить так же, как в предыдущем рецепте, только мед заменить эстонским ликером «Старый Таллинн».

❧ «Кремлевский полковник» ☙

40 мл водки
10 мл сока лайма
10 мл сахарного сиропа
3 листика мяты
лед пищевой

Все компоненты и кусочки льда перемешать в шейкере. Перелить в рюмку для коктейлей. Мяту мелко порезать и положить в рюмку для коктейлей. Сухой фруктовый коктейль, подается вечером.

❧ «Кровавая Мэри» ☙

40 мл водки
10 мл лимонного сока
120 мл томатного сока

острая соевая приправа
соль, перец, сельдерей
лед пищевой

Все компоненты и кусочки льда перемешать в стакане. По желанию можно добавить сельдерей. Пикантный ароматный напиток, оказывает взбадривающее действие.

☙ «Красное яблоко» ❧

50 мл водки
50 мл яблочного сока
20 мл лимонного сока
1 чайная ложка клубничного сиропа

Приготовить в шейкере. Подать без льда в мадерной рюмке.

☙ «Крупник» ставропольский с ванилью ❧

500 мл водки «Экстра»
250 мл меда
250 мл воды
1-2 палочки ванили
1 щепотка корицы
цедра 1 лимона

Мед с водой, ванилью, корицей, цедрой лимона вскипятить, снять с огня, добавить польскую водку «Экстра» и размешать. Подавать горячим в рюмках.

☙ «Линда» (медовый эстонский коктейль) ❧

80 мл водки
50 мл сока черноплодной рябины
50 мл сока красной смородины
20 г сахара
мед по вкусу
тонко нарезанные дольки лимона

❧ «Молния» ❧

20 мл водки
20 мл апельсиновой настойки
20 мл апельсинового сока
20 мл лимонного сока
сахарная пудра
40 мл воды
лед пищевой

Смешать с кусочками льда водку, настойку и соки. Затем охлажденный напиток вылить через сито в высокий широкий конусный бокал и добавить воду. Сверху посыпать его щепоткой сахарной пудры. Подать сразу же после приготовления.

❧ «Московский упрямец» ❧

60 мл водки
10 мл лимонного сока
20 мл гранатового сока
кусочек кожуры лимона
лед пищевой

Все компоненты налить в стакан с кусочками льда и перемешать. Положить в стакан кожуру лимона. Подавать с мешалочкой. Легкий пикантный коктейль, подается вечером.

❧ Ореховое молоко со «Старкой» ❧

25 мл водки «Старка»
1/2 столовой ложки грецких орехов
100 мл молока
1/2 чайной ложки порошка какао
1/2 столовой ложки меда
1/2 чайной ложки сливок
1 кубик пищевого льда

Растереть и взбить в миксере орехи с молоком и медом. Добавить остальное молоко, сливки, какао, водку. Подать в высоких стаканах со льдом.

✍ *Особый коктейль Мортона* ✍

40 мл водки
20 мл текилы (мексиканской водки)
40 мл апельсинового сока
1-2 мл гранатового сиропа
лед пищевой

Все компоненты и кусочки льда перемешать в шейкере. Перелить в рюмку для коктейлей. Фруктовый коктейль подается вечером.

✍ *«Отвертка»* ✍

40 мл водки
апельсиновый сок
1/2 ломтика апельсина
лед пищевой

Налить водку в стакан для вина среднего размера (типа «тумблер») с кусочками льда и добавить апельсиновый сок. Украсить край стакана ломтиком апельсина. Этот фруктовый коктейль подается в качестве аперитива или после еды.

✍ *Перцовый коктейль с березовым соком* ✍

40 мл украинской перцовой водки
1 чайная ложка лимонного сиропа
30 мл березового сока (или сиропа)
лед пищевой

В бокал налить лимонный сироп, перцовую водку, положить правильные кубики льда и долить свежий березовый сок.

❧ Перцовый коктейль с крапивой ❧

40 мл украинской водки с перцем
30 мл томатного сока
2 мл сока крапивы
лед пищевой

Смешать в миксере водку с перцем, положить правильные кубики льда, затем долить томатный сок и сок из свежей крапивы.

❧ «Полярная звезда» ❧

40 мл «Кубанской» водки
60 мл яблочного сока
2-3 маслины
кружок лимона
лед пищевой

В широкий конусный бокал опустить кусочки льда и маслины. Налить водку и яблочный сок. Украсить кружком лимона, разрезанного по радиусу и повешенного на край бокала.

❧ «Рапсодия» ❧

25 мл водки
20 мл апельсинового сока
20 мл лимонного сока
20 мл малинового сиропа
15 г пищевого льда

Смешать водку, апельсиновый сок, лимонный сок и сироп малины. Подать со льдом в форме кубика.

❧ «Румянец» ❧

50 мл водки
20 мл лимонного сока
1 чайная ложка крема «Кизиловый»

Приготовить в шейкере. Подать без льда в рюмке «сауэр» с «инеем».

❧ «Северное лето» ❧

40 мл водки
20 мл сиропа маракуйи
20 мл сока лайма
10 мл гранатового сиропа
80 мл апельсинового сока
ломтик лайма
ягода вишни
лед пищевой

Все компоненты осторожно перемешать в стакане с кусочками льда. Украсить край стакана фруктами. Гранатовый сироп добавляется в коктейль по желанию. Мягкий, сухой коктейль, подается в летнее время.

❧ «Скудрайвер» ❧

50 мл водки
100 мл апельсинового сока
2 кубика пищевого льда

В коктейльную рюмку положить лед, влить водку, сок и подать.

❧ «Соленый пес» ❧

50 мл водки
50 мл сока грейпфрута
соль
лед пищевой

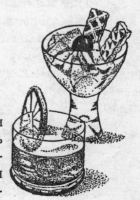

Край рюмки смазать соком и окунуть в соль. Сок и воду смешать в шейкере с кусочками льда и перелить в рюмку для коктейлей или стакан среднего размера (типа «тумблер»). Подавать коктейль в качестве аперитива или после еды.

❧ «Стрелец» ❧

50 мл водки
10 мл лимонного сока
1 чайная ложка сахарного сиропа
1 чайного ложка мятного ликера

Приготовить в шейкере. Подать без льда в рюмке «сауэр» с «инеем».

❧ «Томатс» ❧

20 мл анисовой водки
10 мл гранатового сиропа
вода
лед пищевой

Анисовую водку и сироп налить в рюмку для коктейлей и смешать со льдом, а затем добавить воду.

❧ Трехцветный фиалковый коктейль ❧

100 мл «Посольской» водки
1 столовая ложка меда
100 мл лимонного сока
5 мл отвара травы фиалки
20-30 г льда

Взбить в миксере «Посольскую» (или «Пшеничную») водку, мед, лимонный сок, отвар из травы трехцветной фиалки и фиалки полевой. Подать с мелкодробеным льдом.

❧ «Финская девственница» ❧

50 мл водки
5 мл миндального сиропа
5 мл сока лайма

ягода вишни
лед пищевой

Все компоненты и кусочки льда перемешать в шейкере. Перелить в рюмку и украсить вишенкой. Горько-сладкий фруктовый коктейль, подается вечером.

❧ «Циклон» ❧

5 мл водки
20 мл лимонного сока
10 мл ананасового сока
10 мл клюквенной настойки
брусочек мякоти ананаса
лед пищевой

Приготовить в шейкере. Подать в старомодном стакане, предварительно наполненном наполовину измельченным льдом. Украсить коктейль брусочком мякоти ананаса.

❧ «Штопор» ❧

50 мл водки
20 мл ликера
200 мл свежего апельсинового сока
кружок апельсина
2 кубика пищевого льда

Охлажденную водку, ликер и сок энергично встряхнуть на льду в шейкере, процедить в коктейльную рюмку, положить лед, украсить кружочком апельсина и подать.

❧ Ярославский бальзамированный коктейль ❧

80 мл водки
15 мл русского бальзама

1 долька маринованного огурца
2-3 кубика пищевого льда

Приготовить в миксере, подать с мелкодробленым льдом в старомодном стакане. В качестве дополнительного гарнира использовать дольку маринованного огурца.

ТОМАТНЫЕ КОКТЕЙЛИ

❧ «Аперитив с водкой» ❧

30 мл водки «Русской» или «Лимонной»
50 мл томатного сока
1 щепотка соли
1 щепотка перца молотого
20 мл лимонного сока
1-2 кубика пищевого льда

Смешать водку, томатный сок, щепотку соли и перца, добавить лимонный сок. Подать с кубиками льда.

❧ «Волчий персик» ❧

30 мл водки
30 мл томатного сока
1 чайная ложка лимонного сока
1 щепотка соли
перец черный молотый по вкусу
15 г льда

Хорошо размешать водку, томатный и лимонный соки, щепотку соли, немного перца и измельченного льда. Подать напиток в высоком цилиндрическом стакане.

❧ Гасконский арманьяк с томатным соком ❧

700 мл арманьяка
500 мл томатного сока
лимонный сок
перец молотый, соль

Смешать гасконский арманьяк, томатный сок, щепотку перца, несколько капель лимонного сока, соль по вкусу. Подать сильно охлажденным. Арманьяк можно заменить «Пшеничной», «Посольской» или «Сибирской» водкой.

КОКТЕЙЛИ ОЙСТЕР

«Шаман»

25 мл водки
1 столовая ложка томатного сока
1 яйцо
1 чайная ложка кетчупа или соуса
   «Южный»
1 чайная ложка лимонного сока
соль и перец по вкусу
зелень петрушки

Осторожно отделить яичный белок от желтка. Все компоненты, кроме желтка, взбить в шейкере. Содержимое перелить в коктейльную рюмку. Сверху коктейля столовой ложкой добавить нерастекшийся желток. Сбрызнуть его уксусом, украсить мелкими листиками пертушки, сельдерея или другой зеленью. Подать коктейль без льда. Пьют его одним глотком.

«Устричная раковина»

25 мл водки
1 чайная ложка кетчупа или соуса
   «Шашлычный»
соль и перец по вкусу
1 желток
зелень петрушки

Готовить и употреблять, как коктейль «Шаман».

ЛИКЕРО-ВОДОЧНЫЕ КОКТЕЙЛИ С ДОБАВЛЕНИЕМ ДРУГИХ КРЕПКОАЛКОГОЛЬНЫХ НАПИТКОВ

❧ «Абрикосы каждый день» ❧

40 мл водки
20 мл бренди «Абрикос»
10 мл лимонного сока
1-2 мл «Биттер лимон»
лед пищевой

Все компоненты, кроме «Биттер лимон» перемешать в шейкере вместе с кусочками льда и перелить в стакан. Добавить настойку «Биттер лимон» и слегка перемешать. Сухой фруктовый коктейль, подается вечером.

❧ «Авиация» ❧

30 мл водки
20 мл вишневого ликера «Мараскин»
5 мл бренди «Абрикос»
15 мл лимонного сока
лед пищевой

Все компоненты и кусочки льда перемешать в шейкере. Перелить в рюмку для коктейлей. Полусухой коктейль подается в качестве аперитива.

❧ «Апрель» ❧

4 мл водки
20 мл персикового ликера
20 мл «Черри-бренди»
20 мл гранатового сиропа
лед пищевой
ягоды вишни

В шейкере хорошо перемешать со льдом все жидкие компоненты, вылить в высокие стаканы. Украсить край каждого стакана двумя вишенками, нанизанными на шпажку.

«Бомба замедленного действия»

20 мл очищенного спирта
20 мл водки
20 мл лимонного сока
кожура лимона
лед пищевой

Спирт, водку и сок смешать в шейкере со льдом, процедить в рюмку для коктейлей и украсить срезанной с лимона кожурой.

«Волжский клиппер»

30 мл водки
20 мл бренди «Абрикос»
50 мл апельсинового сока
плод кумквата
лед пищевой

Все компоненты смешать в шейкере вместе со льдом и перелить в охлажденную рюмку для коктейлей. Украсить плодом кумквата. Полусухой фруктовый коктейль подают на приемах.

«Волжские моряки»

30 мл водки
30 мл «Черри-бренди»
30 мл апельсинового сока
дольки апельсина

Процедить смесь в стакан для коктейлей, украсить апельсиновыми дольками.

❧ «Господин» ❧

30 мл водки
20 мл абрикосового бренди
лед пищевой

Оба компонента с кусочками льда перемешать в стакане типа «тумблер». Подавать с мешалочкой. Этот ароматный коктейль принято употреблять после полудня.

❧ «Земляничка» ❧

30 мл водки
30 мл белого рома
10 мл лимонного сока
5 мл клубничного крема
1-2 ягоды клубники

Приготовить в шейкере. Подать без льда в рюмке «сауэр» с «инеем». Украсить клубникой.

❧ «Желтое море» ❧

25 мл водки
10 мл ликера
«Мараскин»
15 мл белого рома
15 мл итальянского ликера
«Гальяно»
10 мл сока лайма
5 мл сахарного сиропа
лед пищевой

Все компоненты и кусочки льда смешать в шейкере. Перелить в рюмку для **коктейля и подать.**

❧ «Казачок» ❧

400 мл водки
300 мл кофейного ликера
200 мл рома
300 мл ванильного сиропа
10 чайных ложек тертого шоколада
лед пищевой

В шейкер положить несколько кусочков льда, влить все жидкие компоненты коктейля и хорошо перемешать, вылить в высокие стаканы и посыпать сверху тертым шоколадом.

❧ «Марина» ❧

50 мл водки
50 мл сухого джина
1 чайная ложка апельсинового сока
2 кубика пищевого льда

В стакан для коктейлей налить водку, джин, сок, положить лед и подать.

❧ «Марио» ❧

50 мл водки
50 мл рома «Бокарди»
25 мл абрикосового ликера
3 кубика пищевого льда

В коктейльную рюмку положить лед, влить водку, ром, ликер и подать.

❧ «Международный» ❧

10 мл водки
25 мл коньяка
30 мл ликера «Шартрез»
25 г консервированых фруктов
лед пищевой

Водку, коньяк и ликер смешать со льдом в шейкере, процедить в коктейльную рюмку, положить консервированные фрукты и подать.

❦ «Огайо» (мужской коктейль) ❧

60 мл водки
20 мл десертного белого вермута
10 мл коньяка
30-50 мл шампанского

Смешать в бокале вермут, водку и коньяк. Остальную часть бокала заполнить, не перемешивая, холодным шампанским. Подавать с соломинкой.

❦ «Остров свободы» (кубинский коктейль) ❧

20 мл водки
40 мл лимонного
      ликера
10 мл кубинского
      рома
2 мл лимонного сока
цедра лимона

Смешать водку, лимонный ликер, ром и сок. Сверху посыпать измельченной лимонной цедрой или коркой перед подачей на стол.

❦ «Охотничий» ❧

200 мл водки «Охотничья»
10 мл водки «Лимонная»
100 мл ликера «Бенедиктин»
50 мл черного бальзама
50 мл коньяка
50 г консервированных фруктов
лед пищевой

Разлить по бокалам с фруктами и льдом черный бальзам, сверху осторожно налить ликер, затем коньяк и водку.

❧ «Пять углов» ❧

20 мл водки
20 мл десертного белого вина
20 мл джина
20 мл коньяка «Наполеон»
20 мл ликера «Южный»
сок половины лимона
1-2 кусочка пищевого льда

Смешать водку, вино, джин, коньяк и ликер. Добавить в рюмку лимонный сок. Подать со льдом в форме правильного кубика.

❧ «Равновесие» ❧

20 мл водки
10 мл белого рома
10 мл бесцветного ликера «Кюрассо»
5 мл гранатового сиропа
ягода вишни для коктейля
лед пищевой

Все компоненты и кусочки льда перемешать в шейкере. Перелить в рюмку, украшенную сахарным «инеем». Положить в напиток вишенку на шпажке. Полусухой фруктовый коктейль типа «краст» подается вечером.

❧ «Роза из Варшавы» ❧

50 мл водки «Выборовой»
30 мл вишневой наливки
15 мл ликера «Куантро»
1 чайная ложка ангостуры
лед пищевой

Перемешать со льдом вишневую наливку, водку, ликер, ангостуру. Сервировать ягодой вишни.

❧ «Старорусский» ❧

50 мл «Старорусской» водки
10 мл «Русского» бальзама
долька маринованного огурца
2-3 кубика пищевого льда

Смешать в миксере, подать в старомодном стакане с кубиками льда. Украсить долькой маринованного огурца.

❧ «Финская леди» ❧

40 мл водки
20 мл абрикосового бренди
10 мл лимонного сока
лед пищевой

Все компоненты и кусочки льда перемешать в шейкере. Перелить в рюмку. Подавать лучше вечером.

❧ «Фрегат» ❧

40 мл водки
5 мл рома
15 мл абрикосового ликера
консервированная ягода вишни
или черешни

Смешать водку, ром и ликер. Консервированную ягоду положить в бокал с напитком.

❧ «Царский» ❧

30 мл водки, крепостью 45-50%
15 мл сухого вермута
15 мл бренди «Абрикос»
1 капля бальзама

1 кружок лимона
лед пищевой

В стакан для смешивания положить 2-3 кубика льда, влить 30 мл охлажденной водки, сухой вермут, бренди, добавить бальзам и подать с кружком лимона, насадив его на край стакана.

ВИННО-ВОДОЧНЫЕ КОКТЕЙЛИ

❧ «Байкал» ❧

30 мл водки
20 мл сухого вермута
10 мл апельсинового сока
10 мл льда пищевого

Смешать водку, вермут и сок. Подать с мелкодробленым льдом.

❧ «Балтика» ❧

20 мл водки «Балтика»
20 мл водки «Экстра»
20 мл «Зубровки» или «Соплики»
60 мл ликера «Шартрез»
лед пищевой

Положить на дно бокала кусочки льда правильной формы. Осторожно налить слоями «Шартрез» и водку «Балтика», «Шартрез» и водку «Экстра», «Шартрез» и водку «Зубровка» или «Соплика». Подать, не размешивая, с соломинкой.

❧ Водка «Тинн» ❧

40 мл водки
20 мл сухого вермута «Мартини»

1-2 шт. оливки
1-2 кубика пищевого льда

Все компоненты и кусочки льда перемешать в барменском бокале. Перелить в рюмку для коктейлей и
украсить оливкой на шпажке. Коктейль для приемов.

«Восточный»

40 мл водки
20 мл красного вермута
1-2 маслины (или кружок лимона)
лед пищевой

Положить в бокалы по 2 кубика льда, затем влить
водку и вермут. Аккуратно перемешать длинной коктейльной ложкой. При подаче в каждый бокал опустить
надетую на длинную шпажку маслину.

«Восточный ветер»

20 мл белой водки
20 мл сухого вермута
20 мл красного вермута
1/2 ломтика апельсина
1/2 ломтика лимона
лед пищевой

Водку и вермут смешать со льдом в рюмке для
аперитивов, украсить ломтиками фруктов край рюмки.

«Джеймс Бонд»

40 мл водки
1-2 мл горькой настойки *
шампанское

---

* Горькая настойка - горькая водка, незаменимая для ароматизации
смешанных напитков. Изготавливается на основе экстракта из кожуры
апельсина, кореньев горечавки, дягиля, коры хинного дерева, гвоздики,
цветов муската.

В плоском бокале для шампанского смешать водку и горькую настойку, добавить шампанское.

❧ «Водка Джибсон» ❧

40 мл водки
10 мл сухого вермута
лед пищевой

Все компоненты и кусочки льда перемешать в барменском бокале и перелить в рюмку для коктейлей. Подается в качестве аперитива.

❧ «Забияка» ❧

30 мл водки
30 мл портвейна
30 мл аперитива «Орандж»

Смешать в шейкере или миксере. Подать без льда в коктейльной рюмке.

❧ «Золотой палец» ❧

20 мл водки
40 мл красного вермута «Россо Антико»
10 мл апельсинового сока
1-2 мл горькой апельсиновой водки
лед пищевой

Все компоненты и кусочки льда перемешать в шейкере. Перелить в рюмку для коктейлей. Фруктовый коктейль с легким травяным привкусом, подается вечером.

❧ «Кенгуру» ❧

40 мл водки
20 мл сухого вермута
кусочек кожуры лимона
лед пищевой

Все компоненты и кусочки льда перемешать в барменском бокале. Перелить в рюмку и для аромата сбрызнуть соком из кожуры лимона, а затем положить кожуру в рюмку. Полусухой коктейль подается в качестве аперитива.

❧ «Кинг-водка» ❧

(Перцовый коктейль «Королевская водка»)
>   60 мл водки
>   10 мл десертного белого вермута
>   20 мл апельсиновой настойки
>   20 мл перцовой настойки
>   1-2 кусочка льда пищевого

Смешать в стакане со льдом водку, вермут, апельсиновую и перцовую настойку. Подать коктейль в конусном фужере.

❧ «Кнуж» ❧

>   20 мл «Пшеничной» водки
>   80 мл сока грейпфрута
>   пенящееся вино
>   лед пищевой

Водку и сок смешать в шейкере вместе со льдом, перелить в бокал для шампанского и добавить сухое пенящееся вино.

❧ «Маслина» ❧

>   30 мл водки
>   15 мл белого крепкого вермута
>   1 маслина
>   1 кусочек льда пищевого

Водку и вермут смешать в широком конусном бокале со льдом и положить маслину.

✤ «Мечтатель» ✤

30 мл водки
10 мл сухого вермута
10 мл сухого хереса
кусочек лимонной кожуры
лед пищевой

Все компоненты и кусочки льда перемешать в барменском бокале. Перелить в рюмку, сбрызнуть соком из кожуры лимона и положить ее в рюмку с напитком. Ароматный сухой коктейль подается в качестве аперитива.

✤ «Мисхор» ✤

20 мл водки
20 мл ликера «Шартрез»
50 мл шампанского
10 мл абрикосового сока
долька абрикоса

Смешать водку, ликер, «Золотое» или «Крымское» шампанское и сок. Дольку или кружок абрикоса положить в бокал с напитком.

✤ Можжевеловый коктейль ✤

25 мл «Посольской» или «Пшеничной» водки
5 мл «Золотого» шампанского
можжевеловый экстракт по вкусу
1 чайная ложка сахарного сиропа

Смешать в миксере сахарный сироп, водку, шампанское и экстракт из зрелых ягод можжевельника. Подать охлажденным с соломинкой.

✤ «Праздничный» ✤

10 мл белой водки
10 мл малиновой водки (бесцветной)
шампанское

В бокале для шампанского смешать оба сорта водки, добавить шампанское.

❧ «Пэди-коктейль» ❧

30 мл водки
20 мл итальянского вина «Кампари»
10 мл ликера «Кюрассо»
ягода вишни для коктейля
1 / 2 дольки лимона
лед пищевой

Все компоненты и кусочки льда перемешать в барменском бокале.

Перелить в рюмку для коктейлей. Ломтик лимона и вишенку одеть на шпажку и положить на рюмку. Ароматный коктейль, подается как аперитив.

❧ «Рулетка» ❧

30 мл водки
30 мл итальянского вина «Кампари»
10 мл гранатового сока
1-2 дольки апельсина
лед пищевой

Все компоненты налить в стакан с кусочками льда и перемешать. Положить в стакан с напитком половину дольки апельсина. Подавать с мешалочкой. Горький фруктовый коктейль подается после еды.

❧ «Солнечный» ❧

30 мл водки
20 мл белого десертного вермута
20 мл ананасового сока или сока манго
5-10 г ананасов или абрикосов
1-2 кусочка льда пищевого

В бокал со льдом положить ананасы, нарезанные

мелкими кубиками, а затем добавить все остальные компоненты коктейля. Для фруктов подать ложечку.

❧ «Специальная водка» ❧

50 мл водки
50 мл ананасового сока
50 мл шампанского
лед пищевой

Водку и сок встряхнуть со льдом в шейкере и процедить в бокал для шампанского, добавить шампанское и подать (можно добавить 1-2 ягоды вишни).

❧ «Французский 76» ❧

30 мл водки
10 мл лимонного сока
1 ложечка сахарного или гранатового
сиропа
шампанское

Хорошо перемешать в шейкере водку, лимонный сок и сахарный сироп, перелить в бокал для шампанского.

❧ «Щелчок» ❧

20 мл водки
20 мл сухого вермута
20 мл сока лайма
кусочек кожуры лайма
лед пищевой

Все компоненты и кусочки льда перемешать в барменском бокале.

Перелить в рюмку для коктейлей. Кожуру лайма положить в рюмку для аромата. Подается в качестве аперитива.

ВОДОЧНЫЕ КОКТЕЙЛИ С СОДОВОЙ ИЛИ МИНЕРАЛЬНОЙ ВОДОЙ

«Айван Коллинз»

40 мл водки
20 мл лимонного сока
10 мл сахарного сиропа
содовая вода
1/2 дольки лимона
ягода вишни для коктейля
лед пищевой

Все компоненты, кроме содовой воды, налить в стакан с кусочками льда, добавить содовую воду и хорошо перемешать. Край стакана украсить половинкой дольки лимона, а вишенку опустить в стакан с напитком, подавать с длинной мешалочкой. Этот освежающий коктейль можно подавать в течение всего дня.

Водка с перечной мятой

20 мл водки
20 мл мятного сиропа
тоник
спираль из кожуры лимона
лед пищевой

Водку с сиропом, а также кусочки льда перемешать в шейкере и перелить в стакан. Добавить тоник и перемешать еще раз. Спираль из кожуры лимона повесить на край стакана. Сухой ароматный коктейль подается на приемах.

«Горько-сладкий»

20 мл водки
20 мл сока грейпфрута

20 мл лимонного сиропа
содовая вода
большой шарик лимонного
мороженого

Мороженое, водку, сок грейпфрута и лимонный сироп поместить в стакан и перемешать. Добавить содовую воду и снова слегка перемешать. Подавать с мешалочкой. Легкий сухой фруктовый коктейль, подается в летнее время.

❧ «Зеленый паук» ❧

40 мл водки
20 мл мятного сиропа
содовая вода
веточка мяты
лед пищевой

Положить в бокал несколько кусочков льда, налить водку и мятный сироп. Затем добавить содовую воду и украсить веточкой мяты. Ароматный, освежающий коктейль, подается в летнее время.

❧ «Ле Манс» ❧

30 мл водки
30 мл ликера «Куантро»
содовая вода
ломтик лимона
лед пищевой

Смешать в бокале водку и ликер, добавляя кусочки льда. Налить содовую воду и украсить ломтиком лимона.

❧ «Манболз» ❧

30 мл водки
40 мл мандаринового ликера

20 мл лимонного сока
10 мл гранатового сиропа
тоник
ломтик мандарина
лед пищевой

Осторожно перемешать в стакане жидкие компоненты, кроме тоника. Положить лед в форме кубиков, наколоть на шпажку ломтик мандарина и положить на стакан, влить тоник. Подавать с мешалочкой.

❧ «Площадь» ❧

40 мл водки
20 мл ликера из маракуйи
20 мл кокосового крема
содовая вода
долька апельсина
ягода вишни для коктейля
лед пищевой

Все компоненты и кусочки льда налить в стакан и осторожно перемешать. Край стакана украсить ломтиком апельсина и наколоть на шпажку вишенкой. Положить мешалочку и подавать на стол. Освежающий легкий напиток.

❧ «Самурай» ❧

30 мл водки
15 мл голубого ликера «Кюрассо»
15 мл кокосового крема
содовая вода
ягода вишни для коктейля
кусочек кожуры апельсина
кусочек кожуры лимона

Осторожно перемешать все компоненты. Вишенку и

кожуру наколоть на шпажку и закрепить на краю стакана. Подавать с мешалочкой. Кремовый летний коктейль.

❧ *«Серрера»* ❧

30 мл водки
20 мл голубого ликера «Кюрассо»
10 мл лимонного сока
содовая вода
1/4 ломтика ананаса
кусочек кожуры апельсина
ягода вишни для коктейля
лед пищевой

Все компоненты, кроме содовой воды, налить в шейкер. Перемешать и перелить в стакан, наполненный кусочками льда. Ломтик ананаса, кожуру апельсина и вишенку наколоть на шпажку и укрепить на краю стакана. Подавать с мешалочкой.

❧ *«Ужасник»* ❧

20 мл водки
20 мл ликера «Дутаннет»
20 мл тоника
лед пищевой

Все компоненты и кусочки льда поместить в маленький, типа «тумблер», стакан и осторожно перемешать. Вечерний коктейль.

❧ *«Фанта»* ❧

40 мл водки «Старка»
30 мл финского ликера «Полар»
30 мл румынского горького ликера «Амаро»
50 мл фанты
2 ст. ложки лимонного сиропа

ягоды малины
листья мяты

Хорошо перемешать в миксере все жидкие компоненты, сироп добавить по желанию. Перед подачей напиток охладить, украсить ягодами малины и листочками перечной мяты.

ЛИКЁРО-ВОДОЧНЫЕ КОКТЕЙЛИ

✦ «Аида» ✦

200 мл лимонной водки
400 мл лимонного сока
150 мл яичного ликера
150 мл ликера «Амаретто»
лед пищевой

Смешать в шейкере вместе с колотым льдом все компоненты коктейля и разлить в высокие бокалы или стаканы. Украсить каждый стакан кружком лимона и маслиной, нанизанными на шпажку.

Это коктейль, возбуждающий аппетит.

✦ «Акведук» ✦

30 мл водки
20 мл лимонного сока
10 мл ликера «Старый Арбат»
        или «Южный»
10 мл ликера «Абрикосовый»
цедра апельсина

Приготовить в шейкере. Подать без льда в рюмке «сауэр». Выжать и опустить в коктейль кусочек апельсиновой цедры.

❧ «Анна Шпет» ❧

«Пшеничная» водка
«Алычевый» ликер
кусочки пищевого льда в форме кубиков или
  шариков по 6-8 г правильной формы,
  величиной с грецкий орех

Налить в рюмку поровну «Пшеничную» водку и «Алычевый» ликер. Положить лед.

❧ Апельсиновая водка ❧

30 мл водки
10 мл апельсинового ликера
10 мл сока лайма
1/2 дольки апельсина

Все компоненты и кусочки льда перемешать в шейкере. Перелить в рюмку для коктейлей. Украсить край рюмки ломтиком апельсина. Полусухой коктейль подается в любое время года.

❧ Столичный коктейль «Арбат» ❧

35 мл водки
20 мл ликера малинового или клубничного
30 мл сока малины или клубники
20 мл воды
15 г пищевого льда

Смешать все компоненты, добавить лед в форме кубиков правильной формы. Хорошо размешать встряхиванием смесь из сока малины (клубники), отжатой через тонкую ткань или чистое сито, сахарной пудры, малинового (клубничного) ликера, водки и воды. Разлить в бокалы, положить на дно несколько кусочков льда правильной формы. Таким же способом можно приготовить коктейли с другими ягодами.

❧ «Балалайка» ❧

50 мл водки
25 мл апельсинового сока
25 мл апельсинового ликера
1 апельсиновый кружок

В коктейльную рюмку налить водки, сок, ликер и подать с кружком апельсина.

❧ «Балтика» ❧

35 мл водки
5 мл голубого ликера «Кюрассо»
15 мл сока маракуйи
5 мл лимонного сока
апельсиновый сок
1/2 ломтика апельсина, вишенки
лед пищевой

Все компоненты и кусочки льда перемешать в шейкере. Перелить в рюмку для коктейлей. Ломтик апельсина и вишенку наколоть на шпажку и закрепить на краю стакана.

Освежающий летний фруктовый коктейль можно употреблять в любое время дня.

❧ «Барбара» ❧

20 мл водки
20 мл ликера «Какао»
лед пищевой

Все компоненты хорошо смешать в шейкере со льдом, процедить в рюмку для коктейлей.

❧ «Беренцер Парадиз коктейль» ❧

25 мл водки
25 мл яблочного ликера

15 мл апельсинового сока
10-20 мл итальянского вина «Кампари»
ломтики яблока, консервированная
вишенка, веточка мяты
лед пищевой

Все компоненты и кусочки льда перемешать в шейкере. Перелить в рюмку для коктейлей. Ломтики яблока, вишенки и веточку мяты одеть на шпажку и положить на рюмку. Коктейль подается в качестве аперитива.

❧ «Бельведер» ❧

20 мл водки
20 мл рябиновой настойки
20 мл вишневого ликера
30 мл яблочно-вишневого сока
пищевой лед

В шейкер положить несколько кубиков пищевого льда, влить жидкие компоненты коктейля и хорошо размешать. Вылить в бокал, дно которого предварительно заполнить колотым льдом.

❧ «Бим-бом» ❧

20 мл водки
20 мл смородинового ликера
20 мл вишневого сока
500 мл шампанского или газированной воды
долька лимона или апельсина
лед пищевой

Все жидкие компоненты, кроме шампанского, смешать в шейкере со льдом. Вылить в широкий бокал, на дно которого уложен ломтик лимона или апельсина, и долить шампанским или газводой.

❧ «Божество» ❧

50 мл водки
20 мл ликера «Шартрез»
30 мл лимонного сока
Смешать водку, ликер и сок. Без оформления.

❧ «Венера» ❧

20 мл водки
20 мл вермута
20 мл яблочного ликера
40 мл апельсинового сока
лед пищевой
Заполнить дно высокого бокала кусочками льда и аккуратно влить в него жидкие компоненты коктейля. Перед подачей осторожно перемешать длинной ложкой. Украсить можно кружочками апельсина или нарезанными дольками консервированного яблока.

❧ «Вечерний закат» ❧

30 мл водки
10 мл вишневого ликера
20 мл вишневого сока
20 мл лимонного сока
10 мл сахарного сиропа
кружок лимона
лед пищевой
Смешать в стакане со льдом водку, ликер, соки, сироп. Через ситечко слить в широкий фужер, предварительно наполненный на четверть мелкодробленым льдом. Украсить кружком лимона.

❧ «Волга» ❧

35 мл водки
10 мл мятного ликера
15 мл апельсинового ликера
25 мл лимонного сока
 сахарный песок
лед пищевой

Водку, ликеры и сок смешать на льду в шейкере, процедить в коктейльную рюмку, добавить сахарный песок и подать.

❧ Водка «Гимлет» ❧

50 мл водки
20 мл лимонного сока
1 чайную ложку ликера «Старый Арбат»
 или «Южный»

Приготовить в шейкере. Подать без льда в рюмке «сауэр» с «инеем».

❧ «Голубой день» ❧

40 мл водки
20 мл голубого ликера «Кюрассо»
1-2 мл горькой апельсиновой водки
1/2 дольки апельсина
лед пищевой

Все компоненты и кусочки льда перемешать в шейкере. Перелить в рюмку для коктейлей. Край рюмки украсить половиной дольки апельсина. Мягкий фруктовый коктейль подается вечером.

❧ «Голубая лагуна» ❧

40 мл водки
20 мл голубого ликера «Кюрассо»

1-2 мл лимонного сока
лимонад
ломтик лимона
лед пищевой

Все компоненты, кроме лимонада, перемешать с кусочками льда в стакане. Добавить лимонад и снова слегка перемешать. Украсить край стакана ломтиком лимона. Летний мягкий фруктовый коктейль.

❧ «Джипси» ❦

50 мл водки
10 мл ликера «Бенедиктин»
1 чайная ложка лимонного сока
1 чайная ложка апельсинового сока
долька апельсина
лед пищевой

Приготовить в шейкере. Подать в старомодном стакане с 2-3 кубиками льда. Украсить долькой апельсина.

❧ «Закат» ❦

30 мл водки
30 мл лимонного сока
30 мл вишневого ликера
1-2 ягоды вишни
лимонная цедра

Приготовить в шейкере. Подать без льда в рюмке «сауэр» с «инеем». Украсить вишней. Выжать и опустить в коктейль кусочек цедры лимона.

❧ «Зеленые луга» ❦

30 мл водки
30 мл мятного ликера
40 мл вишневого сока

Смешать водку, ликер и сок. Без оформления.

❧ «Зеленая надежда» ❧

30 мл водки
15 мл зеленого ликера
10 мл бананового ликера
10 мл виноградного сока
10 мл лимонного сока
красная и зеленая ягоды вишни
лед пищевой

Все компоненты и кусочки льда перемешать в шейкере. Перелить в рюмку для коктейлей. Вишенки проткнуть шпажкой и положить на рюмку. Полусухой коктейль, подается как аперитив.

❧ «Касабланка» ❧

30 мл водки
20 мл яичного ликера
20 мл лимонного сока
40 мл апельсинового сока
лед пищевой

Все компоненты с кусочками льда перемешать в шейкере. Перелить в стакан, наполненный до половины ледяной крошкой. Фруктово-кремовый коктейль, подают в вечернее время.

❧ «Консул» ❧

30 мл водки
20 мл малинового ликера
40 мл сока грейпфрута
10 мл лимонного сока
лед пищевой

Все компоненты и кусочки льда перемешать в шейкере. Перелить в стакан средней величины, наполненный кусочками льда. Терпкий фруктовый коктейль, подаваемый на приемах.

«Кентавр»

30 мл водки
30 мл мятного ликера

Приготовить в шейкере. Подать без льда в коктейльной рюмке.

«Колокольчик»

50 мл водки
30 мл ликера «Старый Арбат»

Готовить и подавать, как в предыдущем рецепте.

«Коралловый»

40 мл водки
20 мл вишневого ликера
10 мл лимонного сока
20 мл сахарного сиропа
кружок лимона

Смешать водку, вишневый ликер, лимонный сок, сахарный сироп. Украсить кружком лимона.

«Космонавты»

40 мл водки
10 мл апельсинового ликера
20 мл ликера «Шартрез»
10 мл сухого вермута
20 мл апельсинового сока
кружок лимона или апельсина

Смешать водку, апельсиновый ликер, ликер «Шартрез», вермут и апельсиновый сок. Кружок лимона или апельсина горизонтально положить на бокал с коктейлем.

«Красный лев»

50 мл водки
50 мл ликера «Кофейный»

Приготовить в шейкере. Подавать без льда в коктейльной рюмке.

❧ «Красные мечты» ❧

30 мл водки
10 мл вишневого ликера
10 мл сока лайма
вишенка
пищевой лед

Все компоненты и кусочки льда перемешать в шейкере. Перелить в рюмку для коктейлей. Край рюмки украсить вишенкой. Сухой вишневый коктейль подается в вечернее время.

❧ «Красное море» (1 вариант) ❧

60 мл водки
25 мл ликера «Вишневый»
1-2 ягоды вишни или черешни

Водку и ликер смешать в смесительном стакане на льду, процедить в коктейльную рюмку, положить вишенку и подать.

❧ «Красное море» (2 вариант) ❧

Ликер и водку влить в старомодный стакан, наполовину наполненный кубиками льда, а сверху положить фрукты и подать.

❧ «Красная площадь» ❧

20 мл водки
20 мл белого крема * «Какао»
10 мл лимонного сока
0,5 столовой ложки гранатового сиропа

---

* Крем — густой ликер.

ягода вишни для коктейля
пищевой лед

Все компоненты и кусочки льда перемешать в шейкере. Перелить в рюмку для коктейлей. Край рюмки украсить вишенкой. Ароматный, легкий сухой коктейль, подается в любое время года.

❧ «Красный русский» ❧

30 мл водки
20 мл вишневого ликера
пищевой лед

Положить в маленький стакан типа «тумблер» кусочки льда, налить водку, ликер и смешать. Мягкий фруктовый коктейль, подается после еды.

❧ «Крестная мать» ❧

30 мл водки
20 мл миндального ликера «Амаретто»
лед пищевой

В стакан типа «тумблер» положить несколько кусочков льда, налить водку и ликер, перемешать. Этот коктейль хорош для пищеварения. Употребляют после сытного обеда те, кто не любит крепкие спиртные напитки.

❧ «Кубано» ❧

75 мл водки
25 мл итальянского вина «Кампари»
10 мл кофейного ликера
сок лимона
1 кубик пищевого льда

В бокале для шампанского смешать все компоненты, положить кубик льда и подать.

❧ «Лавина» ❧

50 мл водки
10 мл ликера «Старый Арбат»
10 мл лимонного сока
ломтик апельсина

Приготовить в шейкере. Подать без льда в рюмке «сауэр» с «инеем». Украсить ломтиком апельсина.

❧ «Летящий кузнечик» ❧

20 мл водки
10 мл белого ликера «Какао»
10 мл мятного зеленого ликера
зеленая ягода вишни для коктейлей
лед пищевой

Все компоненты и кусочки льда смешать в шейкере. Перелить в рюмку для коктейлей. Украсить вишенкой край рюмки. Ароматный мягкий коктейль подается вечером.

❧ «Любовный ноктюрн» ❧

40 мл водки
10 мл шотландского ликера «Дрэмбюи»
10 мл ангостуры *
пищевой лед

Все компоненты и кусочки льда перемешать в барменском бокале. Перелить в рюмку для коктейлей. Легкий сухой коктейль подается после еды.

❧ Малиновый коктейль «Пальмира» ❧

40 мл водки
30 мл ликера «Южный»
10 мл лимонного сока
20 мл малинового сиропа

---

* Ангостура — горькая водка.

Смешать водку, ликер «Южный», лимонный сок и малиновый сироп.

❧ «Малиновый флип» ☙

50 мл водки
50 мл ликера «Малиновый»
1 чайная ложка лимонного сока
1 яйцо
шоколад или мускатный орех

Приготовить коктейль в шейкере или электромиксере. Подать в стакане «тумблер» с соломинкой. Сверху флип посыпать щепоткой измельченного на мелкой терке мускатного ореха или шоколада.

❧ «Маравод» ☙

30 мл водки
10 мл вишневки
10 мл вишневого ликера «Мараскин»
ягода вишни
пищевой лед

Все компоненты и кусочки льда перемешать в барменском бокале. Перелить в рюмку для коктейлей, положить в напиток вишенку на шпажке. Чуть сладкий коктейль употребляется лучше вечером.

❧ «Морская пена» ☙

50 мл водки
20 мл ликера «Шартрез»
20 мл лимонного сока
0,5 яичного белка

Приготовить в шейкере. Подать без льда в рюмке «сауэр».

❧ «Мотоциклетная коляска» ❧

20 мл водки
20 мл бесцветного ликера «Кюрассо»
5 мл лимонного сока
лед пищевой

Все компоненты и кусочки льда перемешать в шейкере. Перелить в рюмку для коктейлей. Горько-сладкий коктейль для вечера.

❧ «Москва» ❧

40 мл водки
30 мл ликера «Южный»
10 мл цитрусового сока
20 мл малинового сиропа
лед пищевой

Все компоненты влить в шейкер и быстро встряхнуть на льду, затем процедить в коктейльную рюмку.

❧ «Мятный аромат» ❧

250 мл «Столичной» водки
200 мл мятного ликера
сок одного апельсина
лимонная цедра
лед пищевой

Тщательно размешать водку, ликер, сок и цедру. Смесь разлить в бокалы и подать со льдом.

❧ «Небеса так прекрасны» ❧

40 мл водки
10 мл ликера «Амаретто»
10 мл ликера «Гальяно»
лед пищевой

Все компоненты с кусочками льда перемешать в шейкере. Перелить в рюмку для коктейлей. Пикантный коктейль подается после еды.

❧ «Никко» ☙

35 мл водки
15 мл голубого ликера «Кюрассо»
5 мл лимонного сока
5 мл ананасового сока
апельсиновый сок
веточка мяты
лед пищевой

Все компоненты, кроме апельсинового сока, перемешать в шейкере с кусочками льда. Перелить в стакан с кусочками льда, добавить апельсиновый сок и перемешать. Положить в стакан веточку мяты. Подавать с мешалочкой.

❧ «Овидий» ☙

30 мл водки
30 мл голубого ликера «Кюрассо»
20 мл сока грейпфрута
сухое пенящееся вино
1/2 ломтика лимона
листик мяты
лед пищевой

Все компоненты, кроме пенящегося вина, и кусочки льда перемешать в шейкере. Перелить в плоскую рюмку для шампанского и добавить пенящееся вино. Украсить край рюмки половиной ломтика лимона, а лист мяты положить в напиток.

Подается на приемах.

❧ «Огромный шар» ❧

20 мл водки
20 мл ликера «Южный»
60 мл апельсинового сока
цедра лимона
лед пищевой

В шарообразный бокал положить в виде спирали цедру лимона, налить водку, ликер, сок, а затем осторожно опустить кубики льда правильной формы. Пить через соломинку.

❧ «Оксана» ❧

20 мл водки
30 мл вишневого ликера
30 мл ликера «Шартрез»
1-2 ягоды вишни
1-2 кубика пищевого льда

В стакан для коктейля положить лед, влить водку и ликеры, размешать. В готовый коктейль опустить вишню и подать.

❧ «Ореадна» ❧

30 мл водки
30 мл вишневого ликера
40 мл вермута
консервированная ягода вишни или черешни

Смешать водку, ликер и сухой вермут. Консервированную ягоду вишни или черешни положить в бокал с напитком.

❧ «Особая водка» ❧

30 мл водки
10 мл белого ликера «Какао»

10 мл лимонного сока
лед пищевой

Все компоненты и кусочки льда перемешать в шейкере. Перелить в рюмку для коктейлей. Мягкий фруктовый коктейль. Подавать на приемах.

❧ «Паруса» ❧

20 мл водки
20 мл апельсинового ликера
20 мл лимонного сока
консервированная ягода вишни или черешни

Смешать водку, ликер и сок. Консервированную ягоду вишни или черешни положить в бокал с напитком.

❧ «Полярный» ❧

60 мл «Сибирской» водки
30 мл лимонного ликера
10 мл лимонного сока

Смешать все компоненты и подать.

❧ Коктейль из «Пхеньянской» водки ❧

120 мл корейской водки
80 мл ликера «Инсамбул»
20 мл волки «Старка»
100 мл лимонного сока
кожица цитруса
2-3 кусочка пищевого льда

Смешать в миксере с мелкодробленым льдом неправильной формы корейскую водку, корейский ликер «Инсамбул», русскую водку «Старку», лимонный сок (или сироп). Перед подачей украсить спиралькой из кожицы лимона, повесив ее на край бокала.

❧ Румынский коктейль ❧

20 мл водки лимонной
20 мл румынского ликера «Амаро»
20 мл лимонного сока
10 мл сахарного сиропа
80 мл лимонной воды
1-2 кусочка пищевого льда

Лимонную водку, ликер, лимонный сок и сахарный сироп смешать в стакане со льдом, вылить в высокий бокал и добавить лимонную воду без газа.

❧ «Русалочка» ❧

50 мл водки
10 мл абрикосового ликера
10 мл сока грейпфрута
5 мл лимонного сока

Приготовить в шейкере. Подать без льда в рюмке «сауэр» с «инеем».

❧ «Русский балет» ❧

50 мл водки
15 мл черносмородинового ликера
15 мл лимонного сока
лед пищевой

Все компоненты смешать на льду в шейкере и процедить в коктейльную рюмку.

❧ Русский коктейль ❧

40 мл водки
20 мл коричневого ликера «Какао»
лед пищевой

Все компоненты и кусочки льда перемешать в шейкере. Перелить в рюмку для коктейлей. Мягкий ароматный вечерний коктейль.

❧ «Русская тройка» ❧

50 мл «Русской» водки
30 мл апельсинового ликера
20 мл апельсинового сока
20 мл лимонного сока
кружок лимона

Смешать водку, ликер, соки. Украсить кружком лимона или апельсина, горизонтально положив его на бокал с коктейлем. Подать с соломинкой и чайной ложкой.

❧ «Русские фрукты» ❧

40 мл водки
20 мл малинового ликера
лед пищевой

Положить в маленький стакан типа «тумблер» кусочки льда, налить водку, ликер и хорошо перемешать. Мягкий фруктовый коктейль, подается после еды.

❧ «Рыцарский» ❧

50 мл водки
2 чайные ложки ликера «Кристалл»
20 мл лимонного сока
1-2 ягоды вишни

Приготовить в шейкере. Подать без льда в рюмке «сауэр» с «инеем». Украсить вишенкой.

❧ «Свингер» («Сильный удар») ❧

40 мл водки
20 мл ликера «Амаретто»
10 мл сока лайма
80 мл апельсинового сока
ломтик апельсина
пищевой лед

Водку, ликер и соки смешать со льдом в шейкере, энергично встряхивая его. Напиток перелить в бокал и украсить ломтиком апельсина. Напиток горько-сладкий, подается на приемах.

❧ «Свобода» ❧

20 мл водки
10 мл бесцветного ликера «Кюрассо»
10 мл пряного ликера из черной смородины
10 мл лимонного сока
кусочек кожуры лимона
пищевой лед

Все компоненты и кусочки льда перемешать в шейкере. Перелить в рюмку для коктейлей, для аромата положить в напиток кожуру лимона. Фруктовый коктейль с терпким травяным запахом, подается в любое время года.

❧ «Сибирячка» ❧

25 мл водки «Сибирская»
50 г вишни
25 г сахара
15 мл вишневого ликера
10 мл воды
пищевой лед

Промыть вишни и удалить косточки, размять и процедить сок через сито. В сок добавить сахар, вишневый ликер, водку и воду. Размешать смесь, положить в нее по несколько вишен из варенья и подать с кусочками льда.

❧ «Синий Тихий океан» ❧

10 мл водки
20 мл бананового крема
20 мл голубого ликера «Кюрассо»

10 мл кокосового ликера
ягода вишни для коктейлей
пищевой лед

Все компоненты и кусочки льда перемешать в бар-менском бокале. Перелить в рюмку для коктейлей, край которой украсить сахарным «инеем» и вишенкой. Мяг-кий коктейль для приемов.

❧ «Скандал» ❧

60 мл водки
20 мл ликера «Апельсиновый»
30 мл ликера «Кофейный»
долька и сок апельсина
пищевой лед

Водку и ликеры смешать на льду в шейкере и процедить в коктейльную рюмку. Добавить сок апельси-на и подаль коктейль с долькой апельсина.

❧ «Соня» ❧

30 мл водки
30 мл зеленого мятного ликера
веточка мяты
пищевой лед

Все компоненты и кусочки льда перемешать в шейкере. Перелить в рюмку для коктейлей. Край рюмки украсить веточкой мяты. Ароматный коктейль, подается после еды.

❧ «Столичный» ❧

80 мл водки «Столичная»
20 мл ликера «Южный»
10 мл бальзама
10 г фруктов
2-3 кусочка пищевого льда
кусочки цедры лимона

В высокий бокал положить лед, влить водку, ликер и бальзам. Опустить фрукты и цедру лимона в готовый коктейль и подать.

❧ «Счастливый конец» ❧

40 мл водки
20 мл персикового ликера
апельсиновый сок
половина ломтика апельсина
ягода вишни для коктейля
лед пищевой

Все компоненты налить в стакан с кусочками льда. Ломтик апельсина и вишенку наколоть на шпажку и укрепить на краю стакана. Освежающий, фруктовый летний коктейль. Подавать с длинной мешалочкой.

❧ «Триумф» ❧

50 мл водки
20 мл ликера или крема «Шоколадный»
10 мл лимонного сока

Приготовить в шейкере. Подать без льда в рюмке «сауэр».

❧ «Финский» ❧

25 мл водки
25 мл мятного ликера
25 мл финского ликера «Лимон 21»
кружок лимона

Смешать водку и ликеры. Украсить кружком лимона.

❧ «Фолкебут» ❧

40 мл водки
20 мл голубого ликера «Кюрассо»
10 мл сиропа маракуйи

1-2 мл сока лайма
60 мл ананасового сока
лед пищевой

Все компоненты и кусочки льда перемешать в шейкере. Перелить в стакан с кусочками льда. Край стакана украсить половинкой ломтика апельсина и вишенкой. Летний фруктовый коктейль.

✌ «Харви Уоллбэнджер» ✌

30 мл водки
апельсиновый сок
10 мл итальянского ликера «Гальяно»
1/2 ломтика апельсина
пищевой лед

Налить водку в стакан со льдом. Добавить апельсиновый сок и ликер. Край стакана украсить ломтиком апельсина. Подавать с мешалочкой. Фруктовый коктейль, подаваемый в качестве аперитива или после еды.

✌ «Черный русский» ✌

30 мл водки
20 мл ликера «Какао»
кожица лимона
лед пищевой

Все компоненты и кусочки льда смешать в шейкере. Долить водку и ликер, перемешать. Перелить в рюмку для коктейлей. Можно украсить кожицей лимона.

✌ «Черри водка» ✌

50 мл водки
20 мл лимонного сока
10 мл ликера «Вишневого»
1-2 ягоды вишни

Приготовить в шейкере. Подать без льда в рюмке «сауэр» с «инеем». Красить вишней.

❧ «Шоколадный Восток» ❧

Налить в рюмку одинаковыми слоями кофейный ликер и восточную горькую настойку. Подать охлажденным.

❧ «Эстрадный» ❧

20 мл водки
20 мл «Вишневого» ликера
20 мл «Розового» ликера
60 мл портвейна
лед пищевой

Все компоненты смешать на льду в шейкере и процедить в стакан для коктейлей.

❧ «Южный» ❧

40 мл водки
40 мл ликера «Шартрез»
10 мл ликера «Мятный»
10 мл цитрусового сока
лед пищевой

Все компоненты смешать на льду в шейкере и процедить в коктейльную рюмку.

О ВОДКЕ И ПЬЯНИЦАХ
С ЮМОРОМ

Врач пациенту:

— Не будете пить — продлите себе жизнь.

— Сущая правда, доктор! Всего неделю не пил, так она мне годом показалась.

* * *

Идет пьяный мужик, цепляясь за забор, а под забором еще один валяется. Идущий алкаш спрашивает:

— Ты меня уважаешь?

— Я горжусь тобой.

* * *

— Гарсон! Кажется, я хватил лишнего. Принесите что-нибудь отрезвляющее.

— Пожалуйста: счет.

* * *

Мужики в день получки выходят с завода.

— Давайте кинем монету и загадаем.

— Как это?

— А так: если выпадет орел, то сразу идем за бутылкой, если решка — сначала купим закуску, если встанет на ребро — в кабак завалимся, а если зависнет в воздухе — все отдаем женам.

* * *

Стоит пьяный на трамвайной остановке и за столб держится, чтобы не упасть. Другой такой же подползает и спрашивает:

— Ты чего здесь стоишь?

— Трамвая жду.

— Так тебя с этой хреновиной ни в один трамвай не пустят!

* * *

Туриста, отдыхавшего в глухой деревушке, угостили шнапсом собственного приготовления. Выпив рюмку, он побледнел, позеленел и, с трудом переводя дух, спросил:

— Сколько же градусов в этом зелье?

— Насчет градусов не знаю, — ответил хозяин, — но одной бутылки хватает на двенадцать драк и одно убийство.

* * *

— Где работает ваш муж?

— Уже третий месяц на ликеро-водочном заводе.

— И ему там нравится?

— Не знаю. Он еще не приходил домой.

* * *

У мужика спросили:

— Почему вы в последнее время так много пьете?

— Это у меня наследственное.

— В каком смысле?

— Умерла теща и оставила в наследство пять бутылок самогона.

* * *

Алкоголик стоит у кассы в винном отделе и рассматривает юбилейную монету с профилем почившего вождя. Потом, усмехнувшись, говорит монете:

— У меня не Мавзолей, не залежишься!..

* * *

Пьяный мужик вползает в квартиру. Разгневанная жена бьет его сковородкой по голове.

— Тс-с! Не стучи, дорогая, разбудишь ребенка.

* * *

Двое у винного отдела.

— Ну что, две возьмем или три?

— Наверное, три ...

— А зачем? Ведь вчера взяли три, так одна осталась.

— Ну тогда возьмем две.

Продавщице:

— Девушка, четыре бутылки водки и две «ириски».

* * *

Пьяница приводит своих собутыльников к себе домой. Он недолго говорит со своей женой, затем обращается к собутыльникам:

— Нет, вы только полюбуйтесь на мою жену: в доме ни капли спиртного, а она последние деньги истратила на еду.

* * *

Поймал старик золотую рыбку, Та, как водится, обещает исполнить три его желания, если он ее отпустит.

— Первое мое желание, — говорит старик, — чтобы вся вода в синем море в водку превратилась!

Махнула хвостом рыбка, и желание исполнилось.

Долго думал старик. Наконец:

— Второе мое желание — чтобы вода вон в той реке в водку превратилась!

Махнула рыбка хвостом — извольте...

— Третье мое желание, — еще больше напрягся старик, — чтобы... чтобы... Ну, ладно, давай «чекушку» и катись к едреной матери!

* * *

Муж (сильно навеселе):

— Видишь ли, дорогая, в клубе у нас сегодня был конкурс по выпивке.

Жена:

— Неужели? И кто получил вторую премию?

* * *

Алкоголик нетвердой рукой берет стакан:

— Душа, примешь?

— Не-а...

— Душа, говорю! Примешь?

— Не-а, не могу.

— Тогда... подвинься! —
опрокинул стакан в рот.

* * *

Муж снова приходит до-
мой пьяным. Жена отвеши-
вает ему оплеуху и строго
спрашивает:

— Скажи, будешь еще
пить водку?

Муж молчит. Жена от-
вешивает ему следующую
оплеуху:

— Отвечай! Будешь еще пить?

— Ну, хорошо, — наконец, отвечает муж, — наливай,
уговорила!

* * *

Идет человек мимо бара, а внутренний голос ему
говорит:

— Зайдешь?

Человек стиснул зубы и — мимо. А внутренний голос:

— Ты как хочешь, а я пошел!

* * *

Деревенский мужик говорит соседу:

— Кажись, Петруха вчерась опять самогон гнал.

— А откуда ты знаешь?

— А его кроли моему Тузику морду набили.

* * *

Пьяный мужик после гулянки возвращается домой.
Ступает осторожно, чтобы не разбудить жену. В темноте
нечаянно наступает на кота. Кот страшно заорал. Мужик
сначала растерялся, но потом зло и радостно закричал:

— Вот чертов котяра! Ты где шляешься? Я же тебя с
самого утра ищу!

* * *

— И когда ты, проклятый, только напьешься, — ругает жена мужа, еле стоящего на ногах.

— А вот уже сегодня напился, — промычал тот.

* * *

Пьяный на вокзале обнимает столб. Женский голос из громкоговорителя объявляет:

— Поезд на Мурманск отправляется в 17 часов 15 минут...

— А ну, дура, повтори еще раз...

— Повторяю...

* * *

На тротуаре у входа в пивную лежит мужчина. Возле него останавливается прохожий:

— Что с вами? — заботливо спрашивает он. — Вам помочь?

— Проходите, не нужна мне ваша помощь. Я здесь лежу в качестве рекламы нашего заведения.

* * *

Дежурный милиционер возвращался домой мимо железнодорожной ветки. Видит: сидит мужчина и в рельсе ковыряется. Спрашивает его:

— Ты что делаешь?

— Р-рельсы р-разбираю.

— Гражданин, вы пьяны! Дыхните!

Мужик дыхнул. Через минуту милиционер спрашивает мужика:

— С какой с-стороны разбирать начнем?

* * *

Разговаривают двое крепко выпивших приятелей.

— Что ты скажешь своей, явившись домой в таком виде?

— У меня разговор короткий: здравствуй, я пришел.

— И все?

— Все. Остальное потом говорит она.

* * *

— Иван! А вот, если ты пол-литра выпьешь, сможешь работать?

— Конечно, смогу.

— А литр?

— Смогу!

— Ну, а три бутылки?

— Работать не смогу. Но руководить — пожалуйста.

— Ну и народ нынче пошел, ни одной пустой бутылки.

* * *

Пьяный мужик возвращается домой. Жена ему закатывает скандал. Она бьет тарелки и, в конце концов, мужик прячется под кровать. Жена хватает швабру.

— Вылезай, алкаш проклятый!

— Не вылезу!

— Вылезай!

— Не вылезу! Я хозяин в доме — где хочу, там и лежу.

* * *

Идет мужик, несет в каждой руке по пустой бутылке. Приятель его спрашивает:

— Ты что, тару идешь сдавать?

— Нет, с женой поругался, так она сказала: "Забирай свои вещи и уходи".

* * *

Попали на необитаемый остров англичанин, француз и русский. Долго жили на острове, пока однажды не прибило к острову бутылку. Открыли ее, а оттуда — джин и говорит:

— Одно сруби, а больше ни-ни...

— Вы меня освободили, поэтому я исполню по два желания каждого.

Англичанин обрадовался и говорит:

— Мешок денег и — домой!

И был таков.

Обрадовался француз:

— Женщин — и домой! — и тоже исчез.

Остался один русский, заскучал. Подумал и говорит:

— Эх, хорошая была компания!.. Давай ящик водки и всех обратно.

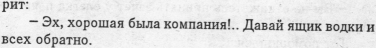

Встретились два друга.

— Пойдем, — говорит один, — выпьем.

— Не могу, — отвечает другой.

— Почему?

— Не могу по трем причинам. Во-первых, водка вредна для здоровья, во-вторых, врач мне строго-настрого запретил пить. А в-третьих, я и так уже пьяный.

* * *

Подходит алкаш к продавщице:

— У вас водка свежая?

— Ты что, дурак?

— Вовсе нет. Вот я у вас вчера две бутылки купил, а выпил — мне так хреново стало!

* * *

Пьяный муж приходит домой, возится на пороге в темноте, а потом кричит:

— Жена, начинай ругаться, а то я кровать не найду.

* * *

В аудиторию входит, пошатываясь, пьяный студент и подходит к профессору:

— Вы не откажетесь принять зачет у слегка пьяного студента?

Тот поморщился:

— Ну, ладно.

Студент оборачивается и кричит в дверь:

— Ребята, заносите его!

* * *

Три собутыльника решили бросить пить. Для начала договорились, что на работе даже в разговоре не будут упоминать слово «водка».

Утром приступили к работе. Наконец, один из них взглянул на часы и многозначительно проговорил:

— Ну, так что?..

— Да ничего... — ответил второй.

А третий решительно добавил:

— Давайте сегодня я сбегаю!..

* * *

Все пьяницы делятся на три категории: выносливые, застенчивые и малопьющие. Выносливые пьют, пока их не вынесут; застенчивые пьют, пока не начинают держаться за стенку; малопьющие — сколько ни пьют, им все мало.

* * *

— Ты меня уважаешь?

— Уважаю.

— А если бы я умер, ты бы дал десять рублей на венок?

— Дал бы. О чем речь, старик?

— Так дай сейчас. Мы их пропьем за милую душу, а без венка я обойдусь.

* * *

— Что означает бизнес в российском варианте?

— Купить ящик водки, водку выпить, бутылки сдать, а деньги пропить.

* * *

Пьяница выпал из окна десятого этажа, летит вниз и взывает к Богу:

— Боже, спаси, Боже, помоги! Пить брошу, курить брошу, жене буду помогать, только спаси!

На счастье упал прямо в сугроб. Встал невредимый и говорит:

— Фу-фу-у!.. Каких только глупостей не наговоришь со страху...

— Так получилось — я полюбил другую.

* * *

Просыпаются два алкаша с похмелья. Один пытается наколоть вилкой огурец в трехлитровой банке. Руки дрожат, огурец выскальзывает, ничего не получается. Другой долго смотрит на это и не выдерживает:

— Смотри, как это делается.

Берет вилку и сразу накалывает огурец. Первый хмыкает:

— Фиг бы ты поймал, если бы я его перед этим не замучил.

* * *

— Если повысят цену на водку до стоимости костюма, то что бы ты, Федя, купил: водку или костюм?

— Конечно, водку, какой разговор! Зачем мне такой дорогой костюм нужен!

* * *

Муж говорит жене:

— Я сейчас лягу спать, а когда захочу выпить, ты меня разбуди.

— А как же я узнаю, когда ты захочешь?

— Ты меня только разбуди...

* * *

— Эх, Джон, если бы вернуть все те деньги, которые я пропил за всю жизнь...

— И что бы ты сделал с ними?

— Пропил бы...

* * *

В пивную пришел посетитель и заказал четыре рюмки водки. Когда выпил, заказал еще три. Потом попросил две и, наконец, одну. Падая под стол, пожаловался официантке:

— Какой странный у меня организм — чем меньше пью, тем хуже. Вот так всегда!

* * *

Зашел алкаш в рюмочную, заказал 200 граммов. Выпил, просит повторить. Продавщица налила. Выпил и опять просит 200 граммов. Продавщица говорит:

— Вы хоть булочку возьмите какую-нибудь закусить.

— Наливай, так и быть — возьму.

Выпил, потянулся за булочкой и как рухнет. Выругался на продавщицу:

— Вот видишь, что твоя булочка наделала.

* * *

Жена — мужу:

— Где ты был?

— С другом в шахматы играл.

— А почему от тебя водкой пахнет?

— А чем от меня должно пахнуть? Шахматами?

КАТЯ, МУРА, ЛИЗА

* * *

На улице пьяный спрашивает у прохожих:

— Скажите, пожалуйста, где здесь противоположная сторона?

Ему показали:

— Совсем обалдели. А там говорят, что здесь.

* * *

Двое входят в бар, под руки ведут третьего. Бросают его на ковер.

— Два стакана виски, — заказывает один. — А этому, что лежит на ковре, стакан минеральной — он ведет нашу машину.

* * *

За новогодним столом.

— Почему ты закрываешь глаза, когда пьешь?

— Да я пообещал жене, что в новом году не буду заглядывать в рюмку.

* * *

Один алкаш с бутылкой водки упал в яму. Сидит там и не вылезает. Подходят люди, спрашивают:

— Ты чего там сидишь?

— Да вот жду, может еще какая раззява упадет с закуской.

* * *

Актер вышел на сцену в нетрезвом состоянии. Суфлер:

— В графине он узнал свою мать.

Актер:

— А?

— В графине он узнал родную мать.

— А?

— В графине он узнал свою родную мать, черт побери!

Актер подходит к столу, берет графин:

— Мамочка, как ты туда залезла?

* * *

Муж приходит домой «на бровях». Жена закипает:

— Напился?

— Да ты что, Маш! Я только две кружки пива... Вон у Жучки спроси!

Жена обращается к собаке.

— Жучка, сколько хозяин пива выпил?

— Гав! Гав!

— А водки?

— У-у-у-у!

* * *

Сидят алкаши, распивают на троих. Один говорит:

— Ребята, я больше пить не буду. По статистике каждый четвертый алкоголик умирает.

— Да ты не волнуйся — нас же трое!

* * *

Лежит пьяный в луже. Подходит к нему милиционер.

— Ты что разлегся?

— Товарищ, не ругайтесь!

— Гусь свинье не товарищ!

— Понял, отлетаю.

* * *

Сын спрашивает отца:

— Папа, как отличить трезвого человека от пьяного?

— Ну вот смотри, сынок: если человек говорит, что здесь три дерева, то он — пьяный, а если два — то трезвый.

— Папа, а здесь всего одно дерево.

* * *

Супруги возвращаются с банкета. Жена говорит:

— Весь вечер ты сегодня нес одну чепуху. Надеюсь, что никто не заметил, что ты совсем не пил.

* * *

Залез пьяный на дерево и орет:

— Снимите меня, а то сам слезу!

* * *

— Др-р-руг, скажи: а в Африке тоже пьют?

— Пьют.

— А как, по-нашенски? Тоже на троих соображают?

— Да. Только пьют двое, а третьим закусывают.

* * *

— Батюшка, алкоголь — враг здоровья?

— Враг, сын мой.

— А почему вы его употребляете?

— В Писании сказано: «Возлюби врага своего».

* * *

Осмотрев пациента, доктор говорит:

— Я никак не могу поставить диагноз. Думаю, что все это из-за пьянки.

— О, как я вас понимаю, доктор! — сочувственно говорит больной. — Я приду, когда вы будете трезвым.

* * *

Больной показывает доктору совершенно черный язык.

— Что случилось? — спрашивает эскулап.

— Да пол-литра водки случайно разлил на свежий асфальт!

* * *

— Антон, зачем ты водку хлещешь?

— Понимаешь, все хочу утопить свои проблемы и заботы. А они, подлые, научились плавать!

* * *

Осень, холодно, сыро. В рюмочную заходит оборванный мужик. Просит налить ему рюмку — опохмелиться. Буфетчица говорит ему с состраданием:

— Ты хоть бы ботинки купил.

— На хрена! Здоровье дороже.

* * *

— Я не был пьян, — оправдывается шофер перед судом. — Я только выпил.

— Это совсем другое дело, — говорит судья. — Вот почему я приговариваю вас не к семи дням тюрьмы, а только на одну неделю.

* * *

Идет лекция о вреде алкоголя. Лектор, закончив, спрашивает:

— У кого есть вопросы?

Поднимается потрепанный мужичонка.

— Гражданин лектор, извините меня, а у вас стаканчик освободился?

* * *

Судья:

— Вы признаете, что хотели пойти в музей в нетрезвом виде?

Обвиняемый:

— Конечно! В трезвом-то виде мне бы и в голову такая мысль не пришла.

* * *

Пьяный в 5 утра вываливается из бара.

— Что это за странный запах?

Прохожий:

— Свежий воздух, сэр.

—А вашу кровь мы отправили для анализа на спиртзавод...

✱ ✱ ✱

— Внимание! Мы ведем репортаж с чемпионата мира среди алкоголиков. Первым выступает англичанин. Ковш бренди, второй, третий... Сломался! А наш чемпион Вася Иванов разминается красным вином в буфете. Вот появился американец. Ковш виски, третий, пятый... Сломался! Ну вот появился и наш Вася. Ковш водки, третий, седьмой... Сломался! Но не волнуйтесь, товарищи, сейчас принесут новый ковш.

— Так, значит, точным литьем интересуетесь?

* * *

Муж, вернувшись с охоты, в пьяном задоре говорит жене:

— Все, Мань, в этом месяце мясо можешь не покупать!

— Никак лося завалил?

— Нет, всю получку пропил...

* * *

— Алкоголь — источник всех семейных бед, — заявляет лектор. — Известно немало случаев, когда жена уходит от мужа из-за того, что он пьет.

Голос из зала:

— А сколько надо конкретно выпить для этого?

РУССКИЙ ФОЛЬКЛОР
О ВОДКЕ И ПЬЯНСТВЕ

А не пьян, так хмелен.

Баба пьяна, а суд свой помнит.

Баба пьяна — вся чужа.

Богу пятак да в кабак четвертак.

Бредет Татьяна, недобре пьяна.

Было ремесло, да хмелем поросло.

Ваше дело пить, а наше, что говорить.

Ваши пьют, а наших пьяных бьют.

Ваши пьют, а у наших с похмелья голова болит.

В воскресенье братина, в понедельник хмелина.

В глупую голову и хмель не лезет.

Век жить, век пить.

Вешний путь — не дорога, а пьяного речь — не беседа.

В людях пьет, да и дома не льет.

Водка вину тетка.

Водка — не пшенка: прольешь — не подклюешь.

Водка не снасть: дела не управит.

Водка ремеслу не товарищ.

Водка сперва веселит, а там без ума творит.

Водка с разумом не ладит.

Водки да вина — лишь бы спина подняла.
Водки напиться — бесу продаться.
Водки не пьет, с воды пьян живет.

— Водку пьешь?
— Коли поднесут, так пью.

— Во-первых — я водки не пью; во-вторых — уже я
сегодня три рюмочки выпил.

Во сне Бога молит, во хмелю кается.
Во хмелю да во сне человек в себе не волен.
Во хмелю, что хошь намелю.
В пьяном бес волен.
Врешь, что не пьешь; маленькую протащишь.
Всяк выпьет, да не всяк головой тряхнет.
В чужом пиру да похмелье.
Выпил две, да и не помнит где.
Выпили за здравие живых, так принялись за упокой
усопших.
Выпил рюмку, выпил две — зашумело в голове.

— Выпьем?
— Выпьем.
— А деньги где?
— А шапка-то у тебя на что?

Выпьем по полной, век наш недолгий.
Где запивать, тут и ночевать.
Где кабачок, там и мужичок.
Где наливают, там и проливают.
Где ни жить, там и пить.
Где ни напьется, тут и подерется.

Где огурцы, тут и пьяницы.

Где пьют, там и льют.

Глупый умного, пьяный трезвого не любят.

Гуляка свое пропивает, а пьяница — чужое.

Дурацкую голову и хмель не берет.

Есть чего кушать, да нечего пить.

Ешь вполсыта, пей вполпьяна, проживешь век дополна.

Закаялся и зарекся пить — от Вознесения до поднесения.

Запил и избу запер.

Запили соседи — запьем и мы.

Запьем, так и ворота запрем.

Зачал Мирошка пить понемножку.

За чужим хмелем что-нибудь смелешь.

Здравствуйте, мои рюмочки, здорово, стаканчики: каково поживали, меня поминали?

Знай свое ремесло, да блюди, чтоб хмелем не поросло.

Зять идет — на похмелье зовет.

Иван водку пьет, а черт со стороны челом бьет.

И всякий выпьет, да не всякий крякнет.

И пьет, и льет, и в литавры бьет.

Испей маленько, да выпей все.

И темный стаканчик в голову бьет (тайком выпитое).

И то штука — целые сутки пропить.

И Федот, да не тот: наш пьет, не прольет, усом не моргнет.

Кабак деньгами, как бездонную кадку, не наполнишь.

Кабак лучше метлы дом подметет.

Кабак на охотника: кто хочет — завернет, а кто не хочет — мимо пройдет.

Кабак не беда, да выходя, не вались.

Кабы не дырка во рту, так бы в золоте ходил.

Как пьян — сам себе пан.

Как хочешь зови, только водкой пой.

Клин клином выколачивают, а хмель хмелем не выбьешь.

Коли двое говорят, что пьян, так поди ложись спать!

Коли пьян, так не будь упрям.

Коли сыт да пьян, так и слава Богу.

Крестьянская сходка — земским водка.

Кто бы нам поднес — мы бы за того здоровье выпили.

Кто празднику рад, тот до свету пьян.

Кто пьет, тот и горшки бьет.

Кто пьет, тот и спит.

Курица, да и та пьет.

Лихой и без хмеля лих.

Людей повидать, в кабаках побывать.

Люди пьют, по головке гладят; мы за рюмку — стыд да срам.

Люди пьют, так честь хвала; а мы запьем — стыд да беда.

Лучше знаться с дураком, чем с кабаком.

Мало ест, да зато много пьет.

Мало пьется: одно донышко остается.

Мимо кабака идти — нельзя не зайти.

Много пить — добру не быть.

Муж за рюмку, жена за стакан.

Мужик год не пьет, два не пьет, а как запьет — все пропьет.

Мужик напьется, с барином дерется; проспится — свиньи боится.

Мужик умен — пить волен; мужик глуп — пропьет и тулуп.

Муж пьет, а жена горшки бьет.

Муж пьет — полдома горит; жена пьет — весь дом горит.

Муж пьяница, да жена красавица — все хорошо!

На грош выпил, на пятак шали своей прибавил.

На добро нет, а на водку везде дают.

Надо пить, да правду молотить.

Над пьяным и оборотень потешается.

Напившись, мужик и за реку дерется.

Напился, да не утерся.

Напился чернее матушки грязи.

Напоить не напоил, а пьяницей корил.

Напьемся — подеремся, проспимся — помиримся.

Напьется, так с царями дерется, а проспится, так и курицы боится.

На пьяного поклеп, а трезвый украл.

На пьяного угоди, так будешь мудр.

На пьяном шапки не напоправляешься.

На радости выпить, а горе запить.

Наша Татьяна и не евши пьяна.

Не буян, так не пьян.

Не винить водку — винить пьянство.

Не всякому Савелью веселое похмелье.

Не дело пьяной бабе коров доить.

Не допьешь, так не долюбливаешь.

Не жаль молодца ни бита, ни ранена, жаль молодца похмельного.

Не пить, так на свете не жить.

Не пригож, да во хмелю угож.

Не спрашивай: пьет ли, спрашивай: каков во хмелю.

Не пьет, а с добрыми людьми знается.

Не пьет совсем, а наливает всклень (по край).

Не то пьяный, что ничком падает, а то пьяный, что навзничь.

Не тот пьяница, кто пьет, а тот, кто опохмелятся!

Не тот пьян, что двое ведут, третий ноги расставляет, а тот пьян, кто лежит, не дышит, собака рыло лижет, а он и слышит, да не может сказать: цыц!

Не то чтобы пить, а с добрыми людьми посидеть любить.

Нет питья лучше воды, как перегонишь ее на хлебе.

Нет, сватушко: всю ночь пропью, а не ночую.

Нет такого зелья, как жена с похмелья.

Не хмель беда, похмелье.

Не шуми во хмелю, коли я не велю!

Ни пивец, ни варец, а пьянее старосты.

Ничто ни почем: был бы ерофеич с калачом.

Обычай дорогой, что выпил по другой.

Одна рюмка за здоровье, другая на веселье, третья на вздор.

Он много ест, да зато много и пьет.

Он пьет, как грецкая губка.

Он тебя напоит и вытрезвит.

Охнула Татьяна, напоив мужа пьяна.

Пей, да людей бей, чтоб знали, чей ты сын.

Пей, да не опохмеляйся; гуляй, да не отгуливайся; играй да не отыгрывайся!

Пей, да ума не пропей!

Пей до дна, наживай ума!

Пей досуха, чтоб не болело брюхо.

Пей, закусывай; ври, откусывай!

Пей за столом, не пей за столбом!

Пей-ка, попей-ка, на дне-то копейка; а еще попьешь, так и грош найдешь.

Пей, пей, да хвастай: хмель то и любит!

Пей перед ухой, за ухой, после ухи, и поминаючи уху!

Пей, тоска пройдет.

Пей ты воду, а я голый ром: ты пьян будешь, а я только покраснею.

Первая рюмка колом, другая соколом, третья мелкими пташками.

Первую, как свет, призвав друга в привет; вторую, перед обедом, с ближним соседом; третью с молодцами, пополудни, и то в праздник, а не в будни.

Первую с перхотою, а третью с охотою.

Перед хмелем падко, во хмелю сладко, по хмелю гадко.

Перепой пуще недопоя.

Пил до вечера, поужинать нечего.

Пил во всю ночь, пока была мочь.

Пить бы еще, да на животе тощо.

Пить — горе, а не пить — вдвое.

Пить до дна — не видать добра.

Пить — добро, а не пить — лучше того.

Пить не пьет, а мимо не льет.

Пить не пьет, а только за ворот льет.

Пить — помрешь, не пить — помрешь, уж лучше ж умереть, да пить.

Пить попросить, дурную славу нажить.

Пить хмельное, так и говорить такое.

Поднесли — так пей.

Подноси по всей избе, да и мне.

— Пойдем в церковь!
— Грязно.
— Ну, так в кабак!
— Уж разве как-нибудь под забором пройти.

Пойми пьяного речи, поймешь и свиное хрюканье.

Полно пить, пора ум копить.

Помаленьку пить — ошибешься: выпить не выпьешь, а напьешься.

Попей, попей — увидишь чертей.

Послан для порядка, а воротился пьян.

Пошел черт по бочкам (запили).

Пошел черт по лавкам.

Прежде поднеси, да там попрекай!

Пропили воеводы Вологду (когда поляки врасплох ее взяли).

Пропойное рыло вконец разорило.

Поешь — сыт будешь; напьешься — пьян будешь.

Пьем, да посуду бьем; а кому не мило — того в рыло.

Пьет, как в бездонную кадку льет.

Пьем как люди, а за что Бог не милует, не знаем.

Пьют и поют для людей, а едят да спят для себя.

Пьяная баба сама не своя.

Пьяная баба свиньям прибава.

Пьян бывал, а ума не пропивал.

Пьян да умен, два угодья в нем; пьян да глуп, больше бьют.

Пьяница в своей шкуре ходит, да в чужом уме.

Пьяница да скляница неразлучимы.

Пьяница проспится, а дурак никогда.

Пьяница проспится — к делу годится.

Пьян не бывал, а из хмеля не выбивался.

Пьяного грехи, да трезвого ответ.

Пьяного да малого Бог бережет.

Пьяного речи — трезвого мысли.

Пьяное дело шатовато, а похмельное тошновато.

Пьяное рыло — чертово бороздило.

Пьяному и до порога нужна подмога.

Пьяному море по колено, а лужа по уши.

Пьян поет — себя тешит.

Пьян, пьян, а в стену головой не ударится!

Пьян, так и на расход не упрям.

Пьяный да умный — человек думный.

Пьяный не мертвый, когда-нибудь да проспится.

Пьяный решетом деньги меряет, а проспится, не за что решета купить.

Пьяный хоть в тумане, а все видит Бога.

Пьяный, что малый: что на ум, то и на язык.

Пьяный, что мокрый: как высох, так и готов.

Рот дерет, а хмель не берет.

«Руси есть веселие пити, не можем без него быти» (Владимир I).

Рюмку пить — здорову быть, повторить — ум развеселить, утроить — ум устроить, четвертую пить — неискусну быть, пятую пить — пьяному быть, рюмка шестая — мысль будет иная, седьмую пить — безумному быть, к осьмой приплести — рук не отвести, за девятую приняться — с места не подняться, а выпить рюмок с десять — так поневоле взбесит.

Рюмочка-каток, покатися мне в роток!

Савелья ломает с похмелья.

Сам пьет, а людей за пьянство бьет.

Сапожник настукался, портной настегался, музыкант наканифолился, немец насвистался, лакей нализался, барин налимонился, купчик начокался, приказный нахлестался, чиновник нахрюкался, служивый подгулял, солдат употребил.

С водкой поводишься, нагишом находишься.

Сегодня пьян — не велик изъян.

Силен хмель, а сон сильнее.

Скляница — свахе-пьяница.

Смелым Бог владеет, а пьяным черт качает.

Смыслит и малый, что пьет пьяный.

С умом пьют, а без ума и трезвых бьют.

С хмелем спознаться, с честью расстаться.

Спасается — по три раза в день напивается.

С похмелья да с голоду разломило буйну голову.

С пьяным побранюсь, а с трезвым помирюсь.

Страшно видится, а выпьется — слюбится.

Счастлив тот, кто водки не пьет.

С этого веселья каково-то похмелье.

Такая натура моя: что ни сниму, то и пропью.

Такого я роду, что на полный стакан глядеть не могу.

Такой человек, что не пролей капельку.

Такую горечь — горьким и запить.

Так пьян, что через губу не плюнет.

Того трезвый не ведает, что хмельной говорит.

Тому и пить, в ком хмель не дурит.

То не пьян еще, коли шапка на голове.

То не пьяница, что по разу в день опохмеляется.

То не спасенье, что пьян в воскресенье.

Тот не лих, кто во хмелю тих.

Трезвого дума, а пьяного речь.

Уж как ни биться, а пьяну напиться.

Умеет петь, так умеет и пить.

У нашего Куприяна все дети пьяны.

У праздника два невольника: одному хочется пить, да не на что купить, а другого потчуют, да пить не хочется.

У пьяницы на уме скляница.

У пьяного кулаки дерево рубят, у трезвого и топор не берет.

Уродился детина — кровь с молоком, да черт водки прибавил.

У Фомы пили, да Фому ж и били.

У хмельного, что на душе, то и на языке.

Федот не пьет, а Нефед не прольет.

Хворого пост, а пьяного молитва до Бога не доходят.

Хлеб на ноги ставит, а водка валит.

Хмелек без сапог водит.

Хмелек щеголек: сам ходит в рогожке, а нас водит нагишом.

Хмелица богатырей поборает.

Хмель в компанию принимает, а непьющего никто не знает.

Хмель не плачет, что пьяницу бьют.

Хмельной да сонный не свою думу думает.

Хмельной не больной: проспится.

Хмельной проспится, пригодится.

Хмельной, что прямой: рот нараспашку, язык на плече!

Хмель шумит, ум молчит.

Хороша беседка, да подносят редко.

Хорошо поет, да не худо и пьет.

Хорошо тому пить, кого хмель не берет.

Хорошо тому пить, кто хмель умеет скрыть.

Хоть и врет, да хмельного не пьет.

Хоть пьяница, да людям не завистник.

Хошь не хошь, выпить надо.

Чай, кофе — не по нутру; была бы водка поутру.

Честна свадьба гостями, похороны слезами, а пьянство дракой.

Чистоты не спрашивай, а был бы пьян.

Что другу нальешь, то и сам выпьешь.

Что за слава, напоить пьющего? Напои непьющего!

Что нальешь, то и выпьешь; а прогуляешь, и воду хлебаешь.

Что сам заробил, то сам и пропил.

Шел в церковь, а попал в кабак.

Щегольски одеваюсь и до пьяна напиваюсь.

Этак пить — только людей смешить; а по нашему запил, так и ворота запер.

Язык доведет до кабака.

Приложение 1

САМЫЕ ПОПУЛЯРНЫЕ КРЕПКИЕ СПИРТНЫЕ НАПИТКИ В МИРЕ (КРОМЕ РОССИИ) ПО ДАННЫМ «DRINKS INTERNATIONAL BULLETIN»

№ №	Наименование	Категория	Владелец	Продажа в миллионах ящиков по 9 литров						
				1988	1989	1990	1991	1992	1993
1	Baccardi	Rum	Baccardi International	21,0	21,4	22,9	21,6	21,3	20,0
2	Smirnoff	Vodka	IDV/Grand Metropolitan	14,1	14,8	14,9	14,8	14,2	14,8
3	Ricard	Anis/pastis	Pernod Ricard	7,4	7,4	7,5	7,5	7,4	7,4
4	Johnnie Walker	Scotch whisky	United Distillers Guinness	6,4	6,6	6,6	6,6	6,7	6,7
5	J & B Rare	Scotch whisky	IDV/Grand Metropolitan	5,0	5,4	5,7	6,0	6,2	6,2
6	Gordon's	Gin	United Distillers Guinness	6,7	6,4	6,2	6,1	6,0	5,9
7	President's	Brandy	Pedro Domec	4,2	4,3	4,7	5,0	5,3	5,3
8	Jim Beam	Bourbon	Jim Beam Brands/Av Brands	4,7	4,8	5,0	4,8	5,1	5,3
9	Ballantines	Scotch whisky	HiramWalker/Allied-Lyons	4,6	5,1	5,2	5,2	5,2	5,2

№№	Наименование	Категория	Владелец	Продажа в миллионах ящиков по 9 литров						
				1988	1989	1990	1991	1992	1993	
10	Jack Daniels	American whisky	Brown-Forman	4,1	4,3	4,3	4,2	4,4	4,6	
11	Absolut	Vodka	Vin & Spiritcentralen AB	2,8	3,3	3,6	3,7	3,8	4,5	
12	Dreher	Brandy	IDV / Grand Metropolitan	1,5	2,4	2,9	4,0	3,9	4,5	
13	Jose Guervo	Tequila	Tequila Guervo	3,4	3,7	4,0	4,1	4,3	4,4	
14	Seagram's	Gin	The Seagram Co	3,4	3,6	4,0	4,1	4,4	4,4	
15	De Kuyper	Liquers / schnapps	De Kuyper	4,0	3,7	4,1	4,0	4,0	3,9	
16	Baileys Original Irish Cream	Liqueur	IDV / Grand Metropolitan	2,9	3,3	3,6	3,8	3,8	3,8	
17	Crown	American whisky	The Seagram Co	4,3	4,3	4,2	3,9	3,8	3,8	
18	Popov	Vodka	IDV / Grand Metropolitan	4,0	4,0	4,0	3,9	3,5	3,7	
19	Suntory Kakubin	Japanese whisky	Suntory	0,9	2,5	3,0	3,1	3,4	3,4	

№№	Наименование	Категория	Владелец	Продажа в миллионах ящиков по 9 литров						
				1988	1989	1990	1991	1992	1993	
20	Bells	Scotch whisky	United Distillers / Guinness	3,8	3,8	3,9	3,8	3,5	3,4	
21	Don Pedro	Brandy	Pedro Domec	2,0	2,3	2,6	3,0	3,2	3,3	
22	Chivas Regal	Scotch whisky	The Seagram Co	2,7	3,0	3,1	3,1	3,2	3,3	
23	Larios	Gin	Larios SA	3,6	3,7	3,7	3,7	3,5	3,2	
24	Canadian Mist	Canadian whisky	Brown-Forman	3,8	3,6	3,5	3,2	3,3	3,1	
25	Johnnie Walker Black Label	Scotch whisky	United Distillers / Guinness	2,5	2,7.	2,9	2,9	3,0	3,1	
26	Dewars White Label	Scotch whisky	United Distillers / Guinness	3,4	3,3	3,3	3,2	3,2	3,1	
27	William Grant's	Scotch whisky	William Grant & Sons	1,9	2,4	2,7	2,8	2,8	3,0	
28	Suntory Reserve	Japanese whisky	Suntory	4,0	4,0	3,6	3,5	3,1	2,9	
29	Campari	Bitter / aperitif	David Campari	2,7	2,9	2,8	2,8	2,8	2,8	

| №№ | Наименование | Категория | Владелец | Продажа в миллионах ящиков по 9 литров | | | | | |
				1988	1989	1990	1991	1992	1993
30	Canadian Club	Canadian whisky	Hiram Walker / Allied-Lyons	3,3	3,1	3,1	3,0	2,8	2,7
31	Jaegermeister	Bitter / aperitif	Mast-Jaegermeister AG	1,6	1,7	2,0	2,4	2,6	2,6
32	Pastis 51	Anis / Pastis	Pernod Ricard	2,4	2,6	2,6	2,6	2,5	2,5
33	Suntory Old	Japanese whisky	Suntory	4,3	4,5	4,0	3,5	3,0	2,5
34	Chantre (German)	Brandy	Peter Eckes	1,2	1,2	1,7	2,1	2,2	2,4
35	Black Velvet	Canadian whisky	IDV / Grand Metropolitan	2,2	2,4	2,4	2,4	2,4	2,4
36	Hennessy	Cognac	Moet-Hennessy / LVMX	2,7	2,9	3,0	2,7	2,5	2,4
37	Gilbeys	Gin	IDV / Grand Metropolitan	2,3	2,3	2,3	2,3	2,3	2,3
38	VO Canadian	Canadian whisky	The Seagram Co	2,9	2,7	2,6	2,6	2,4	2,3
39	Kahlua	Liqueur	Hiram Walker / Allied-Lyons	2,4	2,6	2,7	2,6	2,4	2,3
40	Famous Grouse	Scotch whisky	High and Distilleries	1,9	1,9	2,2	2,0	2,0	2,2

СПИСОК

наиболее распространенных трав, специй и других компонентов, употребляемых в приготовлении домашних водок

Аир (ирный корень) — болотное пахучее лекарственное растение.

Александрийский лист — листочки парноперистых листьев некоторых видов кассия, употребляемые в медицине как слабительное.

Амбра — пахучее воскообразное вещество, выделения кишечника кашалота.

Ангелика — см. *дягиль*.

Анис — зонтичное растение, семена которого имеют сильный пряный аромат и терпко-сладкий вкус.

Бадьян — плоды в виде звездочек вечнозеленого дерева семейства магнолиевых, имеют запах аниса и сладковатый вкус.

Базилик (душки, душистые васильки) — однолетнее травянистое растение семейства губоцветных.

Барбарис — кустарниковое растение с маленькими продолговатыми кислыми красными ягодами.

Бедренец — растение семейства зонтичных, листья используют для приготовления салатов, плоды — как пряность.

Бетоника — см. *буквица*.

Бигарад — крупный померанец, см. *померанец*.

Боярышник — колючий кустарник со съедобными плодами.

Буквица (бетоника) — растение семейства губоцветных.

Ваниль — ароматные стручки орхидей.

Ванилин — искусственный белый порошок с запахом ванили.

Вахта — см. *трифоль*

Вероника — многолетнее травянистое растение терпкого горьковатого вкуса, высушенное, имеет приятный запах.

Винный камень (кремортартар) — соль виннокаменной кислоты, остается после выпаривания осадка виноградных вин.

Горечавка — многолетнее травянистое растение, корни которого имеют лекарственные свойства.

Горицвет — см. *зоря*.

Девясил — многолетнее высокое растение с крупными желтыми цветами. Корневища горькие с приятным специфическим запахом.

Деревей — см. *тысячелистник*.

Дикий перец — см. *кубеба*.

Донник — травянистое растение семейства бобовых, сорняк.

Душица — полукустарниковое растение, часто имеет пурпурный оттенок, ароматное.

Дягель (ангелика) — зонтичное растение, со специфическим запахом листьев и цветов.

Зверобой — род луговых и лесных трав или кустарников, обычно с желтыми цветками, широко применяется в лекарственных целях.

Золото сусальное — тончайшие пластинки золота, или чаще всего, двусернистого олова.

Золототысячник — небольшое травянистое растение семейства горечавковых с нежным запахом и горьким вкусом.

Зоря (любисток, горицвет, кровавник, гулявица) —

многолетнее зонтичное растение с ясно-желтыми цветами и пряным запахом.

Индиго — тропическое растение, обладает красящими свойствами.

Имбирь — пряность из корневища тропического растения, богатого эфирными маслами.

Иссоп — полукустарниковое растение семейства губоцветных, содержит эфирные масла.

Калган (дубровка, лапчатка) — многолетнее травянистое растение, сорняк.

Калуфер — многолетнее пряное растение.

Кардамон — тропическое травянистое растение из семейства имбирных, пряное, богатое эфирными маслами.

Кардобенедиктин — растение семейства сложноцветных.

Киндза, кинза — молодые побеги кориандра, используемые как пряность.

Кишмиш — мелкий бескосточковый виноград или изюм из этого винограда.

Кишнец — см. *кориандр*.

Кок — кустарник, из которого получают кокаин.

Кориандр (кишнец) — травянистое растение семейства зонтичных с шаровидными плодами, содержит эфирные масла.

Корица — высушенная кора коричного дерева семейства лавровых.

Корольки красные — сладкие апельсины с красной мякотью.

Кошениль — общее название нескольких видов насекомых из разных семейств, самки которых используются для получения красной краски-кармина, используемой в пищевой и парфюмерной промышленностях.

Кремортартар — см. *винный камень*.

Кубеба (дикий перец) — лекарственное растение, относится к перцам.

Ладан — желтоватая или красноватая ароматическая смола дерева босвеллия, произрастающего в основном в Восточной Африке, на Аравийском полуострове.

Ламинария — морская капуста, род ламинариевых водорослей.

Латук — травянистое растение, отдельные его виды используют как салат, применяется в медицине.

Любисток — см. *зоря*.

Майоран — однолетнее эфиромасличное, пряное, лекарственное растение.

Мастика — см. *фисташки*.

Мелисса (лимонник) — лимонная трава, лимонная мята, многолетнее растение с лимонным запахом листьев.

Мирра — душистая смола некоторых африканских и аравийских деревьев.

Мускат — тропическое дерево с ароматными цветами и плодами.

Омела — растение-полупаразит, шаровидной формы, поселяющееся на разных деревьях.

Пион — декоративное растение с крупными цветками.

Померанец — вечнозеленое дерево рода цитрусовых с ароматными цветами и плодами, похожими на апельсин.

Почечуйная трава (горец почечуйный) — растение, используемое в медицине в виде жидкого экстракта как слабительное и кровоостанавливающее средство.

Проскурняк (мальва дикая) — растение-сорняк.

Райские зерна (малагвет) — пахучий тополь.

Розмарин – южный вечнозеленый кустарник, цветы и листья которого содержат душистые масла.

Рута – многолетнее ароматическое эфиросодержащее растение.

Сандал – тропическое дерево с ароматической древесиной разного цвета, из которой получают краску.

Скабиоза – василек шероховатый.

Солодка – растение семейства бобовых, "русская лакрица".

Стиракс (стиракса) – бальзам, серо-бурая жидкость с приятным запахом, растворимая в спирте. В состав входят смоляные спирты, эфирная кислота, ванилин, стирол.

Тартразин – синтетический пищевой краситель желтого цвета.

Терпентин (живица) – листопадный кустарник или небольшое дерево семейства сумаховых, из которого получают смолу, содержащую эфирное масло, близкое к скипидару. Из семян получают терпентинное масло.

Тимьян (богородицкая трава) – см. **чебрец**.

Тмин – зонтичное растение с семенами, имеющими сильный пряный запах.

Трилистник – народное название некоторых растений, чаще всего вахты, лугового и ползучего клеверов с тройчатыми листьями.

Трифоль – вахта трехлистная, многолетнее ползучее травянистое растение семейства горечавковых, очень горькое.

Тысячелистник – многолетнее луговое растение семейства сложноцветных с листьями, рассеченными на множество узких долек.

Фенхель – аптечный укроп.

Фернамбук — бразильское дерево, содержащее красящее вещество.

Фиалка душистая — многолетнее травянистое растение с ползучим корневищем и сине-фиолетовыми пахучими цветами. Используется в народной медицине.

Фисташки (мастика) — южное дерево с плодами-орешками.

Цитварный корень — корень цитварной полыни, растения семейства сложноцветных.

Чебрец (тимьян) — многолетнее травянистое растение, применяется в медицине.

Чернобыльник (полынь обыкновенная) — многолетнее травянистое растение, применяется в медицинских целях.

Шалфей — многолетний полукустарник, культивируется в средней полосе, применяется в медицине и как пряность, и как красящее вещество.

Шелковица — тутовое дерево с мясистыми сладкими плодами.

ЛИТЕРАТУРА

Бачурин П. Я., Смирнов В. А. Технология ликерно-водочного производства. — М., 1975.

Все о напитках. — М., 1994.

Домашнее приготовление настоек, наливок, ликеров и шипучих напитков из плодов, овощей и ягод. — М., 1990.

Домашнее виноделие. (Состав. Иванова Л. В.) — Минск, 1994.

Левшин В. А. Словарь поваренный. Часть I. — М., 1795.

Наливки, настойки, вино своими руками. — Минск, 1991.

Полная хозяйственная книга. Том 2, часть вторая. — М., 1814.

Похлебкин В. В. История водки. — М., 1991.

Российский хозяйственный винокур, пивовар, медовар, водочный мастер, квасник, уксусник и погребщик. — С.-Петербург, 1812.

Шитов А. М. Секреты приготовления спирта и крепких напитков в домашних условиях. — М., 1993.

СОДЕРЖАНИЕ

Оригинал-макет подготовлен
издательством «Русич-принт»,
214006, Смоленск, ул. Юрьева, д. 9, кв.1

Издание для досуга

Книга о Водке

Составитель *Иванов Юрий Григорьевич*
Редактор *В. Н. Довгань*
Художественный редактор *А. А. Барейшин*
Технический редактор *Т. А. Комзалова*

Подписано в печать с готовых диапозитивов 11.02.97. Формат 84×
×108¹/₃₂. Бумага типографская. Гарнитура Антиква. Печать высокая
с ФПФ. Усл. печ. л. 22,68. Усл. кр.-отт. 23,52. Доп. тираж 11 000 экз.
Заказ 1345.

Фирма «Русич». Лицензия ЛР № 040432. 214016, Смоленск, ул. Соболева, 7.

При участии ООО «Харвест». Лицензия ЛВ № 729. 220013, Минск,
ул. Я. Коласа, 35-305.

При участии МППО им. Я. Коласа. Лицензия ЛП № 82. 220005, Минск,
ул. Красная, 23.

Минский ордена Трудового Красного Знамени полиграфкомбинат
МППО им. Я. Коласа. 220005, ул. Красная, 23.

ЕСЛИ ВЫ ХОТИТЕ ИЗДАВАТЬ КНИГИ С ВЫСОКИМ КАЧЕСТВОМ ИСПОЛНЕНИЯ – ОБРАЩАЙТЕСЬ В ФИРМУ

РУСИЧ-ПРИНТ

❑ ❑ ❑

ИЗГОТОВИМ ОРИГИНАЛ-МАКЕТЫ В КОРОТКИЕ СРОКИ.

❑ ❑ ❑

РАССМОТРИМ ПРЕДЛОЖЕНИЯ ПО СОВМЕСТНОМУ ИЗДАНИЮ ХУДОЖЕСТВЕННОЙ, ДЕТСКОЙ, УЧЕБНОЙ, МЕТОДИЧЕСКОЙ, НАУЧНО-ПОПУЛЯРНОЙ, ЭНЦИКЛОПЕДИЧЕСКОЙ ЛИТЕРАТУРЫ, АЛЬБОМОВ.

❑ ❑ ❑

ПРЕДЛАГАЕМ ОРИГИНАЛЬНОЕ ХУДОЖЕСТВЕННОЕ ОФОРМЛЕНИЕ.

❑ ❑ ❑

ПРИГЛАШАЕМ К СОТРУДНИЧЕСТВУ ПИСАТЕЛЕЙ, ХУДОЖНИКОВ, ЛИТЕРАТУРНЫХ ПЕРЕВОДЧИКОВ.

214006, г.Смоленск, ул.Соболева, д.7 тел: 51-41-27, 51-46-98, факс: 51-42-73 код из Москвы: (0810), из др. городов: (0812).